本書出版得到國家古籍整理出版專項經費資助

宋元珍稀地方志叢刊

乙編

一

李勇先　王會豪　周　斌等　點校

四川大學出版社

特邀編輯：鄒　艷
責任編輯：莊　劍
責任校對：何　靜　高慶梅
封面設計：羅　光
責任印製：李　平

圖書在版編目(CIP)數據

宋元珍稀地方志叢刊. 乙編 / 李勇先等校點、整理.
成都：四川大學出版社，2014.10（重印）
ISBN 978－7－5614－4299－9

Ⅰ. 宋…　Ⅱ. 李…　Ⅲ. ①中國－地方志－宋代－叢刊
②中國－地方志－元代－叢刊　Ⅳ. K29-55

中國版本圖書館 CIP 數據核字（2009）第 058366 號

書名　宋元珍稀地方志叢刊・乙編

校點整理	李勇先　王會豪　周　斌 等
出　　版	四川大學出版社
地　　址	成都市一環路南一段 24 號 (610065)
發　　行	四川大學出版社
書　　號	ISBN 978－7－5614－4299－9
印　　刷	四川和樂印務有限責任公司
成品尺寸	140 mm×202 mm
總 印 張	116.25
字　　數	1810 千字
版　　次	2009 年 5 月第 1 版
印　　次	2014 年 10 月第 2 次印刷
定　　價	2400.00 圓(套)(全六册)

◆讀者郵購本書，請與本社發行科聯繫。
電話：(028)85408408/(028)85401670/
(028)85408023　郵政編碼：610065
◆本社圖書如有印裝質量問題，請
寄回出版社調換。
◆網址：http://www.scup.cn

序言

地方志是一方之志書，它以記載特定地域之事爲主，故稱爲地方志。編修方志是我國民族文化中的一項優良傳統，是祖先留給我們後代的一份寶貴的文化遺産。中國著名歷史地理學家譚其驤先生嘗經説過：「我們的祖宗給我們留下來八千多部方志，這是我國一個很偉大的、特有的寶庫，這中間有大量的、可貴的史料。」由於方志具有存史、教化、資治等功用，故在古代，官員赴任，每到一地都要查閲當地的方志，從中了解這一地方的風土民情、前任官吏政績、往哲遺賢、名勝古蹟等等。

關於我國方志産生的歷史和發展規律，中國著名方志理論學家浙江大學倉修良先生嘗有過精辟的論述。他認爲我國方志發展經歷了地記、圖經和定型方志等三個發展階段，而每一階段又具有各自不同的特點。

我國方志起源於兩漢時期的地記。在司馬遷紀傳體史書《史記》的影響下，出現了許多地方性的人物傳記。東漢、三國以後，人物傳記類著作已非常多，諸如《高士傳》、《逸士傳》、《會稽先賢傳》、《汝南先賢傳》等等，這就爲方志的産生創造了條件。這些地方性的人物傳記與記述一方風土的著作相結合，便産生了最早的方志——地記。地記是方志發展過程中的早期形式，「郡國之書由是而作」。到魏晋南北朝時期，門閥制度盛行，世家大族爲了標榜自己的門望，維護自身的特權和利益，地記就成了他們最好的表達形式。這是中國方志發展的第一個階段。

到隋唐時期，方志發展進入到了第二個階段——圖經的發展與繁榮。在這一時期，爲了鞏固大一統局面，加强中央集權，中央政府必须了解各州縣地理分佈、土地所宜、人口户數、風物土産、山川形勢、民情風俗等等，故要求各地繪製地圖，編撰圖經，上呈中央政府，於是圖經取代地記成爲這一時期主要的方志著作。圖經在東漢時雖已出現，但并未得到進一步發展。隋朝統一中國以後，政府組織力量編纂了全國性的地理總志《圖經集記》，可惜未能流傳下來。現存最早的圖經是唐代所修敦煌殘卷本《沙州都督府圖經》。這類圖經往往在卷首繪製有各種地圖，諸如疆域圖、城邑圖、物産分佈圖、山川河流圖等等，並附有說明性文字，故稱爲圖經。

宋元時期是我國方志發展的轉折點，方志發展進入到了第三個階段——定型成熟階段。在這一時期，地方志不僅以著作門類多、數量大引人注目，而且在方志學理論和志書編纂體例等方面也取得了新的成就，爲明清時期方志的進一步發展奠定了重要基礎。

在宋代，各地出現了編修地方志的高潮。在長達一千多年的漢唐時期，所編地方志總數不足四百種，其中隋唐方志約一百種。而宋代三百餘年內，就編有方志七百六十餘種，足見方志數量增加很快。北宋開國之初，宋太祖就三番五次下令搜集、編纂圖經。到宋真宗大中祥符年間，又一次大規模地發動全國編修圖經。隨着圖經內容的不斷充實和體例的不斷完善，原有圖經的編纂形式已經不能適應新的時代發展的需要，到南宋以後，稱圖經的志書就越來越少了。據倉修良先生統計，成於宋代的圖經和方志，凡有名可考者，北宋稱圖經者九十六種，稱志者二十四種，其他五十二種。南宋稱圖經者三十一種，稱志者二百四十八種，其他二十五種。南、北宋無法確定者四十三種。可見北宋稱圖經者數量大，南宋則大爲減少，這説明在名稱上漸趨統一，它是宋代方志趨向定型的標志。這一時期無論從修志的普遍性還是成書的數量上來看，都是史無前例的，内容日益充實，體例不斷完善，名稱日趨統一。尤其是大批有影響的學者親自參加志書的編修工作，如宋敏求、朱長文、范成大、李燾、熊克、薛季宣、陳傅良、周必大、陳振孫等等。他們所編志書，不僅學術價值很高，體例也很完備，并爲後人留下了一批有名的、各具特色的志書。如梁克家《淳熙三山志》多掌故，楊潛《紹熙雲間志》繁簡得中，施宿《嘉泰會稽志》條理井然，周應合《景定建康志》分圖、表、志、傳、考，爲地方志的典型。此外，宋敏求《長安志》重視地理内容的記載，繼承了兩漢時期述地一派的傳統；高似孫《剡錄》首創大事記體例和地方文獻書目；常棠《海鹽澉水志》開創了爲村鎮作志的先河；乾道、淳祐、咸淳年間三次所修《臨安志》是首都志，并兼有郡書性質，體茂事備，可稱名志，特别是《咸淳臨安志》已成爲研究南宋歷史和杭州歷史的必讀史書。可以説，宋代方志的發展，在整個方志學發展史上具有劃時代的重要意義，起到了承前啓後、繼往開來的重要作用。

元代建立不久，即着手編修《大元大一統志》，進而促進了各地方志的編纂。儘管元朝僅有八十餘年的歷史，但仍舊編纂了許多方志，據倉修良先生統計，知其名者尚有一百七十餘種。元代所修地方志，體例沿襲宋代，其中以《類編長安志》、《至順鎮江志》、《至正金陵新志》等頗具特色。

明、清以後，直到民國時期，中國地方志的編纂更是方興未艾，編纂的數量和種類也急劇增加。據朱士嘉《中國地方志聯合目録》統計，全國保存的各種方志有八千多種。其實遠不止於此數，據有關專家估計，目前國內外保存的中國舊方志估計有一萬五千種左右。這是一個龐大的數目，它爲我們研究歷史時期全國各地歷史、地理、山川、城邑、關塞、祠廟、古蹟、物産、資源、風土、民情、語言、自然災害等等提供了許多寶貴的資料。

目前存世的地方志主是是明代以後所編修的，而宋元時期所修的近千種地方志留傳到現在的僅存四十餘種。有鑒於現存宋元方志的珍稀和重要的學術價值，四川大學出版社規劃并出版《宋元珍稀地方志叢刊》（整理校點本）。四川大學歷史地理研究所精心組織科研隊伍，集中力量加以校点整理，用實際行動爲學術界奉獻出了一份文化精品，以此來促進中國歷史地理學研究的蓬勃發展。是爲序。

李勇先

二〇〇九年三月書於四川大學竹林村寓所

宋元珍稀地方志叢刊

四川大學歷史地理研究所學術叢書

吴郡圖經續記

（宋）朱長文 纂修

李勇先 校點

二

前言

《吳郡圖經續記》三卷，宋朱長文撰。長文，字伯原，蘇州人，號樂圃先生。嘉祐四年乙科登第，墮馬傷足，隱居不仕逾三十年，安貧樂道，閉門著書。以蘇軾薦，充本州教授，召爲太常博士，遷秘書省正字、樞密院編修。是書乃續大中祥符中圖經而作，稱「圖經續記」，故所記多祥符以後事。書成於北宋神宗元豐七年。

方志之學，先儒所重。故朱贛《風俗》之條，顧野王《輿地》之記，賈耽《十道》之錄，稱於前史。吳爲古郡，其圖志相傳固久。自大中祥符中詔官修圖經，每州命官編輯而呈上，其詳略蓋繫乎其人，而諸公刊修者立類例，據所錄而删撮之。大中祥符以後七十餘年，其間近事未有紀述。元豐初，朝請大夫臨淄晏公出守是邦。晏公乃故相國晏殊之子，好古博學，世濟其美，遂委修志之事於郡人朱長文。長文少以文學第進士，退居吳郡，博覽載籍，多所見聞。於是參考群書，採摭舊聞，作

《圖經續記》三卷，以補闕遺。四庫館臣稱州郡志書，五代以前罕聞。北宋以來，未有古於《長安志》及是記者。宋時官撰圖經久佚不傳，三吳文獻莫古於是編，故《四庫總目》有「幸而僅存」之歎。

該書共三卷，凡分二十八門，徵引賅博，敘述簡潔。上卷分封域、城邑、戶口、坊市、物産、風俗、門名、學校、州宅、南園、倉務、海道、亭館、牧守、人物十五門，中卷分橋梁、祠廟、宮觀、寺院、山水六門，下卷分治水、往迹、園第、冢墓、碑碣、事志、雜録七門。卷首有長文自序一篇，末有後序四篇：一爲元祐元年常安民作，一爲元祐七年林虙作，一爲元符二年祝安上作，一爲紹興四年孫祐作。凡圖經已備者不錄，素所未知則闕如。其古今文章，則別爲《吳門總集》。書中亦屢言其文見《總集》，然今已不傳，而是記蓋亦幸而僅存者。常安民嘗評《續記》「觀其論戶口，則繼之以教；陳風俗，則終之以節。至於辨幼玉之怨，正語兒之妄，紀譚生之譏，其論議深切著明，皆要之禮義，與夫牧守之賢，人物之美，事爲之善，凡前言往行有足稱者，莫不褒嘉歎異，重復演說，信乎所謂君子於言無苟者」。林虙亦評是書「千數百載之廢興，千數百里之風土，燦然如指諸掌」，「所包括者古今圖籍不可勝數，雖浮圖方士之書，小說俚諺之言，可以證古而傳久者，亦畢取而並錄」。是書攄辭博贍，措意深遠，如：「舉昔時牧守之賢，冀來者之相承也；道前世人物之盛，冀後生之自力也。溝瀆條浚水之方，倉庾記裕民之術。論風俗之習尚，夸戶口之蕃息，遂及於教化禮樂之大務，於是見先生之志素在於天下也，豈可徒以方域輿地之書視之哉？」清人亦評此書「徵引博而敘述簡，文章爾雅，猶有古人之風」，其推重如是。

《續記》在北宋時已嘗鏤版。據祝安上序可知，秘書省正字、樞密院編修朱公伯原嘗爲前太守晏公作《吴郡圖經續記》三卷，既成而晏公罷去，遂藏於家。其後，太守章公雖求其本以置郡府，而見之者尚鮮也。元符改元，安上以不才濫綰紱符，到郡之後，周覽城邑，顧瞻山川，竊欲究古興替盛衰之迹，而《舊經》事簡文繁，考證多闕，方欲博訪舊聞，稍加增綴，而得此書於公之子耜，讀之終卷，惜其可傳而未傳也。於是不敢自秘，偶以承乏郡事，俾鏤版於公庫，以示久遠。自元符二年八月權州祝君鏤版之後，旋遭兵燹。至紹興四年，漣水孫佑被命假守是邦，適前湖州通判陳能千自青龍泛舟，攜此書相訪，因授學官孫衛補葺校勘，復爲刊行以傳。

可知在南宋紹興四年又復刻是書，即紹興蘇州官刻本，今中國臺灣省有庋藏，南京圖書館有膠卷複製品。至明嘉靖二十七年嘗刻之，其本藏上海圖書館。至明萬曆初，錢氏懸磬室嘗用宋紹興本翻雕，而行款不同，且訛舛誠復不少，遠不如宋刻之可寶，且摹印亦稀，流傳絕少。據黄氏後跋可知，《續記》自宋以來刊至再三，而流傳於世者，即鈔本亦非易有。迄至清代，宋刻猶存。黄丕烈嘗於任蔣橋顧氏之裔孫處得舊鈔本，見其上有跋云：「雍正十二年夏五月既望，於崑山徐氏購得葉文莊所藏宋刻本，校勘一過。」始知顧氏所蓄宋刻地志之書，除范成大《吴郡志》而外，又有朱長文《吴郡圖經續記》，楮墨精良，實勝范志。朱彝尊嘗跋《咸淳臨安志》，歷數南北宋之地志，不及是記，可知竹汀先生亦未見此書，爲希覯之本。至清乾隆二十四年，朱鑰明教堂嘗刻之，黄丕烈校並跋。清嘉慶十年，張氏照曠閣刻有學津討原本。咸豐初年，仁和胡鋌將張本與宋刻相校，發現張本竄改特多，如：寺院門第六條「十六羅漢」改爲「十八」，不知二尊此乃後代增入，宋時未有是數。山門第三條「横山在吴縣西南」下句引《十道志》以讚之，改爲「在吴縣西南十里」，不知《十道四番志》乃古書之名。園第門第十一條「范文正公少長於北，及還吴」云云，此所謂

「北」者，即應天府也，改爲「少長於此」，不特未明范公出處，且與下句不相屬。凡此皆未審攷，趁臆改之。全帙謬誤甚多，不能備指。此外，尚有得月樓刻本，亦非完帙。惟此確係宋槧，靈光巋然。清咸豐、光緒年間，先後有木活字排印《琳琅秘室叢書·第二集》本。清同治十二年，江蘇書局有刻本。民國二年，重印《榕園叢書乙集》本。民國十三年，有烏程蔣氏景宋刻本。民國二十六年，有鉛印《叢書集成初編》本。此外，該書尚有多種鈔本，如清乾隆五十一年黄氏醉經樓傳鈔宋本、清同治六年劉履芬過録綠竹堂鈔本、清同治間番禺李氏鈔本、清袁氏貞節堂鈔本、清顧肯堂鈔本、清錢氏述古堂鈔本等等。今據蔣氏刻本爲底本，校以四庫全書本、學津討原本、琳琅密室叢書本，並參校其他相關文獻，加以校點整理。

李勇先

二〇〇九年三月書於川大竹林村

目錄

吳郡圖經續記卷下

序

吳郡圖經續記序

方志之學，先儒所重。故朱贛《風俗》之條，顧野王《輿地》之記，賈耽十道之錄，稱於前史。蓋聖賢不出戶牖知天下，矧居是邦而可懵於古今哉？按《唐六典》職方氏掌天下之地圖，凡地圖，命郡府三年一造，與版籍偕上省。聖朝因之，有閏年之制。蓋城邑有遷改，政事有損益，戶口有登降，不可以不察也。吳爲古郡，其圖志相傳固久。自大中祥符中詔修圖經，每州命官編輯而上，其詳略蓋繫乎其人。而諸公刊修者立類例，據所錄而删撮之也〔一〕。夫舉天下之經而修定之，其文不得不簡，故陳迹異聞，難於具載〔二〕。由祥符至今逾七十年矣，其間近事未有紀述也〔三〕。元豐初，朝請大夫臨淄晏公出守是邦，公乃故相國元獻公之子，好古博學，世濟其美。嘗顧敝廬語長文曰：「吳中遺事與古今文章湮落不收，今欲綴緝。而吾所善練定以謂唯子能爲之也。」長文自念屏迹陋巷，未嘗出庭戶，於訪求爲艱〔四〕。而練君道晏公意，屢見趣勉〔五〕。於是參考載籍，探摭舊聞，作《圖經續記》三卷。凡圖經已備者不録，素所未知則闕如也。會晏公罷郡，乃藏於家。今太守朝議大夫武寧章公治郡三年，以政最，被命再任。比因臨長文所居，謂曰：「聞子嘗爲《圖經續記》矣，余願觀焉。」於是稍加潤飾，繕寫以獻，寘諸郡府，用備諮閲，固可以質凝滯〔六〕，根利病，資議論，不爲虛語也。方聖上睿謨神烈，聲教光被海隅，出日罔不率〔七〕。俾廣地開境，增爲郡縣，儻或申命方州，更定圖籍，則此書庶幾有取也。事有缺略，猶當刊補。其古今文章，別爲《吳門總集》云。

元豐七年九月十五日，州民前許州司戶參軍朱長文上〔八〕。

四庫全書總目提要

臣等謹案《吳郡圖經續記》三卷，宋朱長文撰。長文，字伯原，蘇州人，官祕書省正字、樞密院編修。書成於元豐七年。上卷分封域、城邑、户口、坊市、物産、風俗、門名、學校、州宅、南園、倉務、海道、亭館、牧守、人物十五門，中卷分橋梁、祠廟、宫觀、寺院、山水六門，下卷分治水、往迹、園第、冢墓、碑碣、事志、雜録七門。首有長文自序一篇，末有後序四篇：一爲元祐元年常安民作，一爲元祐七年林慮作，一爲元符二年祝安上作，一爲紹興四年孫祐作。州郡志書五代以前無聞，北宋以來無古於是記者矣。長文自序稱「古今文章别為《吳門總集》」，書中亦屢言其文見《總集》。今其書已不傳，是記蓋亦幸而僅存者也。

乾隆四十五年七月恭校上。

【校勘記】

〔一〕《吳郡圖經續記校勘記》（按《校勘記》胡珽作，原附於學津討原本之後）：「『據』下無『所』字。」

〔二〕難：學津討原本作「艱」。按四庫本《吳郡圖經續記》卷首序、《吳都文粹續集》卷一皆作「難」，《樂圃餘藁》卷七作「艱」。二字皆通。《校勘記》：「『難』作『艱』。」

〔三〕間：四庫本作「傳聞」。

〔四〕訪求：《吳都文粹續集》卷一同，《樂圃餘藁》卷七、學津討原本、四庫本皆作「求訪」。《校勘記》：「『訪求』作『求訪』。」

〔五〕《校勘記》：「『趣』作『趨』。按古通。」

〔六〕《校勘記》：「『凝』作『疑』。」

〔七〕《校勘記》：「『出日』作『日出』。」

〔八〕按此句學津討原本作「吳郡伯原朱長文序」。《校勘記》：「『州民』下十三字作『吳郡伯原朱長文序』。按古書未有名號並稱者，況此係續敕撰圖經，尤不應題號。」

吴郡圖經續記卷上

封域

蘇州在《禹貢》爲揚州之域。《書》云：「三江既入，震澤底定。」即此地也。至周爲吴國。始泰伯與其弟仲雍皆太王之子，王季歷之兄也。泰伯以天下遜其弟王季，乃與仲雍南奔以避之，即其所居，自號句吴，吴民義而從之者千餘家〔一〕。當商之末世，築城郭以自衛，遂爲吴泰伯。《春秋傳》曰：泰伯端委，以治周禮。仲雍嗣之。自泰伯作吴，五世而武王克商，求泰伯、仲雍之後，得周章。周章已君吴〔二〕，因而封之，其爵爲伯〔三〕。《國語》云〔四〕：命圭有命，固曰吴伯，不曰吴王。自周章傳十四世〔五〕，吴子壽夢立，吴益大稱王〔六〕，而《春秋》書之曰子〔七〕。魯成公七年春，吴伐郯。秋，吴入州來。是時，楚一歲七奔命，蠻夷屬於楚者吴盡取之，始通於上國矣。又更四君，至吴王闔廬〔八〕。吴自泰伯以來所都謂之吴城，在梅里平墟，乃今無錫縣境〔九〕。及闔廬立，乃徙都，即今之州城是也。於是西破楚，入郢，北威齊〔一〇〕、晉。蓋當是時，吳與越以淛江分境，越患猶遠。《吳越春秋》云：勾踐五年，入臣於吳，群臣祖道至淛江上。蓋淛爲吳境也。勾踐七年，既釋囚返國，厚獻吳王夫差〔一一〕。夫差悦之，於是賜書增之以封，東至句甬，西至檇李，南至姑末，北至平原〔一二〕，縱横八百餘里〔一三〕。子胥諫之，不聽。事具《吳越春秋》。吳之南境益狹矣，勾踐終敗吳而囿之。魯哀公二十二年，越滅吳，吳迺爲越，而越王未聞居吳也。勾踐後更六王至無疆，更一百四十餘年爲楚威王所滅，取吳故地。威王曾孫曰考烈王，春申君黄歇爲之相，乃以吳封春申，使其子爲假君留吳。及秦併其地，置會稽郡。漢順帝永建四年，分會稽爲吳郡，以淛江中流爲界。晉、宋、齊、梁、陳之間，雖頗割地，而郡不改，與吳興、丹陽號爲三吳〔一四〕。隋平陳，割鹽官以隷於杭。至唐，有吳、長洲、嘉興、崑山、常熟、海鹽、華亭七邑，號爲雄郡。乾元二年，嘗置長洲軍，大曆中廢。五代時，分嘉興、海鹽、華亭別爲秀州，隷蘇者唯五縣〔一五〕。錢氏獻其籍，國朝以爲平江節度，所領縣仍故，謂之望郡云。

城邑

昔闔廬問於子胥曰：「吾國在東南僻遠之地，險阻潤濕，有江海之害，内無守禦，外無所依〔一六〕，倉庫不設，田疇不墾，爲之柰何？」於是子胥説以立城郭，設守備，實倉廩，治兵庫〔一七〕。闔廬乃委計於子胥，使之相土嘗水，象天法地。築大城周四十里〔一八〕，小城周十里，開八門以象八風，是時周恭王之六年也〔一九〕。自吳亡至今僅二千載，更歷秦、漢、隋、唐之間，其城郭門名循而不變〔二〇〕。陸機詩云〔二一〕：「閶門何峨峨，飛閣跨通波。」其物象猶存焉〔二二〕。隋開皇九年平陳之後，江左遭亂。十一年，楊素帥師平之。以蘇城嘗被圍，非設險之地，奏徙於古城西南横山之東，黄山之下。唐武德末，復其舊，蓋知地勢之不可遷也。觀於城中，衆流貫州，吐吸震澤，小瀆別派〔二三〕，旁夾路衢，蓋不如是無以泄積潦、安居民也。故雖名澤國〔二四〕，而城中未嘗有墊溺蕩析之患，非智者創於前，能者踵於後，安能致此哉？而流俗或傳吳之故都在館娃宫側〔二五〕，非也。蓋娃宫、胥臺乃離宫別館耳。當吴之盛時，高自矜侈，籠西山以爲囿，度五湖以爲池，不足充其欲也。故傳闔廬秋冬治城中，春夏治城外，旦食組山〔二六〕，晝遊蘇臺，射於鷗陂，馳於游臺，興樂石城，走犬長洲，其耽樂之所多矣。《左氏傳》載楚子西之言曰〔二七〕：「夫差次有臺榭陂池焉，宿有妃嬙嬪御焉。」一日之行，所欲必成。今故老猶能道其遺迹，信不虚也。自唐季盜起浙西，帥周寶以楊茂實爲刺史，爲盜所據。龍紀元年，錢鏐遣其弟銶破徐約於此州〔二八〕，以都將沈粲權領〔二九〕。其後李友〔三〇〕、孫儒、楊行密時臺濛三陷郡城。乾寧五年，鏐既平董昌，遣其將顧全武自會稽航海道，帥師擊之，臺濛遁去。蓋於此十餘年間，民困於兵火，焚掠赤地，唐世遺迹殆盡。錢氏有吴越，稍免干戈之難〔三一〕。自乾寧至於太平興國三年錢俶納土〔三二〕，凡七十八年。自錢俶納土，至於今元豐七年百有七年矣。當此百年之間，井邑之富過於唐世，郛郭填溢，樓閣相望，飛杠如虹，櫛比棋布，近郊隘巷悉甃以甓，冠蓋之多，人物之盛，爲東南冠，寔太平盛事也〔三三〕。

戶口

西漢之會稽郡，舉今二浙之地皆在焉。其爲戶二十二萬三千三十八〔三四〕。東漢之吳郡，舉今浙西之地皆在焉，其爲戶十六萬四千一百六十四。晉之吳郡，舉今杭、秀、睦三州之境皆在焉，其爲戶二萬五千。唐之蘇州，舉今秀州之地在焉。初其爲戶一萬一千八百五十九，天寶之盛至七萬六千四百二十一。自錢武肅分蘇以爲秀〔三五〕，用自屏蔽，其隸蘇者吳、長洲、崑山、常熟，又分吳縣爲吳江，合五邑而已。忠懿王以其國歸之有司。國朝與民休息，稼穡豐殖。大中祥符四年，有戶六萬六千一百三十九。由祥符至於今七十餘年間〔三六〕，累聖丕承，仁澤日厚，庬鴻汪洋〔三七〕，何生不育。元豐三年，有戶一十九萬九千八百九十二，有丁三十七萬九千四百八十七，嗚呼盛矣！蓋此州在漢迺一縣之境，比唐爲半郡之餘〔三八〕，而其民倍屣於當時〔三九〕，不可勝數，蓋自昔未有今日之盛也。故其輸帛爲疋者八萬，輸纊爲兩者二萬五千，輸苗爲斛者三十四萬九千，苗有蠲放者在此數中。輸錢免役爲緡者歲八萬五千〔四〇〕，皆有畸焉〔四一〕，而又有鹽稅榷酤之利爲多〔四二〕。以一郡觀之，則天下蓋可知矣。昔冉有曰：「既庶矣，又何加焉。」孔子曰：「富之。」「既富矣，又何加焉。」曰：「教之。苟有用我者，期月而已可也〔四三〕，三年有成。」況今承百年太平之後〔四四〕，而有四海全盛之勢哉！方聖上精一以迪德，幾微以成務，講政修教，朝出於軒陛，暮行於海宇，六府三事既允治矣，方當節之以禮，和之以樂，躋民於堯舜三代之隆，此其時哉！

坊市

《圖經》坊市之名各三十，蓋傳之遠矣。如曳練坊者，或傳孔子登泰山，東望吳閶門〔四五〕，歎曰〔四六〕：「吳門有白馬如練。」因是立名。黃鸝市之名見白公詩，所謂「黃鸝巷口鶯欲語，烏鵲橋頭冰未銷」是也。其餘皆有義訓，不能悉知其由。其巷名見於載籍者，如彈鋏、渴烏一二種，皆莫知其處，迺知事物不著於文字之間則艱於傳遠，故方志之說不可廢也。近者坊市之名多失標牓，民不復稱。或有因事以立名者，如靈芝坊因樞密直學士蔣公，堂。豸冠坊因侍御史范公，師道。德慶坊因今太子賓客盧公，革。各以所居得名〔四七〕，蓋古者以德名鄉之義也。苟擇其舊號，益以新稱，分其邑里，因以彰善旌淑〔四八〕，不亦美哉！昔梅福棄官，易名姓，爲吳市門卒，今此有西市門，殆其所隱乎！

物産

吳中地沃而物夥，其原隰之所育，湖海之所出〔四九〕，不可得而殫名也。其稼則刈麥種禾，一歲再熟。稻有早晚，其名品甚繁。農民隨其力之所及，擇其土之所宜，以次種焉，惟號箭子者爲最，歲供京師〔五〇〕。其果則黃柑、香碩，郡以充貢。橘分丹綠，梨重絲蔕，函列羅生，何珍不有！其草則藥品之所錄，《離騷》之所詠，布護於皋澤之間〔五一〕。海苔可食，山蕨可掇。幽蘭國香，近出山谷，人多玩焉。其竹則大如篔簹，小如箭桂，含露而斑〔五二〕，冒霜而紫。修篁叢筍〔五三〕，森萃簫瑟〔五四〕，高可拂雲，清能來風。其木則栝、栢、松、梓、椶、柟、杉、桂，冬巖常青〔五五〕，喬林相望〔五六〕，椒梂梔實，蕃衍足用。其花則木蘭、辛夷著名，惟舊牡丹多品，遊人是觀，繁麗貴重，盛亞京洛，朱華凌雪，白蓮敷沼〔五七〕。文通、樂天，昔嘗稱詠重臺之菡萏，傷荷之珍藕，見於傳記。其羽族則水有賓鴻，陸有巢翠，鶡雞、鵠鷺、鵁鶄、鷗鷺之類，巨細參差，無不咸備。華亭仙禽，其相如經，或鳴皐原〔五八〕，或擾樊籠。其鱗介則鯈鱨、鰋鯉、魱鰽、鱨鯊〔五九〕、乘鱟、黿鼉、蟹鰲、螺蛤之類，怪詭舛錯，隨時而有。秋風起則鱸魚肥，練木華而石首至〔六〇〕，豈勝言哉！海瀕之民，以網罟蒲蠃之利而自業者比於農圃焉。又若太湖之怪石，包山之珍茗，千里之紫蒓，織席最良，給用四方，皆其所產也。若夫舟航往來，北自京國，南達海徼，衣冠之所萃聚，食貨之所叢集，乃江外之一都會也。

風俗

太伯遜天下，季札辭一國，德之所化遠矣。更歷兩漢，習俗清美。昔吳太守麋豹出行〔六一〕，屬城問功曹，唐景風俗所尚，景曰：「處家無不孝之子，立朝無不忠之臣。文爲儒宗，武爲將帥。」時人以爲善言。陸機詩云：「山澤多藏育，土風清且嘉。泰伯導仁風，仲雍揚其波〔六二〕。」豈不然哉！蓋朱買臣、陸機、顧野王之徒顯名於歷代，而人尚文；支遁、道生、慧響之儔唱法於群山〔六三〕，而人尚佛〔六四〕。故吳人多儒學，喜信施〔六五〕，蓋有所由來也。然誇豪好侈，自昔有之。《吳都賦》云：「競其區宇，則並疆兼巷；矜其宴居〔六六〕，則珠服玉饌。」亦非虛語也。自本朝承平，民被德澤，垂髫之兒皆知翰墨，戴白之老不識戈矛，所利必興，所害必去，原田腴沃，常獲豐穰，澤地沮洳，寖以耕稼，境無劇盜，里無姦兇，可謂天下之樂土也。顧其民崇棟宇，豐庖廚，嫁娶喪葬，奢厚逾度，捐財無益之地〔六七〕、蹙產不急之務者爲多，惟在位長民者有以化之耳。

門名

吳王闔廬建城之始，立陸門八，以象八風；水門八，以象八卦。《吳都賦》云：「郛郭周市〔六八〕，重城結隅。通門二八，水道陸衢。」劉夢得詩云：「二八城門開道路，五千兵馬引旌旗。」其傳久矣。所謂八門者〔六九〕，其南曰盤門，以嘗刻蟠龍之狀。或曰爲水陸相半〔七〇〕，沿洄屈曲，故謂之盤也。曰蛇門者，爲其於十二位在巳也〔七一〕。又云以越在巳地，爲木蛇，北向，示越屬吳也。其西曰閶門者，象天門之有閶闔也。曰胥門者，子胥居其旁〔七二〕，民以稱焉。夫差伐齊之役，胥門巢將上軍，蓋當時以巢所居爲號也。門外有胥門塘。其東曰婁門〔七三〕，婁，縣名也，蓋因其所道也。秦謂之疁，音留〔七四〕。漢謂之婁，今之崑山其地一也。曰封門者〔七五〕，取封禺之山以爲名。封山，故屬吳郡，今在吳興。方言謂「封」曰「葑」。葑者，茭土樛結〔七六〕，可以種殖者也，其事或然。曰將門者，吳王使干將於此鑄寶劍。今謂之匠，聲之變也。北曰齊門者，齊景公女嫁吳世子者，登此以望齊也。又南有赤門〔七七〕，北有平門，蓋不預八數。或曰平門者，故爲巫門〔七八〕，巫咸所葬也。當吳時，不開東面之門〔七九〕，欲以絶越。其後稍或閉塞〔八〇〕，蓋其多途，則艱於守衛幾禁也〔八一〕。今所啓者，五而已。封門陸衢，中或堙塞，范文正公命闢之，爲門往來，至今大以爲便。

學校

吳郡昔未有學，以文請解者不過數人〔八二〕。景祐中，范文正公以内閣典藩，而歎庠序之未立。我先君光禄率州人請建學，文正公請於朝，奏可，迺割南園之一隅以創焉。既成，或以爲太廣，范公曰〔八三〕：「吾恐異時患其隘耳。」乃置學田〔八四〕，命師儒。其後爲守者繼成其事，富郎中嚴又建六經閣。自安定先生翼之首居於此，而博洽有道之士如王會之逢、張聖民衎〔八五〕、張公達〔八六〕伯玉之儔繼處其任，學者甚衆，登科者不絕。有若滕正議元發、錢翰林醇老諸公稍稍以出。熙寧之際，朝廷選置學官，更問大義，士之來者甚盛矣。頃時李校理綖又割南園地以廣其垣，然黌舍未多，今猶以爲隘也。宣聖殿旁舊有文正公祠，以安定先生配，歲時釋奠者皆焚香拜首〔八七〕。學中有十題，曰辛夷、百幹黄楊、公堂槐、鼎足松、雙桐、石楠龍頭檜〔八八〕、蘸水檜、泮池、玲瓏石，或云蘇子美嘗掌學命名也〔八九〕。

州宅上

《郡國志》云：今太守所居室，即春申君之子爲假君之殿也。因數失火，塗以雌黄〔九〇〕，故曰黄堂。又傳吴宫至秦時猶存，守宫吏以火視鷰窟〔九一〕，遂火焉，其遺迹雖無存者，其地則未聞或改也。漢會稽太守治於吴，朱買臣載其故妻到太守舍，置園中給食之，即此地也。今郡廨承有唐、五代之後，昔韋蘇州詩云：「海上風雨至，逍遥池閣涼。」白樂天於西樓命宴，齊雲樓晚望，皆有篇什。所謂池閣者，蓋今之後池是也〔九二〕；西樓者，蓋今之觀風樓也；齊雲樓者，蓋今之飛雲閣也。白公詩云：「欲辭南國去〔九三〕，重上北城看。」木蘭堂之名亦久矣，皮、陸唱和詩有「木蘭後池」，即此也。池中有老檜，婆娑尚存。父老云白公手植，已二百餘載矣。詢之士子，云張刑部太初作山陰堂，蔣密直治後池諸亭及瞰野亭、見山閣，吕光禄建按武堂，蔡祕閣子直置射堂，裴校理如晦立飛雲閣，韓度支子文植怪石二於便廳後，榜曰介軒。近晏大夫處善葺故亭於城之西北隅〔九四〕，號曰月臺，以便登覽，餘則未悉聞也。

州宅下

蓋古之諸侯有三門，外曰臯門，中曰應門，內曰路門。因其門以爲三朝。朝之後有三寢，曰路寢一，曰燕寢二。自罷侯置守，其名既殊，其制稍削，然猶存其槩。今之子城門，古之所謂臯門也；今之戟門，古之所謂應門也；今之便廳門，古之所謂路門也；今之大廳，古之外朝也；今之宅堂，古之路寢也〔九五〕。蘇爲東南大州，地望優重，府廷宜有以稱〔九六〕。自唐乾寧元年刺史成及建大廳，更五代至於聖朝嘉祐間，年祀浸遠〔九七〕，棟宇既敝，紫微王公君玉乃新作是廳，選材鳩工，閎敞甲諸郡。陳祠部天常新作子城門，樓觀甚偉。而大廳之前、戟門之後廊廡庳陋不稱〔九八〕，且甲仗〔九九〕、架閣二庫在焉。海瀕卑濕，暑氣蒸潤，戎器簿籍或材弊文朽〔一〇〇〕，不可用。又高麗人來朝過郡，郡有燕勞，其從者皆坐於廊，此而不葺，非所以革弊示遠也。元豐六年〔一〇一〕，太守、朝議大夫章公以是說謀於轉運使〔一〇二〕，得羨錢二百萬，又以公使助之。於是易以修廊，覆以重屋，二樓對立。樓各八楹，木章必精，陶埴以良，吏無容姦，工各獻巧，故費省而功速〔一〇三〕，明年春落成。又修戟門薦之〔一〇四〕，高於舊三尺。由是自臺門至於府廷棟宇相副〔一〇五〕，輪焉奐焉，不陋不奢，後無以加也。

南園

南園之興自廣陵王元璙帥中吴〔一〇六〕，好治林圃，於是釃流以爲沼〔一〇七〕，積土以爲山，島嶼峰巒，出於巧思，求致異木，名品甚多，比及積歲，皆爲合抱。亭宇臺榭，值景而造，所謂三閣八亭，二臺龜首、旋螺之類，名載圖經，蓋舊物也。錢氏去國，此園不毀〔一〇八〕。王黄州詩云：「他年我若功成後，乞取南園作醉鄉〔一〇九〕。」迺玩而愛之之至也。或傳祥符中作景靈宫，古候切一字〔一一〇〕求珍石，郡中嘗取於此，以貢京師。其間樓榭歲久摧圮，呂濟叔嘗作熙熙堂，厥後守將亦加修飾。今所存之亭有流杯、四照、百花、樂豐、惹雲、風月之目。每春，縱士女遊覽，以爲樂焉。

倉務

南倉在子城西〔一一一〕，北倉在閶門側，皆前後臨流。每歲輸稅於南，和糴於北〔一一二〕。以元豐三年計之，所糴無慮三十萬斛，東南之計仰給於此。而農民賴官糴以平穀價〔一一三〕，其利博哉〔一一四〕！稅務舊在驛前，范文正公遷於西河之上，官私舟楫往來，輸稅者不必迂路，至今以爲便。酒務損弊〔一一五〕，前守司諫孫公請於朝，給省金四萬緡新之。晏公、章公相繼趣成，近已畢工。又嘗大修南倉，既閎且固，爲儲積之利。

亭館

臨水之亭，圖經所載者四。今漕渠之上增建者多矣〔一一六〕，曰按部，曰緇衣，曰濟川，曰皇華，曰使星，曰候春，曰褒德，曰旌隱之類，聯比於岸矣。所謂褒德者，近於祕監富公之居；旌隱者，近於密直蔣公之居，昔之郡將名亭以褒二老也。

近歲高麗人來貢，聖朝方務綏遠，又於城中闢懷遠、安流二亭，及盤、閶之外各建大館，爲賓餞之所。

海道

吳郡東至於海，北至於江，傍青龍、福山，皆海道也。漢武帝遣嚴助發兵會稽，浮海救東甌。後朱買臣言東越王居保泉山，今發兵浮海，直指泉山，陳舟列兵，席卷南行〔一一七〕，可破滅也。上拜買臣會稽太守，詔買臣到郡治樓船，備糧食、水、戰具。居歲餘，買臣受詔將兵，與横海將軍韓說等俱擊破東越。晉袁山松、虞潭嘗於滬瀆築城壘以防寇。自朝家承平〔一一八〕，總一海内，閩粤之賈乘風航海，不以爲險，故珍貨遠物畢集於吳之市。今瀕海皆有巡邏之官，所以戢盜賊、禁私鬻也。

牧守

昔漢會稽太守治於吳，自朱買臣見遇武帝，引章之部世歆其榮〔一一九〕。光武時，有任延者，稱爲循吏。延字長孫，年十九，爲會稽都尉，迎官驚其壯〔一二〇〕。及到，靜泊無爲〔一二一〕，惟先遣饋，禮祠延陵季子〔一二二〕，聘請高行如董子儀、嚴子陵等，待以師友之禮。椽史貧者輒分俸祿以賑給之〔一二三〕。省諸卒，令耕公田，以周窮急。所行縣輒使慰勉孝子〔一二四〕，就飱飯之〔一二五〕。吳有龍丘萇者，隱居太末，志不降辱，掾史請召之，延曰：「龍丘先生躬德履義，有原憲、伯夷之節，都尉掃灑其門〔一二六〕，猶懼辱焉，召之不可。」遣功曹奉謁，修書記，致醫藥，相望於道。積一歲，萇乃詣府，願得備錄，遂命爲議曹祭酒〔一二七〕。是以郡中賢士大夫爭往宦焉〔一二八〕。自晉至唐，牧守之良者已載圖經矣，於《新唐史》又得數事焉。史稱王仲舒之爲刺史也，隄松江爲路，變屋瓦，絕火災，賦調常與民爲期，不擾自辦。于頔之爲刺史也，罷淫祠，浚溝澮，端路衢，爲政有績。楊發之爲刺史也，其治以恭長慈幼爲先。是皆可述者也。若韋應物、白居易、劉禹錫亦可謂循吏，而世獨知其能詩耳。韋公以清德爲唐人所重，天下號曰韋蘇州。當正元時〔一二九〕，爲郡於此，人賴以安。又能賓儒士，招隱獨，顧況、劉長卿、丘丹、秦系、皎然之儔類見旌引，與之酬唱，其賢於人遠矣。樂天高行美才，其於簿領宜不以屑意，然觀其勤瘁，非旬休不設宴，見於題詠。嘗作虎丘路，免於病涉，亦可以障流潦。未幾求去，夢得贈詩云：「姑蘇十萬戶，皆作嬰兒啼。」蓋其實也。夢得之爲州，當災疫之後〔一三〇〕，民無流徙，朝廷以其課最賜三品服。此三人者，至今以爲美談。自錢武肅王吳越，以其子元璙爲刺史，當兵火剽焚之後，而元璙以儉約慎靜鎮之者三十年。與江南李氏接境，而能保全屏蔽者，元璙之功也。元璙後封廣陵郡王。子文奉嗣之，頗亦好士，有勝致，卒官邸〔一三一〕。其後忠懿王納土請吏，朝廷始除守以治之。自太平興國三年至今元豐四年，更七十二人矣，題名具總集。朝廷以劇郡，常慎其選，非臺閣之賢、漕憲之序不以輕授〔一三二〕。其風流文雅，開敏彊濟〔一三三〕，豐功琦行，貴名茂閥，列於國史，炳於家傳者多矣〔一三四〕。草野之士獨處而罕聞，雖聞而不詳，何以遽數哉？今朝議大夫章公嘗將漕一淛，有威名。及既下車，飭治衆職〔一三五〕，雖小必察。始至，會暴風，湖海之瀕民或漂溺〔一三六〕，公遣吏巡視賑恤，請蠲田租，人不失所。鋤治姦吏，繩遏浮蕩〔一三七〕，擊沮豪右，莫不畏懾，政聲流聞。詔曰：「吏不數易，然後得以究其材。今夫蘇，劇郡也，而爾爲之守，克有能稱。嘉省厥勞，仍其舊服。往惟率職不懈，以稱吾久任之意哉！可令再任。」蘇守自國朝以來，惟公再任，邦人美之。時議欲大修郡城，增濬運河，公務愛民力，請罷其役，民甚德之。

人物

吳中人物尚矣。漢嚴助、朱買臣會稽吳人，以儒學文詞名當時〔一三八〕，郡守舉賢良對策者百餘人〔一三九〕。武帝善助對，獨擢助爲中大夫。既而貴幸〔一四〇〕，乃薦朱買臣亦爲中大夫。由是並在左右，與大臣辯論中外〔一四一〕，相應以義理之文。其後相繼爲會稽太守。助爲會稽，數年不聞問，天子賜書曰：「君厭承明之廬，勞侍從之事，懷故土，出爲郡吏。會稽東接於海，南近諸越，北枕大江，間者闊焉，久不聞問，具以春秋對。」助恐，上書謝，願奉三年計最。買臣懷會稽太守章步歸郡邸〔一四二〕，長安廐吏乘駟馬車來迎。會稽聞太守且至，發民除道，縣長吏並送迎，車百餘乘。此二人者，並起書生，遂宰一郡，福千里，其爲榮遇可勝道哉〔一四三〕！然助能諭指南越，遣子入侍，買臣擊破東越有功，亦足以稱焉〔一四四〕。自東漢至於唐代，有賢哲已具圖經，而四姓者最顯，陸機所謂「八族未足侈，四姓實名家」。四姓者，朱、張、顧、陸也。其在江左，世多顯人，或以相業，或以儒術，或以德義，或以文詞，已著於舊志矣。自廣陵王元璙父子帥中吳，是時有丁、陳、范、謝四人者同在賓幕，以長者稱。丁氏之後有晉公，出入將相。范氏之後有文正公，參豫大政，爲世宗師。文正公族姪龍圖公師道以直，清顯先朝，履歷諫憲。謝氏之後有太子賓客濤。賓客有子曰絳，爲知制誥，搢紳推之〔一四五〕。陳氏之後有太子中允之奇者，謝隴西郡王宅教授以歸，召之不起，以行義著鄉閭，謂之陳君子者也。又若宣徽使鄭文肅公以謀烈贊樞府，定邊陲〔一四六〕；祕書監富公嚴以耆德守鄉郡〔一四七〕，而許洞以歌詩著名祥符之間，皆吳人也。而東南之才美與四方之遊宦者視此邦之爲樂也。稍稍卜居營葬，而子孫遂留不去者不可以遽數也〔一四八〕。今茲宗工名儒出於吳者高則登黃扉，入禁林，次則帥方面，列臺閣，與夫里居之大老灼灼然在人耳目，俟來者爲記焉。

【校勘記】

〔一〕《校勘記》：「『從之』下無『者』字。」

〔二〕周章已君吳：學津討原本無此五字。按《史記》卷三一《吳太伯世家》有此五字。《校勘記》：「無『周章已君吳』句。」

〔三〕《校勘記》：「『其爵爲伯』作『其爵爲子』。」

〔四〕《校勘記》：「下『《國語》』至『周章』十八字刪去。」

〔五〕「傳」字下學津討原本有「至」字。《校勘記》：「『傳』下有『至』字。」

〔六〕益：學津討原本作「始」。《校勘記》：「『益大』作『始大』。」

〔七〕《校勘記》：「『春秋』下有『傳』字。」

〔八〕闔廬：四庫本、學津討原本皆作「闔閭」。下同。按二者古人通用。《校勘記》：「『闔廬』作『闔閭』，後皆倣此。」

〔九〕乃：學津討原本作「即」。《校勘記》：「『乃今』作『即今』。」

〔一〇〕《校勘記》：「『比威』作『北威』。」

〔一一〕「夫差」之「差」字，按《校譌》（《校譌》清胡珽作，原附於學津討原本後）「『茬』字依宋本，然今刻從『艸老』，聲誤也，正當作『差』」。

〔一二〕《校譌》：「『兆』字誤。宋本作『北』。」

〔一三〕横：原作「撗」，徑改。《校譌》：「『横』，宋本作『撗』。」

〔一四〕號：原作「号」，徑改。下同。《校譌》：「『號』，宋本作『号』，後皆例此。」

〔一五〕《續校》（會稽董金鑑輯）：「按五縣中尚有吴江一縣，錢武肅分吴縣置，詳下戶口門。」

〔一六〕《校勘記》：「『外無所依』作『民無所依』。」

〔一七〕「治兵庫」下四庫本注「一作革」。

〔一八〕《校勘記》：「『四十里』作『四十七里』」

〔一九〕周恭王：四庫本、學津討原本作「周敬王」。《校勘記》：「『恭王』作『敬王』。」《補校》（會稽鏡吾氏董金鑑輯）：「『恭王』，張本作『敬王』，案此宋本避諱。」

〔二〇〕郭：原作「淢」，據四庫本改。

〔二一〕《校勘記》：「『詩云』作『詩曰』。」

〔二二〕焉：四庫本作「也」。

〔二三〕濱：原作「浜」，據四庫本、學津討原本改。

〔二四〕名：原作「有」，據四庫本改。《校勘記》：「『雖有』作『雖名』。」

〔二五〕吳：原作「吾」，據四庫本改。《校勘記》：「『吾之故都』作『吳之故都』。」

〔二六〕且：原作「且」，據四庫本、琳瑯秘室叢書本、學津討原本改。又「組」字，四庫本、學津討原本作「蛆」。按琳瑯秘室叢書本及《海錄碎事》卷三上引《吳郡圖經續記》皆作「組」字。《校勘記》：「『組』作『蛆』。」

〔二七〕之：學津討原本無此字。《校勘記》：「『之言』，『之』字無。」

〔二八〕《校勘記》：「『其弟』，『其』字無。」

〔二九〕《校勘記》：「『粲』作『琛』。」

〔三〇〕李友：原作「李宥」，四庫本注「一作宿」，學津討原本注「一作友」。按《新唐書》卷一八八《孫儒傳》、《資治通鑑》卷二五八皆作「李友」，據改。《校勘記》：「『李宥』下雙行注云：『一作友。』」

〔三一〕難：四庫本、學津討原本作「患」。《校勘記》：「『難』作『患』。」

〔三二〕《校譌》：「『俶』字，宋本如是，今刻誤从『夂』。」

〔三三〕《校勘記》：「『寔』作『實』。按古通。」《補校》：「『平太』，誤，原作『太平』。」

〔三四〕《校譌》：「『二十二』，今刻未清晰。」

〔三五〕「秀」字下四庫本、學津討原本有「州」字。《校勘記》：「『秀』下有『州』字。」

〔三六〕《校勘記》：「『三十九由祥符』作『三十由祥九符』，誤。」

〔三七〕《校勘記》：「『庬鴻汪洋』作『龐汪洋鴻』，誤。」

〔三八〕比：學津討原本作「在」。《校勘記》：「『比唐』作『在唐』。」

〔三九〕屣：四庫本、學津討原本作「蓰」。《校勘記》：「『屣』作『蓰』。」

〔四〇〕《校勘記》：「『歲八萬』，『歲』字無。」

〔四一〕：四庫本、學津討原本其下注云：「數畸，殘田也。」《校勘記》：「『畸』下雙行注云：『數畸，殘田也。』」

〔四二〕《校勘記》：「『榷酤』作『搉酤』。」

〔四三〕可也：原本無，據四庫本、學津討原本及《論語注疏》卷一三補。《校勘記》：「『而已』下有『可也』。」

〔四四〕《校譌》：「『況』字誤，宋本作『况』。按二字有別。」

〔四五〕闔：四庫本、學津討原本無此字。《校勘記》：「『望吴閭門歎曰』作『望吴門而歎曰』。」
〔四六〕「歎」字上四庫本有「而」字。
〔四七〕「以」字下四庫本、學津討原本有「其」字。《校勘記》：「『所居』上有『其』字。」
〔四八〕《校勘記》：「『因以』，『以』字無。」
〔四九〕湖：學津討原本作「河」。《校勘記》：「『湖海』作『河海』。」
〔五〇〕《校勘記》：「『歲供』作『歲貢』。」
〔五一〕布護：四庫本作「布濩」，學津討原本作「而獲」。按《漢書》卷五七下《司馬相如傳》「汜布護之」下引顏師古注云：「布護，言遍布也。」當以「布護」爲是。《校勘記》：「『布護』作『布穫』。」
〔五二〕斑：原作「班」，據四庫本改。《校勘記》：「『班』作『斑』。」
〔五三〕《校譌》：「『筍』字今刻未清晰。」
〔五四〕簫：四庫本作「蕭」。《校勘記》：「『簫瑟』作『蕭瑟』，按古通。」
〔五五〕常：四庫本作「嘗」。
〔五六〕喬：四庫本作「高」。

〔五七〕蓮：學津討原本作「藕」。《校勘記》：「『白蓮』作『白藕』。」

〔五八〕皐：四庫本作「高」。《校勘記》：「『皐原』作『高原』。」

〔五九〕鮨鯊：四庫本作「漸離」。

〔六〇〕練：四庫本作「楝」。

〔六一〕麋：四庫本作「糜」。

〔六二〕《校勘記》：「『楊其波』，『楊』作『揚』。」

〔六三〕《校勘記》：「『慧響』作『慧嚮』。」《補校》：「『慧響』作『慧嚮』。案下『嚮』字誤，原本作『響』。」

〔六四〕尚：四庫本、學津討原本作「佞」字。《校勘記》：「『尚佛』作『佞佛』。」

〔六五〕信施：四庫本、學津討原本作「施捨」。《校勘記》：「『信施』作『施捨』。」

〔六六〕《校勘記》：「『宴』作『晏』。」

〔六七〕捐：琳瑯秘室叢書本作「蠲」。《校譌》：「『蠲』字誤，宋本作『捐』。」

〔六八〕市：原作「帀」，據四庫本、學津討原本改。《校勘記》：「『周帀』作『周市』，誤。」

〔六九〕《校勘記》：「『所謂』作『或謂』。」

〔七〇〕爲：四庫本、學津討原本無此字。《校勘記》：「『水陸』上無『爲』字。」
〔七一〕《校勘記》：「『爲其』作『謂其』。」
〔七二〕旁：四庫本作「傍」。
〔七三〕「門」下四庫本有「者」字。《校勘記》：「『婁門』下有『者』字。」
〔七四〕音：原本無，據四庫本、學津討原本補。《校勘記》：「『留』字右旁有『音』字。」
〔七五〕封門：四庫本作「葑門」。下同。四庫本其下注「作封」，學津討原本「封」字下注「作葑」。《校勘記》：「『曰封』下雙行注云『作葑』。」
〔七六〕樛：原作「摎」，據四庫本、學津討原本改。《校勘記》：「『摎』作『樛』。」
〔七七〕有：四庫本作「曰」。
〔七八〕爲：四庫本作「謂」。《校勘記》：「『故爲』作『故謂』。」《補校》：「『故爲』作『故謂』，見《校勘記》，應加。」
〔七九〕東面：學津討原本作「東南」。《校勘記》：「『東面』作『東南』。」
〔八〇〕閉：四庫本、學津討原本作「開」。《校勘記》：「『閉塞』作『開塞』。」
〔八一〕《校勘記》：「『幾禁』作『譏禁』。」

〔八二〕請：四庫本、學津討原本作「謂」。《校勘記》：「『請解』作『謂解』。」

〔八三〕范公：學津討原本作「范文正公」。《校勘記》：「『范公』作『范文正公』。」

〔八四〕田：原作「錢」，據四庫本、學津討原本改。《校勘記》：「『學錢』作『學田』。」

〔八五〕張聖民：學津討原本作「張舜民」。按四庫本《長興集》卷一七《張公墓誌銘》作「公諱蒭，字聖民」。《宋詩紀事》卷二二作張芻，字聖民。《校勘記》：「『聖民』作『舜民』。」

〔八六〕《校勘記》：「『公達』作『功達』。」

〔八七〕首：學津討原本作「手」。《校勘記》：「『拜首』作『拜手』。」

〔八八〕龍：四庫本作「籠」。

〔八九〕《校勘記》：「『或云』作『或曰』。」

〔九〇〕雌黃：四庫本作「雄黃」。按《太平寰宇記》卷九一、《太平御覽》卷九八八、《山堂肆攷》卷七三皆作「雌黃」，當是。

〔九一〕《校勘記》：「『鸗』作『燕』。」

〔九二〕蓋：學津討原本作「即」。《校勘記》：「『蓋今之後池』作『即今之後池』。」

〔九三〕國：四庫本作「園」。按《白氏長慶集》卷二四、《白香山詩集》卷二七、《吳都文粹》

卷二、《全唐詩》卷四四七皆作「國」，當是。

〔九四〕之：四庫本、學津討原本無。《校勘記》：「『城』下無『之』字。」

〔九五〕《續校》：「『寖』字誤，原作『寖』。」

〔九六〕府廷：四庫本、學津討原本作「府庭」。下同。按四庫本此句作「府庭有此稱」。《校勘記》：「『府廷』作『府庭』，下無『宜』字。」《續校》：「『府庭宜有以稱』，校勘記云張本無『宜』字。今按『宜』當作『宜』。據上文云云，蓋謂蘇州地望優重，府庭之閎敞宜有以稱之耳，張本刪之非是。」

〔九七〕《校勘記》：「『浸遠』作『寖遠』。」

〔九八〕庳：四庫本作「卑」。

〔九九〕《校勘記》：「『甲仗』作『甲杖』。按古但作杖。」

〔一〇〇〕《校勘記》：「『弊』作『敝』。按古但作『敝』。」

〔一〇一〕六年：琳瑯秘室叢書本作「五年」。《校譌》：「『五年』誤，宋本作『六年』。」《續校》：「『豊』字誤，原作『豊』。」

〔一〇二〕《校譌》：「『謀公』誤，宋本作『謀於』。」

〔一〇三〕費省：四庫本作「省費」。

〔一〇四〕薦：四庫本作「易」。

〔一〇五〕自：四庫本、學津討原本無。《校勘記》：「『由是』下無『自』字。『府廷』作『府庭』。」

〔一〇六〕《校勘記》：「『中吳』作『吳中』。」

〔一〇七〕流：學津討原本作「池」。《校勘記》：「『釃流』作『釃池』。」

〔一〇八〕此：原作「比」，據四庫本、學津討原本改。《校勘記》：「『比園』作『此園』。」

〔一〇九〕取：學津討原本及《吳都文粹》卷三、《吳郡志》卷一四「與」。《校勘記》：「『乞取』作『乞與』。」

〔一一〇〕「古候切一字」，學津討原本作「購」，四庫本作「構」。按此處應爲「購」字，因避宋高宗趙構諱而改。《校勘記》：「『古候切一字』作『購』。按高宗名構，宋本避嫌名。」

〔一一一〕在：四庫本、學津討原本無。《校勘記》：「『南倉』下失『在』字，『北倉』下『在』字有。」

〔一一二〕糴：四庫本、學津討原本作「糶」。下同。《校勘記》：「『糴』作『糶』。下同。」

〔一一三〕《校譌》：「『宮』字誤，宋本作『官』。」

〔一一四〕博：四庫本作「溥」。《校勘記》：「『其利博』作『其刊溥』。」

〔一一五〕《校勘記》：「『弊』作『敝』。」

〔一一六〕漕：學津討原本作「溝」。《校勘記》：「『漕渠』作『溝渠』。」

〔一一七〕卷：四庫本作「捲」。

〔一一八〕朝家：學津討原本作「國家」。《校勘記》：「『朝家』作『國家』。」

〔一一九〕部：四庫本作「郡」。

〔一二〇〕《校勘記》：「『驚』字宋本缺筆。」

〔一二一〕泊：四庫本作「治」。

〔一二二〕祠：學津討原本作「祀」。《校勘記》：「『祠』作『祀』。」《續校》：「『祠』，張本作『祀』。按范書《循吏傳》正作『祠』，宋本是也。」

〔一二三〕《校勘記》：「『椽』作『掾』。下同。」《續校》：「『椽史』，張本『椽』作『掾』。按范書作『掾吏』，下十五行同。」

〔一二四〕所：學津討原本作「時」。《校勘記》：「『所行』作『時行』。」《續校》：「『所』，張本作『時』。按范書作『每時』二字。『輙』當作『輒』，上文不誤。」

〔一二五〕《續校》：「『飱』，俗字，當依范書作『餐』。」

〔一二六〕掃灑：學津討原本作「洒掃」。《校勘記》：「『掃灑』作『洒掃』。」《續校》：「『掃灑』，當依范書作『灑掃』，張本作『洒掃』，古字通。」

〔一二七〕《續校》：「『遂命爲議曹』，范書作『遂署議曹』。按宋本諱『署』，或避英宗嫌名。」

〔一二八〕宦：原作「官」，據琳瑯秘室叢書本改。《校勘記》：「『宦』作『官』。」《續校》：「『宦』，張本作『官』，非也，范書正作『宦』。」

〔一二九〕正元：四庫本作「貞元」。下同。《校勘記》：「『正』作『貞』。按宋本『貞』字避諱。」

〔一三〇〕《校勘記》：「『災疫』作『災役』。」

〔一三一〕邸：原作「下」，據學津討原本改。四庫本無。《校勘記》：「『官下』作『官邸』。」

〔一三二〕漕：學津討原本作「曹」。《校勘記》：「『漕憲』作『曹憲』。」

〔一三三〕《校譌》：「『彊』字誤，宋本作『彊』。」

〔一三四〕家傳：四庫本、學津討原本作「家乘」。《校勘記》：「『家傳』作『家乘』。」

〔一三五〕飭：原作「飭」，據學津討原本改。《校勘記》：「『飭』作『飭』是也。」

〔一三六〕瀕：學津討原本作「濱」。《校勘記》：「『瀕』作『濱』。」

〔一三七〕蕩：四庫本作「薄」。

〔一三八〕詞：四庫本作「辭」。

〔一三九〕郡守：四庫本、學津討原本無。《校勘記》：「『當時』下無『郡守』。」

〔一四〇〕既而：原作「而既」，四庫本作「助既」，此據學津討原本乙。《校勘記》：「『而既』作『既而』。」

〔一四一〕辯：原作「辨」，據四庫本改。

〔一四二〕章：學津討原本作「印綬」。《校勘記》：「『太守章』作『太守印綬』。」

〔一四三〕道：四庫本、學津討原本作「言」。《校勘記》：「『勝道』作『勝言』。」

〔一四四〕以：四庫本、學津討原本無。《校勘記》：「『亦足』下無『以』字。」

〔一四五〕《校勘記》：「『搢紳』作『縉紳』。」

〔一四六〕陲：原作「垂」，據四庫本、學津討原本改。《校勘記》：「『邊垂』作『邊陲』。」

〔一四七〕鄉郡：四庫本、學津討原本作「鄉邦」。《校勘記》：「『鄉郡』作『鄉邦』。」

〔一四八〕《校勘記》：「『子孫』上無『而』字。」

吳郡圖經續記卷中

橋梁凡十五節

吳郡昔多橋梁。自白樂天詩嘗云「紅欄三百九十橋」矣，其名已載圖經〔一〕。逮今增建者益多，皆壘石甃甓，工奇緻密，不復用紅欄矣，然其名未嘗遍錄也。近度支韓公子文爲守，命每橋刻名於旁，憧憧往來，莫不見之〔二〕。其有名自古昔或近事可述者，爲記於此〔三〕。右一。

烏鵲橋。在郡前。舊傳有古館八：曰全吳、通波、龍門、臨頓、昇羽、烏鵲、江風、夷亭。此橋因館得名，白樂天詩嘗及之。右二。

失履橋。在吳縣西南。吳王有織里，以是名橋〔四〕。謂之失履，俗訛也。右三。

臯　橋。在吳縣西北。臯伯通字奉卿所居之地也。伯通爲漢朝議郎，卒，葬胥門西二百步，號伯通墩。昔梁鴻娶孟光，同至吳，居伯通廡下〔五〕，爲人賃舂，伯通察而異之，乃舍之於家。鴻卒，又爲葬之，是可稱也。《哀江南賦》云「皐橋羇旅」，亦謂此。右四。

百口橋。在長洲縣東。故傳東漢之顧訓五世同居，家聚百口，衣食均等，尊卑有序，因其所居以名之。右五。

乘魚橋者，故傳爲琴高乘鯉升仙之地。據劉向《列仙傳》云：「琴高，趙人。嘗入涿水中，涿一作碭。取龍子與弟子期。期日〔六〕，皆齋潔待於祠旁，果乘赤鯉來，出坐祠中，留一月，復入水去，不云在吳也。《列仙傳》：有英子者〔七〕，亦乘赤鯉升天。吳中門戶皆作神魚，遂立英祠，未詳孰是。右六。

都亭橋。在吳縣西北。故傳吳王壽夢嘗於此作都亭，以招賢士也。苑橋、定跨橋故傳皆闔廬苑囿遊憩之地。右七。

臨頓橋。在長洲縣北。臨頓者，亦吳時館名也。陸魯望嘗居其旁，皮日休贈之詩，以謂「不出郛郭，曠若郊野」。今此橋民居櫛比，蓋此郡又盛於唐世也。右八。

至德橋。在泰伯廟前，以廟名橋也。右九

孫老橋。在運河上。天聖初，郡守禮部郎中、直史館孫公冕所建也。孫公治蘇，民所畏愛，故以名焉。右十。

行春橋。在横山下越來溪中。湖山滿目，亦爲勝處。右十一。

新　橋。在盤門外。自郡南出，徒行趨諸鄉，至木瀆者，每過運河，須舟以濟。又當兩派交流之間，頗爲深廣，故自昔未有爲梁者。今太守朝議章公下車，有石氏建請出錢造橋者。公立限督之，即日而裁〔八〕，逾時而畢，横絕漫流〔九〕，分而三橋〔一〇〕，往來便之。右十二。

三太尉橋。在吳縣西。昔廣陵王諸子各治園第。此橋之西巷蓋當時第三子所營治也。今皆爲居人占籍焉。右十三。

吳江三橋。南曰安民，在新涇。中曰利民，在七里涇。北曰濟民，在吳涇。初，澄源鄉並漕河有村十七，家居河南，田占河北，民欲濟，無梁〔一一〕。郡從事夏日長爲之建橋，錢子高作記云〔一二〕。右十四。

吳江利往橋。慶曆八年，縣尉王廷堅所建也。東西千餘尺，用木萬計，縈以修欄〔一三〕，甃以淨甓，前臨具區，横截松陵，湖光海氣〔一四〕，蕩漾一色，乃三吳之絕景也。橋成，而舟楫免於風波，徒行者晨暮往歸〔一五〕，皆爲坦道矣。橋有亭曰垂虹，蘇子美嘗有詩云：「長橋跨空古未有，大亭壓浪勢亦豪。」非虚語也。右十五。

祠廟 凡七節

泰伯廟。在閶門内，舊在門外。漢胡官切一字〔一六〕。帝時〔一七〕，太守麋豹所建。錢氏移之於内，蓋以避兵亂也。延陵季子侑祠焉。右一。

包山廟。在洞庭。唐人於此有祈而應，魯望詩曰〔一八〕：「終當以疏聞，特用諸侯封。」右二。

龍母廟。在吴縣陽山〔一九〕。郡中嘗於是祈雨而應〔二〇〕，民所欽奉。右三。

常熟縣龍堂。唐咸通中，縣令周思輯以旱故，禜龍於破山之潭上，果雨以應，於是爲堂以祀之。記刻今存破山，即虞山也。父老以謂每歲有龍往來於陽山、虞山之間，其雲雨可識。右四

慶忌廟。在吴縣境。慶忌吴王僚之子，東方朔所謂「捷若慶忌」也。如聞俗訛爲慶忿〔二一〕，非也。右五

洞庭聖姑廟。晉王彪二女相繼而卒，民以爲靈而祀之〔二二〕。右六。

孫學士祠堂。在萬壽寺。天聖中，孫公冕守郡，治獄不濫，斷訟如神，弛張在己〔二三〕，無所吐茹，吏民欽畏之。嘗病癰，民爭詣佛寺祈福。後又爲之立祠，吳民到今稱之。右七。

宮觀凡七節

天慶觀。唐置爲開元宮。孫儒之亂，四面皆爲煨燼，惟三門正殿存焉。其後復修。祥符中，更名天慶觀。皇祐之間，新作三門，尤峻壯。右一。

太和宮。在盤門外。其地唐相畢珹之別業也〔二四〕。珹之子師顔及其子宗逸避巢寇之亂，徙而家焉〔二五〕。有戴省甄者，幼孤，從其母嫁畢氏。宗逸無子，省甄嗣之。後省甄入道，居開元觀。開寶二年，請施祖莊爲宮，錢氏賜額曰太和，乃與弟子吳玄芝主其締架焉〔二六〕。王元之嘗記其事，仍有詩留題。右二。

靈祐觀。在洞庭山。唐之神景宮也。蓋明皇時建。內有林屋洞，人間第九洞天也，爲左神幽虚之天，即天后真君之便闕。《真誥》云：「勾曲洞天，東通林屋〔二七〕，北通岱宗，西通峨眉，南通羅浮。」言諸洞可以交達也。舊傳禹治水，過會稽，夢人衣玄纁，告治水法，並不死方，在此山石函中。既得之，以藏包山石室。吳人得之，不曉，以問孔子。孔子曰：「此禹石函文，所謂《靈寶經》三卷，蓋即此也。」吳先主時，使人行洞中二十餘里，上聞波浪聲，有大蝙蝠拂殺火。觀皮、陸詩，信然也。又有白芝紫泉，爲神仙飲餌，蓋列真往來其間〔二八〕。唐時投龍於此，因建宮。天禧五年，詔重修，改賜靈祐之名〔二九〕，仍刻勅文於石〔三〇〕。右三。

洞真宮。圖經云：在古毛公壇上。據皮、陸詩，毛公者，劉根也。陸詩云：「古有韓終道，授之劉先生。身如碧鳳皇〔三一〕，羽翼披輕輕。」按《神仙傳》云〔三二〕：「劉根，字君安，漢成帝時人。舉孝廉，除郎中。後弃世學道〔三三〕，入嵩山石室中，峥嵘上下，高五十丈，冬夏不衣，身毛長一二尺，狀如五十許人。其與人坐時，忽然已高冠玄衣，人不覺也。根自説入山精思，無所不到，蓋嘗至此也。聚石爲壇，廣不盈畝。舊傳毛公道成羅浮，居山三百餘載〔三四〕，有弟子七十二人。夫神化慌惚，萬里跬步，夫亦何常哉？有周先生隱遙〔三五〕，字息元。唐正元中，來游包山之神景觀。距觀五里，見白鹿跪止，即毛公塢也。得異石一方，上有蟲篆，即毛公鎮地符也。得一井泉，色白味甘，即鍊丹井也〔三六〕。傍又有古池，深廣袤丈，旱歲不竭，即毛公泉也。此宫乃開成三年建，蓋因先生云。右四。

上真觀。在洞庭山上。建於梁世。唐僧皎然嘗陪湖州鄭使君登此，卻望湖水，賦詩。皮、陸亦有此作〔三七〕。詩中云〔三八〕：「昔有葉道士，位當昇靈官〔三九〕。欲籙紫微志，唯食虹景丹。」葉君，不知何名也。右五。

乾元觀。在常熟一里虞山下。梁天監五年，張裕先生來此山栖遁十餘載，夢神人告曰：「峰下之地，面勢閑寂〔四〇〕，可以卜居。」裕如教興葺，號曰招真，昭明太子爲之撰碑。簡文帝嘗賜玉案一面，鐘一口，香百斤〔四一〕，燭百鋌〔四二〕，陳供於此。其後改曰乾元。右六。

太一宫。舊在郡中，或傳在報恩寺之側。太平興國中，方士楚芝蘭言：「五福太一天之尊神也〔四三〕。太一所在之處，人豐樂而無兵役〔四四〕，凡行五宫，四十五年一移。以數推之，當在吳、越分〔四五〕，請就其地築宫以祀之。」奏可。六年十月，蘇州言太一宫成。芝蘭又言：「都城東南，地名蘇村，可徙築宫於此，以應蘇臺之名，則福集帝都矣。」太宗從之，於是作太一宫於都城之南〔四六〕，而姑蘇之宫遂廢。

右七。

寺院凡三十五節

自佛教被於中土〔四七〕，旁及東南。吴赤烏中，已立寺於吴矣。其後梁武帝事佛，吴中名山勝境多立精舍。因於陳、隋，寖盛於唐。唐武宗一旦毁去〔四八〕，已而宣宗稍復之〔四九〕。唐季，盜起吴門之内，寺宇多遭焚剽。錢氏帥吴，崇嚮尤至〔五〇〕。於是修舊圖新，百堵皆作，竭其力以趨之，唯恐不及。郡之内外，勝刹相望，故其流風餘俗，久而不衰，民莫不喜蠲財以施僧，華屋邃廡，齋饌豐潔，四方莫能及也。寺院凡百三十九〔五一〕，其名已列圖經，今有增焉。考其事迹可書而圖經未載者録於此。至於湖山郊野之間所不知者，蓋闕如也。又有寺名，見於傳記，而今莫知其處者，如晉何點兄弟居吴之波若寺，又故傳唐有乾元寺，戴逵之宅也〔五二〕；宴坐寺，張融之宅也。又有龍華、禪房、唐慈、崇福、慈悲、陸鄉數寺，皆建於六朝之間。

而龍華、宴坐之額乃陸柬之書〔五三〕，今莫見之矣。右一。

承天寺。在長洲縣西北二里。故傳是梁時陸僧瓚故宅，因覩祥雲重重所覆，請捨宅爲重雲寺〔五四〕。中誤書爲重玄，遂名之。韋蘇州《登寺閣》詩云：「時暇陟雲古候切一字〔五五〕，晨霽澄景光。始見吳都大〔五六〕，十里鬱蒼蒼〔五七〕。山川表明麗，湖海吞大荒。」即此寺也。錢氏時，又加繕葺，殿閣崇麗，前列怪石。寺中有別院五：曰永安，曰淨土，禪院也；曰寶幢，曰龍華，曰圓通，教院也。所謂寶幢者，舊曰藥師院，昔有錢唐僧道贊者作紫壇香百寶幢，覆以殿宇，翰林晁承旨與當時諸公凡二十三人爲之贊云。又有聖姑廟，蓋梁時陸氏之女。吳人於此祈有子〔五八〕，頗驗〔五九〕。右二。

永安禪院。在承天寺垣中。舊號彌陀院〔六〇〕。初，太宗朝以藏經鏤本〔六一〕，有餘杭道原禪師者，詣闕借版印造。景德中，又以太宗御製四衺及新譯經一十四衺併賜之。道原既歸，藏於此院。大中祥符八年，又編修《景德傳燈錄》以進。勑賜今額，每歲度一僧。至今爲禪院。右三。

報恩寺。在長洲縣西北一里半〔六二〕，在古爲通玄寺。吳赤烏中，先主母吳夫人捨宅以建。晉建興二年，滬瀆漁者見神光照水徹天，旦而觀之，乃二石像浮水上，或曰水神也。以三牲巫祝迎之，像泛流而去。時吴人率僧尼輩迎於海濱，入城置於通玄寺，光明七晝夜不絶，號其殿曰二尊。建興八年〔六三〕，漁者於滬瀆沙上獲帝青石鉢，初以爲臼類〔六四〕，葷而用焉。俄有佛像見於外，漁者異之，知其爲二像之遺祥也，乃以供佛。梁簡文製《石像傳》云〔六五〕：「有迦葉佛〔六六〕、維衛佛梵字刻於鉢間〔六七〕。」唐天后遣使致珊瑚鑑一鉢〔六八〕，一供於像前，又有陸柬之書碑。開元中，詔天下置開元寺，遂改名開元〔六九〕，金書額以賜之。寺中有金銅玄宗聖容，當天下昇平，富商大賈遠以財施〔七〇〕，日或有數千緡。至於梁柱欒櫨之間，皆綴珠璣，飾金玉，蓮房藻井，悉皆寶玩，光明相輝，若辰象羅列也〔七一〕。大順二年，爲淮西賊孫儒焚毀，其地遂墟。同光三年，錢氏更造寺於吴縣西南三里半〔七二〕，榜曰開元，並其僧遷焉，即今之開元寺也。今開元寺有瑞像閣，乃別加塑飾，其帝青石鉢猶存。周顯德中，錢氏於故開元寺基建寺，移唐報恩寺名於此爲額〔七三〕，即今寺也。唐之報恩寺，在吴縣之報恩山，即支硎山也。自梁武帝建寺，經唐武宗殘毀，至是乃移額於此。寺有寶塔，頃罹火災〔七四〕，郡人復建巨殿，窮極雕麗，爲東南之冠，今僅畢工云。寺有別院三〔七五〕：曰泗州，曰水陸，爲禪院；曰法華，爲教院。右四。

普門禪院。在報恩寺旁。景德中，日本僧寂照號圓通大師來貢京師，上召賜紫衣、束帛。寂照願遊天台山，詔令縣道續食。丁晉公時爲三司使，爲言姑蘇山水奇秀，寂照願留吳門，遂居此院。朝宰諸公並作詩送之，刻石院中。右五。

承天萬壽禪院。在長洲東南〔七六〕。錢氏時，中吳從事丁守節，即晉公之祖也，於其所居東南隅唐長壽寺之舊基鉏荒架宇。祥符中，晉公請改賜今額。天聖初，闢爲禪剎，高僧住持相繼，崇飾最爲閎廣。又有華嚴閣，祥符中有浮圖自京趨蜀，刻造十六羅漢像〔七七〕，乃來錢唐布飾之。將還京師，至蘇感夢，遂留此閣下。郡中士民祈請數應。去年久雨，太守章公迎禪月像於郡廳致請〔七八〕，俄遂晴霽。右六。

雍熙寺。在吳縣北。故傳郡人陸氏捨宅以置〔七九〕，號曰流水。舊有三殿三樓，高僧清閑所建也。雍熙中，改今額。寺之子院三：曰華嚴，曰普賢，曰泗州，皆爲講教之所。右七。

瑞光禪院。在盤門內。故傳錢氏建之，以奉廣陵王祠廟。今有廣陵像及平生袍笏之類在焉。嘉祐中，轉運使李公復圭請本禪師住持〔八〇〕，吳民競致力營葺，棟宇胡官切一字〔八一〕新。相國富公有書頌〔八二〕，刻石院中。右八。

廣化禪院。在長洲縣西。錢氏時，大校捨所居以置，久而摧敝。自嘉祐以來，稍稍繕完，門廡嚴新，有藏院可以安衆。右九。

永定寺。在吳縣西南。梁天監中，吳郡顧氏施宅爲寺。唐陸鴻漸書額。韋蘇州罷郡，寓居永定，殆此寺耶〔八三〕？舊在長洲界，後移於永定鄉安仁里〔八四〕。右十。

壽寧萬歲禪院。在長洲東南〔八五〕。唐咸通中，州民盛楚等建爲般若寺。至道九年〔八六〕，勑賜御書四十八卷。二年，改今額。《吳地志》郡中有般若臺，内有金銅像，高一丈六尺，高士戴顒所製〔八七〕。訪之，未得其遺迹。此寺舊名般若，殆是歟。右十一。

定慧禪院〔八八〕。本萬歲之子院。祥符中，別改今額。内藏御書，歲得度僧一人，雅爲叢林唱道之所。右十二。

大慈院。在長洲縣北。唐咸通三年，陸侍御以宅爲院，號爲北禪。祥符中，改今額。皮、陸有《北禪避暑聯句》，注云：「院昔爲戴顒宅，後司勳陸郎中居之。」

即此是也。右十三。

明覺禪院。在長洲東南〔八九〕。俗所謂東禪者。晉開運中，有僧遇賢，姓林氏，常以酒肉自縱〔九〇〕，酒家或遇其飲，則售酒數倍於他日，世號爲酒仙。而能告人禍福必驗，與符治疾者必痊。建隆二年，來居是院，創佛屋，修路衢，無慮用錢數百萬，雖稱丐於人，而人不知其所從得者。蓋其容似靈巖智積聖者，而每與人符，以陳僧爲識，或謂爲後身。其塑像今存院中〔九一〕。右十四。

朱明尼寺。在吴縣西北。舊傳東晉時，有朱明者，富而孝友。其弟聽婦言，伐木壞宅，欲棄兄異居。明乃以金穀盡與弟，唯留空室。一夕大風雨，悉飄財寶還明宅〔九二〕。弟與其婦愧而自縊〔九三〕，明乃捨宅爲寺。右十五。

雲巖寺〔九四〕。在長洲西北九里虎丘山〔九五〕，即晉東亭獻穆公王珣及其弟珉之宅。咸和二年，捨建精廬於劍池〔九六〕，分爲東西二寺，寺皆在山下。蓋自會昌廢毁，後人乃移寺山上。今東寺皆爲民疇，西寺半爲榛蕪矣。寺中有御書閣、官廳、白雲堂、五聖臺、登覽勝絶，又有陳諫議省華、王翰林禹偁、葉少列參、蔣密直堂真堂〔九七〕。寺前有生公講堂，乃高僧竺道生談法之所。舊傳生公立片石以作聽徒，折松枝而爲談柄，其虎跑泉、陸羽井見存。比歲琢石爲觀音像，刻經石壁。東嶺草堂亦爲佳致，惜已廢壞。右十六。

西庵禪院。在虎丘西。本屬雲巖，後別爲院，蓋亦古西寺之地。近歲頗增葺。右十七。

普明禪院。在吳縣西十里楓橋。楓橋之名遠矣，杜牧詩嘗及之。張繼有《晚泊》一絕，孫承祐嘗於此建塔。近長老僧慶來住持，凡四五十年〔九八〕，修飾胡官切一字〔九九〕。備，面山臨水，可以遊息。舊或誤爲封橋，今丞相王郇公頃居吳門，親筆張繼一絕於石，而「楓」字遂正。右十八。

壽聖義慈禪院。在閶門外，樞密直學士施公昌言。墓側〔一〇〇〕。近得賜額。右十九。

天峰院。在吳縣西二十五里報恩山之南峰。東晉時，高僧支遁者嘗居於此，故有支硎之號。山中有支遁石室、馬迹石、放鶴亭，皆因之得名。昔唐自有報恩寺，在山麓。故樂天、夢得遊報恩寺作詩。蓋自武宗時報恩寺廢，雖興葺，不能復故，皮、陸猶有《報恩寺南池聯句》。其後益淪壞。至乾德中，錢氏於報恩寺基作觀音院，今名楞伽院。即其地也。所謂南峰者，乃古之報恩之屬院耳〔一〇一〕。院枕巖腹，躋攀幽峻。自報恩寖衰〔一〇二〕，而南峰乃興。大中五年，號爲支山。天福五年，改曰南峰。聖朝賜以今額，禪老相承，殿閣堂廡奐然一新矣。山中危壁竦立，石門夾道，前對牛頭山，旁作西庵。又有碧琳泉、待月嶺〔一〇三〕、南池、新泉之類，自昔著名，故傳裴休書額，已亡矣。右二十。

天平寺。在吳縣西南天平山下。山有白雲泉，始見於白公詩。其寺建於寶曆二年，乃樂天爲蘇州刺史之歲，蓋因泉以興寺也。范文正公之先葬其旁，賜額白雲寺〔一〇四〕，中有文正公祠堂。右二十一。

澄照寺〔一〇五〕。在長洲縣西北陽山下方，俗以爲丁令威所居。《圖經》吳縣界有丁令威宅，此殆是歟。錢氏時，有泉出於寺中，因名仙泉，後改曰澄照寺。右二十二。

白蓮禪院。本澄照別庵。池中生千葉白蓮，故以名院。端拱初，謝賓客濤嘗講學於院之西廡，明年登第，其子絳嘗刻石爲記。右二十三。

秀峰寺。在靈巖山。梁天監中置。既經一紀，忽有異人於殿隅畫一僧相，俄而梵僧見之，曰：「此智積菩薩也。」化形隨感，靈應甚多。儀相雖經傳繪，吳民瞻奉至今彌勤。此寺占故宮之境，景物清絶。舊乃律居，不能興葺，徒長紛訟。太守晏公闢爲禪刹，人甚便之。右二十四。

堯峰院。在吳縣横山旁。俗傳堯民於此避水。蘇子美詩云：「西南登堯峰，俗云堯所基。洪川不能没，上有萬衆棲。」謂此也。唐末，慧齊禪師首建精舍，名曰免水，後改曰堯峰，蓋亦有所傳也。登高極目，鄰州隱隱然。右二十五。

楞伽寺。在吳縣西南横山下。其上有塔，據横山之巔，隋時所建，有石記存焉。白樂天及皮、陸有詩，載集中。寺旁有巨井，深不可測。井有石欄，欄側有隋人記刻，蓋楊素移郡横山下嘗居此地。又有寶積、治平二寺相聯〔一〇六〕，皆近建也。右二十六。

明因禪院。在横山下。廣陵王元璙墓在其旁，故號薦福。昔義懷禪師居此，終焉。院有藏經，故傳廣陵姬媵所書。右二十七。

感慈禪院。與薦福相並，迺宣徽使鄭文肅公墳寺〔一〇七〕。右二十八。

智顯禪院。在横山下。梁人吳廣施所居爲寺，號曰寶林，錢氏改名寶華，故今名寶華山。祥符中，心印軻禪師重建殿堂經藏合三百楹，號爲勝刹。初，緬緬和尚以錫扣石，清泉爲流，雖水旱不增減。輌師引泉足用，迄今猶存〔一〇八〕。右二十九。

光福寺。在吳縣西南。建於梁世。近歲居人獲觀音銅像於水濱，乃置寺中，民間瞻奉，頗有感應〔一〇九〕。本郡或迎就城中，祈請皆驗云。右三十。

高峰禪院。在胥山。故在洞庭，近歲郡人張諮葬親於胥山下，旁建精舍，乃請移賜額於此。諮弟曰詢，今爲戶部員外郎。右三十一。

水月禪院。在洞庭山縹緲峰下，抵吳縣百里。建於梁，廢於隋。至唐光化中，有浮圖志勤者結廬於此，因而經古候切一字〔一一〇〕至數十百楹〔一一一〕。天祐四年，刺史曹珪以明月名之。大中祥符中，易今名。山旁有泉甘潔，歲旱不涸。右三十二。

孤園寺。在洞庭。梁散騎常侍吳猛之宅，施爲精舍。右三十三。

慧聚寺。在崑山縣西北三里馬鞍山。孤峰特秀，極目湖海，百里無所蔽。昔高僧慧嚮梁武帝之師〔一一二〕。宴坐此山，二虎爲侍，感致神人，願致工力，乃請師之𨞦縣。是夜風雷暴作，喑嗚之聲，人皆聞之。遲明，殿基成矣，延衺十七丈，高丈有二尺，巨石矗然，其直如矢，非人力所能成。縣令以聞。武帝命建寺，敕張僧繇繪神於兩壁，畫龍於四柱。婁鄉之民病癘瘧者至壁下，乃愈。每陰晦欲雨，畫龍瀺溁其潤〔一一三〕，鱗甲欲動，僧繇又畫鏁以制之。會昌廢寺〔一一四〕，藏龍柱於郡中。大中修復，乃復以柱並金書牌、鴻鐘還之〔一一五〕。至道中，郡將陳公省華嘗游是寺，巖穴奇巧，勝致甚多。詩人孟郊、張祜有詩〔一一六〕，今丞相王荆公次韻作之，刻於石。右三十四。

興福寺。在常熟縣破山，爲海虞之勝處。齊郴州刺史倪德光捨宅爲寺。唐常建詩云：「竹徑通幽處，禪房花木深。山光悅鳥性，潭影空人心。」即此地也。山中有龍鬬澗。唐正觀中〔一一七〕，山中嫗生白龍，與一龍鬬於此，而成此澗。有空心潭，因常建詩以立名。有御賜鐘〔一一八〕，唐懿宗咸通六年所賜。有文舉塔、體如塔。二人者，唐之高僧也。有救虎閣，五代時僧彥周爲虎拔箭於此。有宗教院，雍熙中高僧晤恩修天台教於此，故以名云。近劉御史拯宰邑〔一一九〕，作八詠以志其事云。右三十五。

山凡十五節

吴郡諸山，名載圖籍者甚衆，不復殫紀〔一二〇〕。輒再考傳記〔一二一〕，補其缺漏〔一二二〕，以資博覽云。右一

虎丘山。在吴縣西北九里。舊經載之已詳。《吴越春秋》、《越絶書》之類皆以爲闔閭所葬〔一二三〕，有金精之異，故名虎丘。然觀其巖壑之勢〔一二四〕，出於天成，疑先有是丘，而闔閭因之以葬也。晉王珣撰山銘云，虎丘先名海涌山〔一二五〕。又云山大勢，四面周嶺，南則是山徑，兩面壁立，交林上合，升降窈窕，亦不卒至。蓋得其實。褚淵嘗歎曰：「今人所稱，多過其實。今覩虎丘〔一二六〕，逾於所聞，故傳以爲江左丘壑之表云。」舊傳秦皇求劍，地裂爲池。《太平寰宇記》云：山澗是孫權所發〔一二七〕，以求闔閭寶器，是非未可必也。澗側有平石，可容千人，故謂之千人坐，傳俗因生公講法得名〔一二八〕。右二

横山。在吴縣西南。《十道志》云〔一二九〕：山四面皆横，蓋以此得其名也。

又名踞湖山。踞或作據。山中有陸雲墓，今未審其處也。觀是山鎮此邦之西南，臨湖控越，實吳時要地。隋開皇中，嘗遷郡於横山東，亦以是山爲屏蔽也。山周圍甚廣，環以佛刹，如薦福、楞伽〔一三〇〕、寶華、堯峰之類，皆在焉。薦福寺旁有五塢，皇祐中〔一三一〕，節度推官馬雲與山人仇道名之曰芳桂，曰修竹，曰飛泉，曰丹霞，曰白雲，蓋因其物象云。右三。

姑蘇山。在吳縣西三十五里〔一三二〕。連横山之北，或曰姑胥，或曰姑餘，其實一也。傳言闔廬作姑蘇臺，一曰夫差也。據《左氏傳》云：闔廬食不二味，居不重席，器不彫鏤〔一三三〕，宫室不觀，舟車不飾。而《吳越春秋》言闔廬晝游蘇臺。蓋此臺始基於闔廬，而新作於夫差也。以全吳之力，三年聚材，五年而後成〔一三四〕，高可望三百里，雖楚章華未足比也。初，越王得神木一雙，大二十圍，長五十尋，巧工施技〔一三五〕，制以規繩，雕治刻削，錯畫文章，嬰以白璧，鏤以黄金，狀類龍蛇，文采生光，獻於吳王。王大悦〔一三六〕，受而起姑蘇之臺。申胥諫曰：「王既變鯀禹之功，而高高下下，以罷民於姑蘇，吳民離矣。」夫差既亡，麋鹿是游〔一三七〕。昔太史公嘗云登姑蘇〔一三八〕，望五湖，而今人殆莫知其處。嘗欲披草萊以訪之〔一三九〕，未能也。右四。

胥山。在吳縣西四十里。《寰宇記》云：吳王殺子胥，投之於江〔一四〇〕。吳人立祠江上，因名胥山。酈善長《水經》云〔一四一〕：胥山上今有壇，長老云胥神所治也。下有九折路，南出太湖〔一四二〕，闔閭造以游姑胥之臺，而望太湖也。或曰姑蘇山，一名胥山。右五。

峼㟧山。在吳縣西南一十五里。《圖經》云：形如師子〔一四三〕。今以此名山也。酈善長以爲峼嶺山云〔一四四〕。俗説此本在太湖中，禹治水，移進近吳。又東及西南有兩小山，皆有石如卷笮云〔一四五〕，禹所用牽山也。太湖中有淺地，長老云是峼嶺山麓〔一四六〕，自此以東差深。蓋閭巷之談云。《吳地記》云：吳王僚葬此山。山旁有寺，號曰思益，樂天嘗遊之。右六。

報恩山。一名支硎山。在吳縣西南二十五里。昔有報恩寺，故以名云。所謂南峰、東峰，皆其山之别峰也。今有楞伽、天峰、中峰院建其旁。樂天詩云：「浄石堪敷坐，寒泉可濯巾。」即此山也。右七。

硯石山〔一四七〕。在吳縣西二十一里。山西有石鼓，亦名石鼓山。《越絶書》云：

吴人於硯石置館娃宫〔一四八〕。揚雄《方言》謂吴人呼美女爲娃〔一四九〕，蓋以西子得名耳。《吴都賦》云：「幸乎館娃之宫，張女樂而娱群臣。」即謂此也。山頂有三池：一曰月池〔一五〇〕，曰硯池，曰玩華池，雖旱不竭。其中有水葵甚美，蓋吴時所鑿也。山上舊傳有琴臺，又有響屧廊，或曰鳴屐廊，以楩梓藉其地，西子行，則有聲，故以名云。下有石室，今存，俗傳吴王囚范蠡之地。山相連屬，有嵝村〔一五一〕，其山出石，可以爲硯，蓋硯石之名不虚也。嘗登靈巖之巔，俯具區，瞰洞庭，煙濤浩渺，一目千里，而碧巖翠塢，點綴於滄波之間，誠絶景也。或曰晉陸玩施宅爲寺，即靈巖寺也。右八。

陽山。在吴縣西北三十里。一名秦餘杭山，一名四飛山。有白堊可用圬墁，潔白如粉，唐時歲以供進〔一五二〕，故亦曰白墡山〔一五三〕。《吴越春秋》云：越王葬夫差於秦餘杭山卑猶，蓋即此山也。今澄照寺、白蓮院在其下。右九。

華山。在吴縣西六十里〔一五四〕。於群山獨秀〔一五五〕，望之如屏，長林荒楚，蓊鬱幽邃。或登其巔者，見有石如蓮華狀，蓋亦以此得名。或云晉太康中〔一五六〕，嘗生千葉蓮花也，老子《枕中記》謂可以度難。蓋巖穴深遠，宜就隱也。舊有興教院，院據山半，近歲改爲禪刹。右十。

天平山。在吳縣西二十里。巍然特高〔一五七〕，羣峰拱揖，郡之鎮也。林木秀潤，瞻之可愛。遊者陟危磴〔一五八〕，攀巨石，乃至山腹。其上有亭，亭側清泉泠泠不竭，所謂白雲泉也。自白樂天題以絶句，范文正繼之大篇〔一五九〕，名遂顯於世。有卓筆峰、臥龍峰、巾子峰、五丈峰、石龜照湖、鑑毛魚池、大小石屋，蓋因好事者得名。右十一。

穹窿山。在吳縣西六十里。舊傳赤須子食桂實〔一六〇〕、石脂，絶食仙去〔一六一〕，嘗於此山採赤石脂。《吳都賦》云「赤須蟬蜕而附麗」，謂此也。右十二。

包山。在震澤中。山有林屋洞，昔吳王嘗使靈威丈人入洞穴，十七日不能窮，得靈寶五符以獻，即此洞也。《水經注》云：山有洞室，入地潛行，北通琅耶〔一六二〕、東武，俗謂之洞庭。魯哀公元年，夫差敗越於夫椒，蓋即此山也〔一六三〕。或曰太湖中別有夫椒山，蓋與此山不遠，可以通稱。湖中之山有謂之大雷者、小雷者。三山者，昔人或號爲三山湖〔一六四〕。舊傳震澤有七十二山，唯洞庭最巨耳〔一六五〕。樂天嘗泛舟洞庭，著於篇什。陸龜蒙、皮日休有太湖詩二十篇，如神景宮、毛公壇、縹緲峰、桃花塢、明月灣、練瀆、投龍潭、孤園村、上真觀、銷夏灣、聖姑廟、崦裏石版之類〔一六六〕，皆在此山。蘇子美云：洞庭民俗真朴，歷歲未嘗有訴訟至縣吏庭下，以桑桅、甘柚爲常産〔一六七〕。每秋高霜餘，丹苞朱實〔一六八〕，與長松茂木相差於巖壑間，望之若金翠圖繪之可愛云。右十三。

崑山。在本縣西北〔一六九〕，或曰在華亭。蓋割崑山之境以縣華亭故也。晉陸機與其弟雲生於華亭，以文爲世所貴，時人比之「崑岡出玉」，故此山得名。右十四。

海隅山。在常熟〔一七〇〕。山有二洞穴，穴側有石壇，周迴六十丈。山東二里有石室，吳仲雍、周章、闔廬長子並葬此山。山西北三里有越王勾踐廟，梁昭明太子作《招真治碑》云：「虞山，巫咸之所出也。高巖鬱起，帶青雲而作峰；瀑水懸流〔一七一〕，雜天河而俱會。」又云其峰有石城、石門，即此山也。右十五。

水凡十節

太　湖。在吳縣南〔一七二〕。《禹貢》謂之震澤，《周官》、《爾雅》謂之具區，《史記》、《國語》謂之五湖，其實一也。吐吸江海，包絡丹陽、義興、吳郡、吳興之境，其所容者大，故以「太」稱焉。《書》云：「三江既入，震澤底定。」三江者，北江、中江、南江也。歷丹陽、毗陵者爲北江，即今之大江也。首受蕪湖、東至陽羨者爲中江。分於石城，過宛陵，至於具區者，爲南江。三江在震澤上下，而皆入於海。震澤之流有所洩，是以底定〔一七三〕。今三江故道中絕〔一七四〕，故震澤有泛濫之患，理勢然也。所謂五湖者，蓋所納之湖有五也。郭景純《江賦》云「包五湖以漫漭」〔一七五〕，言江水經緯五湖，而包注震澤也〔一七六〕。舊傳五湖之名各不同，《圖經》以謂一曰貢湖，二曰遊湖，三曰胥湖，四曰梅梁湖，五曰金鼎湖，又曰菱湖。酈善長以謂長塘湖、貴湖、上湖、滆湖〔一七七〕、與太湖而五〔一七八〕。韋昭云胥湖、蠡湖、洮湖、滆湖，就太湖而五。虞仲翔云太湖東通長洲松江水，南通烏程霅溪水，西通義興荆溪水，北通晉陵滆湖水，東連嘉興韭溪水，凡五道，謂之五湖。陸魯望以謂太湖上稟咸池之氣，故一水五名，又爲仙家浮玉之北堂，故其詩曰：「嘗聞咸池氣，下注作清質。至今涵赤霄，尚且浴白日。又云古候切一字〔一七九〕。浮玉，宛與崑閬匹〔一八〇〕。」正謂此也。湖中有山大小七十二，洞庭其一也。有大雷〔一八一〕、小雷山，相去十里，其間謂之雷澤。或謂舜之所漁，非也。又有三山，白波天合，三點黛色。陸士龍《贈顧彥先》詩云：「我家五湖陰，君住三山陽。」是此山也〔一八二〕。

右一。

松　江。出太湖，入於海。韋昭以爲三江者，松江〔一八三〕、淛江、浦陽江也。今淛江、浦陽與震澤不相入，韋說非也。昔吴王軍江北，越王軍江南，越王中分其師以爲左右軍，銜枚泝江五里，以須中軍。銜枚潛涉，吴師大北，即此江也。酈善長云：「松江自湖東北逕七十里，江水分流，謂之三江口。《吴越春秋》云：「范蠡去越，乘舟出三江之口，入五湖之中。」此謂也〔一八四〕。庾仲初《楊都賦》注云〔一八五〕：「太湖東注爲松江，下七十里有水口，分流東北入海。爲婁江，東南入海。爲東江，與松江而三〔一八六〕。」此非《禹貢》之三江也。今觀松江正流下吴江縣，過甫里，逕華亭，入青龍鎮，海商之所湊集也〔一八七〕。《圖經》云：松江東瀉海曰滬瀆〔一八八〕，亦曰滬海。今青龍鎮旁有滬瀆村，是也。江流自湖至海凡二百六十里，岸各有浦，凡百數，其間環曲而爲匯者甚多，賴疏瀹而後免於水患。或傳松江口故深，久淤而不治，稍稍乃淺，故可爲梁以渡。然或遇大水，不能遽泄者，以此也。松江，一名笠澤。陸魯望居甫里，號所著曰《笠澤叢書》。右二。

運　河。出震澤。傳稱吳城邗溝，通江淮。《國語》亦云夫差起師北征，開爲深溝〔一八九〕，通於商魯之間，蓋由此河以通江北也。隋大業六年，勅開江南河〔一九〇〕，自京口至餘杭郡八百餘里，面闊十餘丈，擬通龍舟，巡會稽。陸士衡詩云：「閶門何峨峨，飛閣跨通波。」樂天詩云：「平河七百里，沃壤兩三州。」皆謂此水也〔一九一〕。歲旱或淺淤，故常加浚治，乃得無阻。右三。

新　河〔一九二〕。在城市。杜荀鶴詩云：「夜市賣菱藕，春船載綺羅。」蓋指此地〔一九三〕。祥符中，崇儀使秦羲守郡日嘗開廣之。右四。

七堰者，皆在州門外。據樂天詩云：「七堰八門六十坊。」而圖經云廢堰一十有六，蓋樂天指其近者言之也。舊說蓄水養魚之所。或云所以遏外水之暴，而護民居。近世城中積土漸高，故雖開堰，無甚患也。右五。

越來溪。在吳縣之境。自太湖過橫山，至於郡城之西，蓋越王由此水至於吳，故得此名。右六。

谷　水。據酈善長云：松江一東南行七十里，入小湖。自湖東南出，謂之谷水。谷水出小湖，逕由卷縣故城下〔一九四〕，即秦之長水縣。又東南逕嘉興縣城西鹽官縣故城，南過武原〔一九五〕，出爲澉浦〔一九六〕，以通巨海。陸機詩云：「彷佛谷水陽〔一九七〕，眷戀崑山陰。」即此水也。蓋此渠足以分震澤、松江之水，南入於海也。後世谷水堙廢，人不復知其名。故吴中多水〔一九八〕，嘗質於老儒長者，謂松江東流聚爲小湖，西北接白蜆、馬騰、谷、瑇瑁四湖。蓋所謂谷湖者，即谷水之舊迹也。又南接三泖，泖有上、中、下之名。故傳陸士衡對晉武帝云：「三泖冬温夏凉。」蓋此地也。泖之狹者猶且八十丈，又下接海鹽之蘆瀝浦〔一九九〕，海鹽，即武原也〔二〇〇〕。行二百餘里，南至於浙江，疑此即谷水故道。《水經》以爲入海〔二〇一〕，而此浦入江者，蓋支派之異也。梁大通二年，以吴興水災，詔遣前交州刺史王弁開大瀆，導洩震澤，以寫浙江中〔二〇二〕，蓋此浦是也。浦旁頗有遺迹，至唐時乃設堰，以隔海潮。嘉祐中，姑蘇水災，詔遣都官員外郎沈衡相視，嘗欲開此浦，未克興功。右七。

崑山塘。自婁門歷崑山縣，而達於海，即婁江也。據酈善長引庾仲初《楊都賦》注云〔二〇三〕：太湖東注爲松江。下七十里有水口，分流東北入海，爲婁江；東南入海，爲東江，與松江而三也。按婁者，縣名，今之崑山是也。塘之兩岸又爲六塘，四十四浦，六十四涇〔二〇四〕，接引湖澤，乃昔人所以泄具區之暴流，備民疇之灌溉也。右八。

常熟塘。自齊門北至常熟百餘里〔二〇五〕，皆有涇浦入〔二〇六〕。蓋釃其渠以洩水，則有涇；引其流以至江，則有浦，其名甚衆，而崑湖、陽城湖之水皆賴以泄焉。右九。

新洋江。在崑山縣界。本有故道，錢氏時嘗浚治之〔二〇七〕，號曰新洋江。既可排流潦以注松江，又可引江流溉岡身也〔二〇八〕。右十。

【校勘記】

〔一〕載：學津討原本作「見」。《校勘記》：「『已載』作『已見』。」

〔二〕《校勘記》：「『見之』作『見知』。」

〔三〕爲：學津討原本無。

〔四〕是：學津討原本作「里」。《校勘記》：「『以是』作『以里』。」

〔五〕下：琳瑯秘室叢書本作「上」。按《吳地記》、《中吳紀聞》卷一、《能改齋漫録》卷七皆作「下」。《校譌》：「『上』字誤，宋本作『下』。」

〔六〕《校勘記》：「『與弟子期期曰』，『曰』作『日』。按《列仙傳》作『曰』，惟第二『期』字衍。」《續校》：「『與弟子期期曰』，《校勘記》云張本『曰』作『日』。按《列仙傳》作『曰』，惟第二『期』字衍。今按所校非是。此條當依張本『曰』作『日』，『期』字當重有，非衍文，讀當以『與弟子期』爲句，『期日』爲句。『期日』者，謂至所期之日也，觀下文自可見。又《文選・魏都賦》張載注引《列仙傳》與是書張本盡同，尤其明證。今本《列仙傳》蓋有脱誤，不足據也。」

〔七〕《補校》：「『英子』，今《列仙傳》作『子英』。」

〔八〕裁：四庫本、學津討原本作「興」。《校勘記》：「『而裁』作『而興』。」《續校》：「『即日而裁』，《校勘記》云：『裁』，張本作『興』。今按『裁』當作『栽』，讀音『再』。《説文》：『栽築牆長板。』《左傳》莊二十九年：『水昏正而栽。』杜注亦訓『板榦』。此文語本《左傳》，謂於水中設樁建柱耳。張本改爲『興』字，失其義矣。」

〔九〕横：原作「撗」，據學津討原本改。《校勘記》：「『撗』作『横』。」

〔一〇〕分而三橋：學津討原本作「分爲三洞」。《校勘記》：「『分而三橋』作『分爲三洞』。」

〔一一〕《續校》：「『粱』字誤，原作『梁』。」

〔一二〕云：四庫本、學津討原本無。《校勘記》：「『作記』下無『云』字。」

〔一三〕欄：四庫本作「闌」。

〔一四〕《校勘記》：「『湖光』作『河光』。」

〔一五〕徒：學津討原本無。四庫本此句作「徒行者晨往莫歸」。《校勘記》：「『行者』上無『徒』字。『晨暮往歸』作『朝往暮歸』。」

〔一六〕《校勘記》：「『胡官切一字』作『桓』。宋本避欽宗廟諱。」

〔一七〕按此處所切一字據《太平寰宇記》卷九一當爲「桓」字。四庫本正作「桓」。下同。

〔一八〕曰：學津討原本作「云」。《校勘記》：「『詩曰』作『詩云』。」

〔一九〕吳縣：學津討原本無此二字。《校勘記》：「『吳縣』二字無。」

〔二〇〕是祈：學津討原本作「此求」。《校勘記》：「『於是祈雨』作『於此求雨』。」

〔二一〕如：學津討原本作「近」。《校勘記》：「『如聞』作『近聞』。」

〔二二〕《校勘記》：「『祀』作『祠』。」

〔二三〕弛：四庫本作「施」。

〔二四〕畢瑊：學津討原本作「畢誠」。下同。四庫本「其」下有「乃」字。按《中吳紀聞》卷五「圖經刊誤」條云：「《續圖經》云：『太和宮在盤門之外，其地唐相畢瑊之別業也。』竊詳畢瑊未嘗為相，為相者乃畢諴也。瑊與諴兄弟爾。」《吳郡志》卷四八亦云：「太和宮，在盤門外。《續圖經》云唐相畢瑊之別業。按畢瑊未嘗相，相者畢諴也。」又按《吳都文粹》卷七王禹偁《新修太和宮記》云：「蘇州太和宮者，唐畢瑊之別業也。瑊之子師顔及其子宗逸避巢冦之亂，從而家焉。」畢瑊不稱唐相，當是。《校勘記》：「『其地』下有『乃』字。『瑊』作『緘』。下同。」

〔二五〕《續校》：「『爲』字誤，原作『焉』。」

〔二六〕《校勘記》：「『其締架焉』，『其』作『共』。」

〔二七〕東：四庫本、學津討原本作「左」。按《真誥》卷一一、《太平御覽》卷六七八皆作「東」字，當是。《校勘記》：「『東通』作『左通』。」

〔二八〕《校勘記》：「『往來』作『來往』。」

〔二九〕《校勘記》：「『賜』上無『改』字。」

〔三〇〕勑：原作「勑」，據學津討原本改。《校勘記》：「『勑』作『勅』。按『勑』乃宋本誤，『勑』音賚。」

〔三一〕《校勘記》：「『鳳皇』作『鳳凰』。」

〔三二〕《續校》：「『接』字誤，原作『按』。」

〔三三〕《續校》：「『弁』字誤，原作『弃』。又十三頁六行『弃兄獨居』，亦誤作『弁』。張本並作『棄』，與『弃』同。」

〔三四〕載：四庫本、學津討原本作「年」，《吳都文粹》卷一〇作「歲」。《校勘記》：「『餘載』作『餘年』。」

〔三五〕《校勘記》：「『周先生』上『有』字無。」

〔三六〕《校勘記》：「『鍊』作『煉』。」

〔三七〕此作：學津討原本無此二字。

〔三八〕中：學津討原本作「詩」，屬下句讀。《校勘記》：「『詩中云』作『亦有詩云』。」

〔三九〕官：四庫本作「宮」。按《松陵集》卷三、《吳都文粹》卷七、《全唐詩》卷六一〇皆作「官」。

〔四〇〕《校勘記》：「『閑寂』作『閒』。」

〔四一〕斤：四庫本作「觔」。《校勘記》：「『百斤』作『百觔』，非。」

〔四二〕《續校》：「『獨』字誤，原作『燭』。」

〔四三〕一：四庫本作「乙」。下同。《校勘記》：「『太一』作『太乙』。下同。」

〔四四〕役：四庫本作「疫」。

〔四五〕「分」字下四庫本、學津討原本有「野」字。《校勘記》：「『分』下有『野』字。」

〔四六〕「於是」二字四庫本、學津討原本無。《校勘記》：「『於是』二字無。」

〔四七〕被於：四庫本作「流入」。《校勘記》：「『被於』作『及於』。」

〔四八〕去：原作「云」，據四庫本、學津討原本改。《校勘記》：「『毀云』作『毀去』。」

〔四九〕稍：四庫本作「又」。《校勘記》：「『稍復』作『又復』。」

〔五〇〕嚮：四庫本、學津討原本作「尚」。《校勘記》：「『崇嚮』作『崇尚』。」

〔五一〕《校勘記》：「『凡』下有『一』字。」

〔五二〕「戴逵」下四庫本、學津討原本注：「一本作戴顒。」《校勘記》：「『戴逵』作下雙行注云『一本作戴顒』。」

〔五三〕《校勘記》：「『乃陸柬之』，『乃』作『皆』。」

〔五四〕捨：學津討原本作「給」。《校勘記》：「『捨宅』作『給宅』。」

〔五五〕按此切韻字四庫本、學津討原本作「構」字。《校勘記》：「『古候切一字』作『構』，說見前。」

〔五六〕都：《全唐詩》卷一九二注「一作郡」。

〔五七〕十里：四庫本、學津討原本及《姑蘇志》卷二九作「千里」。按《方輿勝覽》卷二、《全唐詩》卷一九二皆作「十里」。《校勘記》：「『十里』作『千里』。」

〔五八〕有：四庫本無。《校勘記》：「『祈有子頗驗』作『祈子頗有驗』。」

〔五九〕頗驗：四庫本、學津討原本作「頗有驗」。

〔六〇〕陀：四庫本作「勒」。《校勘記》：「『彌陀』作『彌勒』。」

〔六一〕「本」字上四庫本有「板」字。《校勘記》：「『鏤』下有『版』字。」

〔六二〕一：四庫本作「二」。《校勘記》：「『一里』作『二里』。」

〔六三〕八年：學津討原本作「四年」。按《說郛》卷六三上作「二年」，四庫本及《松陵集》卷七、《緯略》卷五、《吳都文粹》卷七、《至元嘉禾志》卷一〇、《全唐文》卷六一三皆作「八年」，當以「八年」爲是。《校勘記》：「『八年』作『四年』。」

〔六四〕《校譌》：「『曰』字今刻未清晰。」

〔六五〕石像傳：四庫本、學津討原本作「石像銘」，《吳地記》、《說郛》卷六三上作「石佛碑」。《校勘記》：「『傳云』作『銘云』。」

〔六六〕《校勘記》：「『迦葉』作『伽葉』，非。」

〔六七〕《補校》：「『餤』疑作『檲』，即『篅』字，此必『檲』誤爲『爓』，轉譌爲『餤』。」

〔六八〕唐天后：學津討原本作「唐武后」。《校勘記》：「『天后』作『武后』。」

〔六九〕「名」字下學津討原本有「曰」字。《校勘記》：「『改名』下有『曰』字。」

〔七〇〕《校勘記》：「『大賈』作『太賈』，誤。」

〔七一〕《校譌》：「『烈』字誤，宋本作『列』。」

〔七二〕更：四庫本作「東」。

〔七三〕《校譌》：「『額』字宋本作『頟』。」

〔七四〕頃：學津討原本作「頻」。《校勘記》：「『頃羅』作『頻羅』。」

〔七五〕「寺」下學津討原本有「中」字。《校勘記》：「『寺有』作『寺中有』。」

〔七六〕「洲」字下學津討原本有「縣」字。《校勘記》：「『長洲』下有『縣』字。」

〔七七〕十六：學津討原本作「十八」。《校勘記》：「『十六羅漢』作『十八羅漢』，説見上。」

〔七八〕「公」字下四庫本、學津討原本有「岵」字。《校勘記》：「『章公』下有『岵』字。」

〔七九〕置：學津討原本作「建」。《校勘記》：「『以置』作『以建』。」

〔八〇〕《補校》：「『復圭』二字，張本非側注。又廿一頁『硯石山』張本『硯』作『研』，下並同，蓋古字通用也。案張本此等互異處尚多，無關是非，兹不具出。」

〔八一〕按此切韻字四庫本作「煥」，學津討原本作「完」。按此字避宋帝「桓」字諱闕。下同。《校勘記》：「『胡官切一字』作『完』，宋本避欽宗嫌名。」

〔八二〕書頌：四庫本作「詩」。

〔八三〕「殆」字下四庫本有「即」字。

〔八四〕移：原本無，據四庫本補。學津討原本「後於」作「後在」。

〔八五〕「洲」字下四庫本、學津討原本有「縣」字。《校勘記》：「『長洲』下有『縣』字。」

〔八六〕《校勘記》：「『九年』作『元年』。」

〔八七〕製：學津討原本作「置」。《校勘記》：「『所製』作『所置』。」

〔八八〕《校勘記》：「『定慧』作『定惠』。」

〔八九〕「洲」字下四庫本、學津討原本有「縣」字。《校勘記》：「『長洲』下有『縣』字。」

〔九〇〕常：四庫本作「嘗」。《校勘記》：「『常以』作『嘗以』。」

〔九一〕存：四庫本作「在」。

〔九二〕飄：四庫本作「漂」。又「宅」字，四庫本、學津討原本無。《校勘記》：「『飄』作『漂』。『明』下無『宅』字。」

〔九三〕《校勘記》：「『與』下無『其』字。」

〔九四〕雲：琳瑯秘室叢書本作「靈」。《書吳郡圖經續記校勘記後》云：「『靈巖』誤，宋本、張本並作『雲巖』。」

〔九五〕「洲」字下四庫本、學津討原本有「縣」字。《校勘記》：「『長洲』下有『縣』字。」

〔九六〕廬：四庫本作「舍」。《校勘記》：「『精廬』作『精舍』。」

〔九七〕真堂：四庫本、學津討原本無。《校勘記》：「『寺』上無『真堂』二字。」

〔九八〕四五十年：學津討原本作「四十五年」。《校勘記》：「『四五十年』作『四十五年』。」

〔九九〕按此切韻字四庫本、學津討原本作「完」字。《校勘記》：「『胡官切一字』作『完』，説見前。」

〔一〇〇〕「施公」下四庫本有「謁」字，學津討原本無「公」字。《校勘記》：「『施』下無『公』字。」

〔一〇一〕之：四庫本、學津討原本作「寺」。《校勘記》：「『報恩之』作『報恩寺』。」

〔一〇二〕《校勘記》：「『寢衰』作『寢衰』，誤。」

〔一〇三〕《校勘記》：「『待月』作『待目』，誤。」

〔一〇四〕「額」字下四庫本、學津討原本有「曰」字。《校勘記》：「『賜額』下有『曰』字。」

〔一〇五〕《校勘記》：「『澄照』作『澄煕』，然十一行仍作『澄照』。」

〔一〇六〕聯：四庫本作「連」。《校勘記》：「『相聯』作『相連』。」
〔一〇七〕《校譌》：「『乃』字誤，宋本作『迺』。」
〔一〇八〕《校勘記》：「『汔今』作『迄今』。」
〔一〇九〕感應：四庫本作「應感」。《校勘記》：「『感應』作『應感』。」
〔一一〇〕《校勘記》：「『古候切一字』作『營』。按溝切當作『搆』，說已見前。」
〔一一一〕百：學津討原本無此字。
〔一一二〕響：四庫本作「響」。《校勘記》：「『慧響』作『慧響』。」
〔一一三〕《補校》：「『濈』當作『潗』，即入切，從水，集聲，泉出也。」
〔一一四〕「昌」字下四庫本、學津討原本有「中」字。《校勘記》：「『會昌』下有『中』字。」
〔一一五〕《校勘記》：「『鴻鍾』作『鴻鐘』。」
〔一一六〕張祜：學津討原本誤作「張祐」。《校勘記》：「『張祜』作『張祐』。」
〔一一七〕正觀：四庫本作「貞觀」。下同。
〔一一八〕《校勘記》：「『鍾』作『鐘』。」
〔一一九〕拯：四庫本作「極」。

〔一二〇〕《校勘記》：「『殫紀』作『殫記』。」

〔一二一〕《校勘記》：「『傳記』作『傳紀』。」

〔一二二〕「補」字上學津討原本有「以」字。《校勘記》：「下『補』字上有『以』字。」

〔一二三〕《校勘記》：「『闔閭』宋本惟此段皆作『閭』。」《續校》：「《校勘記》：宋本『闔廬』字惟此段皆作『閭』。今按下文『橫山』節作『廬』，『胥山』節仍作『閭』。」

〔一二四〕《校勘記》：「『靚』作『覿』。」

〔一二五〕涌：四庫本作「湧」。

〔一二六〕靚：學津討原本作「覿」。

〔一二七〕澗：四庫本作「磵」。下同。

〔一二八〕傳俗：四庫本作「俗傳」。《校勘記》：「『傳俗』作『俗傳』。」

〔一二九〕道：四庫本作「里」。《校勘記》：「『十道』作『十里』，說見上。」

〔一三〇〕《續校》：「『㑩』當作『㮁』，又廿一頁六行同。」

〔一三一〕《校勘記》：「『皇祐中』作『皇祐間』。」

〔一三二〕西：學津討原本作「西北」。《校勘記》：「『吳縣西』下有『北』字。」

〔一三三〕《校勘記》：「『彫鏤』作『雕鏤』。」

〔一三四〕《校勘記》：「『而後成』，『後』字無。」

〔一三五〕技：原作「校」，據四庫本、學津討原本改。《校勘記》：「『施校』作『施技』。」

〔一三六〕悦：四庫本、學津討原本作「喜」。《校勘記》：「『大悦』作『大喜』。」

〔一三七〕是：學津討原本作「自」。《校勘記》：「『是游』作『自游』。」

〔一三八〕《校譌》：「『登』字誤。宋本作『登』。」

〔一三九〕之：學津討原本無。《校勘記》：「『以訪』下無『之』字。」

〔一四〇〕《校譌》：「『子江』誤，宋本作『於江』。」

〔一四一〕《續校》：「『水經』下當有『注』字。」

〔一四二〕《校譌》：「『大湖』誤，宋本作『太湖』。」

〔一四三〕師：四庫本作「獅」。《校勘記》：「『師子』作『獅子』，俗字也。」

〔一四四〕爲：學津討原本作「謂」。《校勘記》：「『以爲岝嶺』作『以謂岝嶺』，然廿一頁二行宋本亦作『岝嶺』。」

〔一四五〕《續校》：「『皆有石如卷笮』。按『笮』當從『竹』作『筰』。竹，索也。《水經注》正作『筰』。」

〔一四六〕是：琳瑯秘室叢書本、學津討原本作「自」。《續校》：「『自筰嶺山麓』，『筰』字誤，原作『笮』。按此句當作『是笮嶺山麓』。」

〔一四七〕硯：四庫本、學津討原本作「研」。下同。

〔一四八〕「石」字下四庫本、學津討原本有「山」字。《校勘記》：「『硯石』下有『山』字。」

〔一四九〕《校勘記》：「『揚雄』作『楊雄』。」

〔一五〇〕一曰：四庫本、學津討原本無。《校勘記》：「『一曰』字無。」

〔一五一〕《校譌》：「『嶁』字誤，宋本作『嶁』。」

〔一五二〕供進：四庫本、學津討原本作「入貢」。《校勘記》：「『供進』作『入貢』。」

〔一五三〕白礂山：學津討原本作「白堊山」。《校勘記》：「『白礂』作『白堊』。」

〔一五四〕六十：學津討原本作「三十」。《校勘記》：「『六十里』作『三十里』。」

〔一五五〕《校譌》：「『羣』字宋本作『群』，後並倣此。」

〔一五六〕《校勘記》：「『或云』作『或曰』。」

〔一五七〕高：學津討原本作「出」。《校勘記》：「『特高』作『特出』。」

〔一五八〕磴：原作「蹬」，徑改。《續校》：「『蹬』當作『磴』，張本不誤。」

〔一五九〕「正」字下四庫本、學津討原本有「公」字。《校勘記》：「『文正』下有『公』字。」

〔一六〇〕赤須：原作「赤松」，據《海錄碎事》卷一三下、《證類本草》卷六引《列仙傳》改。《續校》：「『松』當作『須』，赤須子與赤松子迥別，並見《列仙傳》。『桂實』，《列仙傳》『桂』作『松』。《文選·吳都賦》劉注引作『柏』。」

〔一六一〕《續校》：「『食』當依《吳都賦》注引作『穀』。」

〔一六二〕耶：四庫本作「琊」。下同。《校勘記》：「『琅耶』作『琅琊』。」

〔一六三〕山：學津討原本無。《校勘記》：「『即此山』，『山』字無。」

〔一六四〕《校勘記》：「『號爲』作『號曰』。」

〔一六五〕「庭」字下學津討原本有「山」字。《校勘記》：「『洞庭』下有『山』字。」

〔一六六〕《校勘記》：「『崦』作『菴』。」

〔一六七〕甘柚：學津討原本作「柑柚」。《校勘記》：「『甘柚』作『柑柚』。」

〔一六八〕苞：四庫本作「包」。

〔一六九〕本縣：學津討原本作「吳縣」。《校勘記》：「『本縣』作『吳縣』，非。」

〔一七〇〕「熟」字下學津討原本有「縣」字。《校勘記》：「『常熟』下有『縣』字。」

〔一七一〕瀑水：學津討原本作「瀑布」。《校勘記》：「『瀑水』作『瀑布』。」

〔一七二〕南：四庫本、學津討原本作「西南」。《校勘記》：「『吳縣南』作『吳縣西南』。」

〔一七三〕《校勘記》：「『是以』作『自以』。」

〔一七四〕三江：原作「二江」，據四庫本、學津討原本改。《校勘記》：「『二江』作『三江』。」

〔一七五〕包：四庫本作「注」。又「以」字，學津討原本作「而」。按《水經注》卷二九、《水經注釋》卷二八、《文選註》卷一二、《六臣註文選》卷一二、《藝文類聚》卷八、《漢魏六朝百三家詩》卷五六、《歷代賦彙》卷二五皆作「注五湖以漫漭」。《校勘記》：「『以漫漭』，『以』作『而』。」《校譌》：「『漭』字，宋本作『漭』。」

〔一七六〕包：四庫本作「苞」。

〔一七七〕《校勘記》：「『滆』字上有『與』字。」

〔一七八〕《校勘記》：「『與太湖』，『與』字無。」

〔一七九〕按此切韻字學津討原本作「構」。《校勘記》：「『古侯切一字』作『搆』，說見前。」

〔一八〇〕匹：原本無，四庫本、學津討原本皆作「一」，此據《甫里集》卷二、《松陵集》卷

三、《吴都文粹》卷五補。《校勘記》：「『崑閬』下有『一』字。」

〔一八一〕有：四庫本、學津討原本作「其」。

〔一八二〕是：四庫本、學津討原本作「謂」。《校勘記》：「『是此』作『謂此』。」

〔一八三〕《校勘記》：「『松江』作『淞江』，下同。」

〔一八四〕此謂：四庫本、學津討原本作「謂此」。《校勘記》：「『此謂』作『謂此』。」

〔一八五〕《校勘記》：「『楊都』作『揚都』。」

〔一八六〕松江：四庫本、學津討原本作「淞江」。下同。《校勘記》：「『與松江』，『松』作『淞』，然此以下仍皆作『松』。」

〔一八七〕湊：四庫本作「臻」，學津討原本作「輳」。《校勘記》：「『湊』作『輳』。」

〔一八八〕瀉：原作「寫」，據四庫本、學津討原本改。下同。《校勘記》：「『東寫』作『東瀉』。」

〔一八九〕開：原作「闕」，據四庫本、學津討原本改。《校勘記》：「『闕爲』作『開爲』。」

〔一九〇〕《校勘記》：「『勑』作『勅』，說見前。」

〔一九一〕水：學津討原本無。《校勘記》：「『此水』，『水』字無。」

〔一九二〕《校譌》：「『新湖』誤，宋本作『新河』。」

〔一九三〕地：四庫本、學津討原本作「也」。《校勘記》：「『此地』作『此也』。」

〔一九四〕《校勘記》：「『卷縣』作『婁縣』。」

〔一九五〕武原：四庫本作「武康」。按《水經注》卷二九、《水經注釋》卷二八、《雲麓漫抄》卷一作「武原」。

〔一九六〕澉浦：原作「散浦」，據四庫本及《水經注》卷二九、《水經注釋》卷二八改。《水經注》卷二九注云：「案『澉』近刻訛作『散』。」

〔一九七〕《校勘記》：「『彷佛』作『仿佛』，俗字也。」

〔一九八〕「水」字下四庫本有「患」字。

〔一九九〕瀝：原作「潛」，據下文改。《續校》：「『潛』當作『瀝』，下卷第四頁五行正作『瀝』。」

〔二〇〇〕武原：四庫本作「武康」。按《越絕書》卷八云：「武原，今海鹽姑末。」作「武康」誤。

〔二〇一〕爲：原作「謂」，據四庫本、學津討原本改。

〔二〇二〕《校勘記》：「『以寫』作『以瀉』。按古但作『寫』。」

〔二〇三〕《校勘記》：「『楊都』作『揚都』。按宋刻書俱作『楊』。」

〔二〇四〕涇：原作「浮」，據四庫本、學津討原本改。《校勘記》：「『六十四浮』作『六十四涇』。」

〔二〇五〕北：學津討原本無。《校勘記》：「『北至』，『北』字無。」

〔二〇六〕按原本此下闕三字，他本同。《校勘記》：「『入』下亦缺三字。按宋本第三字『氵』旁尚在。」

〔二〇七〕嘗：四庫本作「常」。《校勘記》：「『嘗』作『常』。」

〔二〇八〕「流」字下學津討原本有「以」字。《校勘記》：「『江流』下有『以』字。」

吳郡圖經續記卷下

治水

地勢傾於東南。而吳之爲境，居東南最卑處，故宜多水。昔禹之治水也，因其勢之可決者疏而爲三江，因其勢之必聚者瀦而爲五湖，乃底於定，微禹〔一〕，其能不魚乎！自三江故道既廢〔二〕，而五湖所受者多以百谷鍾納之巨浸，而獨洩於松陵之一川，勢不能無浸溢之患也，觀昔人之智亦勤矣！故以塘行水，以涇均水，以塍禦水，以埭儲水。遇淫潦可洩以去，逢旱歲可引以灌，故吳人遂其生焉。前代經營之迹，多不見史。至唐元和中，開常熟塘，古碣僅存，頗稱灌溉之利。其郡守氏李，不著名〔三〕。廉使氏韓，韓臯元和三年爲浙西觀察使。錢氏時，嘗置都水營田使，以主水事，募卒爲都〔四〕，號曰撩淺。蓋當是時，方欲富境禦敵，必以是爲先務。自國朝天禧、天聖間吳中水災，於是命發運使張綸同郡守經度，於崑山、常熟各開衆浦，以導積水。景祐中，范文正公來治此州，適當歉歲，深究利病，不苟興作。公以謂松江不能盡洩震澤衆湖之水〔五〕，雖北壓揚子江，東抵巨海，河渠至多，堙塞已久，不能分其勢〔六〕。今當疏導諸邑之水〔七〕，東南入於松江，東北入於楊子與海也〔八〕。於是親至海浦，開浚五河〔九〕，詢之舊老，云茜涇之類是也。是時論者沮之，或曰江水已高，不納此流；或曰日有潮至，水安得下；或曰沙因潮至，數年復塞；或曰開浚之役，重勞民力。公以謂江海善下〔一〇〕，故得爲百谷王，豈能不下於此？謂江水已高，不納此流者非也。彼日之潮有損與盈，三分其時，損居二焉，乘其損而趨之勢，孰可禦？謂日有潮至水安得下者非也。新導之河，必設諸閘〔一一〕，常時扃之〔一二〕，沙不能塞。每春理其閘外，工減數倍，亦復何患？謂之因潮至數年復塞者非也〔一三〕。東南所殖唯稻，大水一至，秋無他望，俾之遵達溝瀆〔一四〕，脫百姓于饑餓〔一五〕，佚道使之，雖勞不怨，謂開浚之役重勞民力者非也。於是力破浮議，疏瀹積潦〔一六〕，民到於今受其賜。有盤龍匯者，介於華亭、崑山之間，步其徑纔十里，而洄穴迂緩逾四十里〔一七〕，江流爲之阻遏。盛夏大雨，則泛溢旁齧，淪稼穡，壞室廬，殆無寧歲。范公嘗經度之，未遑興作。寶元元年，太史葉公清臣漕按本路，遂建議釃爲新渠，道直流速，其患遂弭。厥後轉運使沈立之又開崑山之顧浦，頗爲深浚〔一八〕。納陽城湖，南吐松江。舊謂之崑山塘隄防不立，風濤相乘，廢民疇，阻舟楫，盜䴕鹽賈行其間，吏莫能禁。由唐以來，欲修築未克也。皇祐中，王丞相以舒州通判被旨來相水事〔一九〕，荆公與縣吏挐舟徧視〔二〇〕，訊其鄉人，伻圖以獻。至和中，崑山主簿丘與權白郡守呂光祿居簡〔二一〕，以爲作塘有大利。呂公從之。於是調民興役，先設外防，以遏其上流，立横埭以限之，乃自下流浚而決焉〔二二〕。既成，號曰至和塘。嘉祐之間，吴人洊饑〔二三〕，朝廷選擇守將經制其事。蔡秦州抗自校理典是郡，嘗請行縣按水，親度其利。是時李兵部復圭爲轉運使，韓殿省正彦宰崑山，於是大修至和塘，使之胡官切一字〔二四〕。厚。民得因依立塍堨，以免水患。而韓君又開松江之白鶴匯，如盤龍之法。皆爲民利。轉運使王純臣建議請令蘇、湖、常、秀修作田塍，位位相接〔二五〕，以禦風濤。令縣令教誘殖利之戶自作塍岸，定邑吏勸課爲殿最〔二六〕，當時推行焉。其後論水者益多，儒者傅肱欲決松江之千墩、金城諸匯〔二七〕，滌去迂滯〔二八〕；又欲開無錫之五瀉堰，以減太湖而入於北江〔二九〕；導海鹽之蘆瀝浦，以分吴松〔三〇〕，而入於浙水；於崑山、常熟二縣深闢浦港〔三一〕，遇東南風，則水北下於楊子〔三二〕；遇西北風，則水南下於吴松，庶可紓患。又令有田之家據頃畝疏鑿溝港。司農丞郟亶請先取崑山之東、常熟之北凡所謂高田者，一切設堰潴水，以灌溉之。又浚其溝洫，使水周流於其間，以浸潤之。立堈門，以防其壅。則高田不涸，而水田亦減流注之勢。然後取今之凡謂水田者〔三三〕，除四湖外，一切罷去，如某家涇、某家浜之類。循古遺迹，或五里七里而爲一縱浦，又七里或十里而爲一横塘，因塘浦之土以爲隄岸，使塘浦闊深，堤岸高厚，則水不能爲害，而可使趨於江也。郟衙命至蘇，經度其事，而工重役大，不克成。既而朝廷置農田水利使者〔三四〕，以專其事，所以浚河渠，固防岸，通畎澮，事在有司存〔三五〕，可以按見其迹。自熙寧之末旱災之後，累年頗稔，由是興作差簡。然水旱之數，古所不免，而長民者不可以緩其防也。嘗聞瀕海之地，岡阜相屬，俗謂之岡身。此天所以限滄溟而全吳人也。雖有涇浦，而日爲潮沙之所積，久則淤澱，是不可以不治也。夫治水者當浚其下。下流既通，則上游可道也〔三六〕。范文正公嘗與人書云：「天造澤國，衆流所聚，或淫雨不能無災。而江海之涯，地勢頗高，溝瀆雖多，不決不下〔三七〕，如無所壅，良可減害。若其濬深，江潮乃來。愆亢之時，萬戶畎溉〔三八〕，此所以旱潦皆爲利矣。」此智者之言也。范公之迹固未遠求其舊而纘其功，不亦善哉！至於群言衆說，各有見焉，擇其可行者裁而行之，斯善矣。夫事有興於古人而廢於後世，有遺於前代而補於來今。苟爲古人所興者勿廢，前之所遺者必補，則何利之不成，何病之不柅哉！

往迹凡二十六節

長洲苑。吴故苑名。在郡界。昔枚乘諫吴王云：「漢修治上林，雜以離宫，積聚玩好，圈守禽獸，不如長洲之苑；游曲臺，臨上路，不如朝夕之池。」《吴都賦》亦云：「帶朝夕之濬池，佩長洲之茂苑。」注云：「有朝夕池，謂潮水朝盈夕虚，因名焉。」庾信《哀江南賦》云：「連茂苑於海陵，跨横塘於江浦。」亦取諸此。右一。

闔廬城〔三九〕。即今郡城也。舊説子胥伐楚還師，取丹陽。及黄瀆，土以築。蓋利其堅也。郡城之狀如「亞」字。唐乾符三年，刺史張傅嘗修胡官切一字〔四〇〕。此城〔四一〕。梁龍德中，錢氏又加以陶甓。右二。

閶　門。故名閶闔門，吴王闔廬時有之。或云魯匠般所製也，有高樓閣道。吴兵後由此出伐楚，改曰破楚門。吳屬楚，復曰閶門。右三。

吳小城白門。蓋闔廬所作。至秦始皇時，守宫吏燭鷰窟〔四二〕，失火燒宫，而此樓故存。右四。

魚　城。在吳縣西横山下，遺址尚存。蓋吳王控越之地，宜爲吳城，謂之魚城，誤也。横山之旁，岡勢如城郭狀，今猶隱隱然。又有射臺，亦在横山。右五

石　城。在吳縣東北〔四三〕。故爲離宫，越王獻西子於此。山有石馬〔四四〕，望之如人乘之。右六。

華　池、華林園、南城宫〔四五〕。故傳皆在長洲界，闔廬之故迹也。有流杯亭，在女墳湖西二百步，亦云遊樂之地。又有吳宫鄉，陸魯望以謂在長洲苑東南五十里，蓋夫差所幸之別觀〔四六〕，故得名焉。魯望作《問吳宫辭》。辭載總集〔四七〕。右七。

三　泖。在華亭境。魯望詩云：「三泖涼波漁蕝動〔四八〕。」謂此也。右八。

洞　庭。亦多吳時舊迹。所謂練瀆者，練兵之所也。傳云越敗吳於夫椒。夫椒，即包山也。湖岸極清處爲銷夏灣，乃吳王游觀之地。右九。

鷄陂墟者，畜鷄之所。豨巷者，畜彘之處〔四九〕。走狗塘者，田獵之地也。皆吳

王舊迹，並在郡界。又有五茸，茸各有名，乃吳王獵所。陸魯望詩云：「五茸春草雉媒嬌〔五〇〕。」謂此也〔五一〕。右十。

蠡口。在長洲界。又謂之蠡塘。昔范蠡扁舟浮五湖，蓋嘗經此。右十一。

胥口。在姑蘇山西北十二里，因胥山得名。右十二。

壇塘。在吳縣東南三十五里大江邊。夫差十二年，既殺子胥，投尸於江，浮以鴟夷革。後悔之，君臣臨江作塘，創設祭奠，百姓緣爲立廟。宋元嘉三年〔五二〕，吳令徙廟匠門內。一云壇塘邊有酒城，夫差祭子胥，勸酒〔五三〕，因名之。右十三。

滸市〔五四〕。在郡西二十五里。《圖經》云：秦皇求吳王劍〔五五〕，白虎蹲於丘上，遂西走二十五里而失。劍不能得，地裂爲池，因名其地曰虎嘐〔五六〕。音留。蓋此地是也。唐諱虎，錢氏諱鏐，故改云滸市〔五七〕。右十四。

胥屏亭。在吳縣界。漢初，有陸烈，字伯元，爲吳令、豫章都尉。既卒，吳人思之，迎其喪葬於胥亭〔五八〕，子孫遂爲吳縣人，吳郡陸氏之所自出也。右十五。

袁山松城。在滬瀆江側。爲波濤衝激，半毀江中。袁山松城東三十里夾江又有二城相對，闔廬所築，以控越處。古人於海道固爲之防矣。右十六。

死亭灣。在閶門外七里。故傳朱太守妻慙〔五九〕，自經於此。右十七。

新郭。在吴縣西横山下。隋既平陳，江南未服〔六〇〕，聚爲盜賊。隋文帝以楊素爲行軍總管討之，追擊至蘇州，移郡邑於横山下，蓋欲空其舊城耳。此新郭者，當時之遺址也。或曰越王城，亦在焉，蓋此地吴越之所控守也。初楊素遷城於横山也，匠者以櫧木爲城門之柱，素見之，謂匠者曰：「此木恐非堅，可閲幾年？」匠曰：「可四十年不朽。」素曰：「足矣，是城不四十年當廢。」至唐正觀中〔六一〕，復舊城，果如其言。右十八。

蓮塘。《寰宇記》云：在吴縣西十二里。有田數畝，生蓮華千葉，華麗〔六二〕。右十九。

望市樓。據元微之詩《寄樂天》云：「弄潮船更曾觀否，望市樓還有會無。」注云：「望市樓，蘇之勝地也。」今觀風樓爲近市，殆即此耳。右二十。

東城桂。白樂天云：「蘇之東城，吴都城也，今爲樵牧場。有桂一株，生乎城下，惜其不得地也。」詩載總集〔六三〕。右二十一。

望亭。在吴縣西境。吴先主所立，謂之御亭。隋開皇九年，置爲驛。唐常州刺史李襲譽改今名。劉禹錫詩云：「懷人吳御亭。」謂此也。右二十二。

柳毅泉。事具《圖經》〔六四〕。泉在太湖之濱，雖大風撓之不濁，雖旱不耗，此所以爲異〔六五〕。右二十三。

滬瀆。松江東寫海曰滬瀆〔六六〕。陸龜蒙敘矢魚之具云〔六七〕：「列竹於海澨曰滬。」蓋以此得名。今其旁有青龍鎮，人莫知其得名之由。詢於老宿，或云因船得名〔六八〕。按庾信《哀江南賦》云：「排青龍之戰艦。」《南史》楊素伐陳，以舟師至三峽〔六九〕，陳將戚欣以青龍百餘艘屯兵守狼尾灘，楊素親率黃龍十艘銜枚而下，擊敗之。則青龍者，乃戰艦之名〔七〇〕。或曰青龍舟孫權所造也。蓋昔時嘗置船於此地，因是名之耳。右二十四。

吳王之時，劍有干將、莫耶〔七一〕，甲有水犀，舟有艅艎〔七二〕。干將者，劍工也；莫耶者，干將之妻也。始干將作劍，採五山之鐵精，六合之金英，候天伺地，陰陽同光，百神臨觀，天氣下降，而金鐵之精不銷。於是莫耶曰：「神物之化，須人而成。今夫子作劍，當得其人，而後成乎！」於是干將妻乃斷髮剪爪〔七三〕，投於爐中〔七四〕，使童男童女三百人鼓橐裝炭，金鐵乃濡，遂以成劍，陽曰干將，陰曰莫耶；陽作龜文，陰作漫理〔七五〕。干將匿其陽，出其陰而獻之闔廬，闔廬甚重之〔七六〕。水犀者，徼外有山犀、水犀。水犀之皮有珠甲，山犀則無。吳人蓋以水犀飾甲也。艅艎者，大舟也。句踐泝江襲吳，入其郛，焚其姑蘇，徙其大舟，即此也。右二十五。

大酒巷。舊名黃土曲。唐時，有富人修第其間，植花濬池，建水檻風亭，醞美酒以延賓旅。其酒價頗高，故號大酒巷。右二十六。

園第 凡十五節〔七七〕

伍子胥宅。故傳在胥門旁。子胥諫吳王，王不聽，使子胥於齊。子胥屬其子於齊鮑氏，還報吳王。吳王聞之，怒，賜之屬鏤。子胥曰：「吾死，必抉吾目置之吳東門，以觀越兵之入也。」右一。

言偃宅〔七八〕。在常熟縣西北。宅中有井〔七九〕，闊三尺，深十丈。井傍有壇，壇北百步有浣沙石〔八〇〕，方四尺。縣有言偃橋，蓋得名於此。子游以文學升聖師之堂，吳人好儒術，其有所自哉！右二。

長鋏巷。一名彈鋏巷。在吳縣東北二里。巷有馮煖宅。煖客在齊孟嘗君之門〔八一〕，彈長鋏而歌者也。焚虛券以彰孟嘗君美聲，說齊王以復孟嘗君相位，其顯名也宜哉！唐人云，有墳在側，碑刻猶存。舊傳郡郭三百餘巷，蓋皆有名而失之，惜哉！右三

陸氏鬱林石〔八二〕。初，陸績事吳爲鬱林太守，罷歸無裝，舟輕不可越海，取巨石爲重。至姑蘇，置其門，號爲鬱林石〔八三〕，世保其居，《唐史》書之。右四。

晉東亭。獻穆公王珣與其弟珉宅外在虎丘，内在白華里，後皆施以爲寺。昔虎丘東、西二寺，今之景德寺皆是也。景德寺，舊號虎丘廨院。《晉書》云：吳内史王珣有别館，在武丘山〔八四〕。戴逵潛詣之，與珣游，處積旬。後珣爲尚書僕射，上疏請召逵爲國子祭酒，逵名益顯。右五。

顧辟彊園〔八五〕。王獻之入會稽，經吳門，先不識主人〔八六〕。值辟彊方集賓友，酣燕園中。而獻之游歷既畢，指麾好惡，傍若無人。辟彊勃然曰：「不足齒之傖爾。」使驅其左右出門。獻之獨坐輿上，展轉顧望，而僕從不至，遂移時。蓋獻之之

肆、辟彊之隘也。辟彊園，唐時猶在。顧況嘗假以居郡守，贈詩云：「辟彊東晉日，竹樹有名園。年代更多主，池塘復裔孫。」今莫知其所。右六。

戴顒宅。故傳北禪寺是也。顒父逵，字安道〔八七〕。嘗游吳，號爲吳中高士〔八八〕。顒居剡下，復游桐廬。桐廬僻遠，難以養疾，乃出居吳下，士人共爲築室〔八九〕，聚石引水，植林開澗〔九〇〕，少時繁密，有若自然。三吳將守及郡内衣冠要其同遊野澤〔九一〕，堪行便去，不爲矯介，衆論以此多之。右七。

陸龜蒙宅。在松江上甫里。魯望，唐相，元方七世孫也。始居郡中臨頓里，晚益遠引深遁，居震澤旁，自號甫里先生。有地數畝，有屋三十楹，有田畸十萬步，有牛減四十蹄，有耕夫百餘指，而田汙下，暑雨一晝夜，則與江通色〔九二〕，先生由是苦飢〔九三〕，囷倉無斗升蓄積〔九四〕。乃躬負畚鍤，率耕夫以爲具，蓋遂終焉。後以高士召，不至。李蔚、盧攜素與龜蒙善，及當國，召拜左拾遺。詔方下，龜蒙卒。其所居遺基尚存。右八。

任晦宅。見於皮、陸詩，有深林曲沼，危亭幽砌。而任君棄涇縣尉歸，居於其間。魯望詩云：「吳之辟彊園，在昔勝槩敵〔九五〕。前聞富修竹，後說紛怪石。風煙慘無主，載祀將六百。草色與行人，誰能問遺迹。不知清景在，盡付任君宅。」據此殆即辟彊之園耶。右九。

廣陵王元璙別宅。舊與南園相近。據《九國志》云：元璙治蘇州，頗以園池花木爲意〔九六〕。創南園、東圃及諸別第，奇卉異木，名品千萬。今其遺迹多在居人之家，其崇岡清池〔九七〕，茂林珍木，或猶有存者〔九八〕。右十。

范文正公義宅。在普濟橋旁。宅之建舊矣，有西齋，已百載。二松對植，扶疏在軒。文正公少長於北〔九九〕。及還吴，乃命齋曰歲寒堂，松曰君子樹〔一〇〇〕，閣曰松風閣，賦三題以規戒其昆季子弟。其後遂置宅爲義宅，使其族屬世世居焉。既貴，又於其里中買常稔之田，號曰義田〔一〇一〕，以養濟群族〔一〇二〕。族之人日有食，歲有衣，嫁娶凶葬，皆有贍〔一〇三〕。擇族中長而能幹者一人主其計，而時其出納焉。人日給米一升，歲衣一縑，嫁女者錢五十千，娶婦者二十千，再嫁娶與長幼之葬者皆有差。公之令嗣顯於朝，雖未歸吴，而至今能修其法，承其志不墜也。故族中之仕者足以養其清，族中之不仕者足以助其生，蓋自古未有，而文正爲之〔一〇四〕，斯百世之師法也已。文正公詩見總集。右十一。

蘇子美滄浪亭。在郡學東。子美既以事廢，乃南遊吳中，一日過郡學，東顧草樹鬱然〔一〇五〕，崇阜廣水。並水得微徑於雜花修竹之間〔一〇六〕。東趨數百步〔一〇七〕，有棄地，乃中吳節度孫承祐之池館也，坳隆勝埶〔一〇八〕，遺意尚存。子美買地作亭〔一〇九〕，號曰滄浪，前竹後水。水之陽又竹無窮〔一一〇〕，諸公多爲之賦詩。子美嘗謂吳中渚茶、野醞足以銷憂，蓴鱸、稻蟹足以適口，又多高僧隱君子，佛廟勝絕，家有園林，珍花奇石，曲池高臺，魚鳥留連，不覺日暮，遂終此不去焉。右十二。

程正議宅。在南園旁。公少而軒闢，有才志。因過隙地，右開元、瑞光二寺，左南園，嘗曰：「此可以爲宅也。」及稍顯，遂得其地卜居焉〔一一一〕。太守晏公贈之詩云：「衣冠雖盛皆僑寄，青瑣仙郎獨我鄉。」蓋衣冠居郡固多〔一一二〕，唯公寔吳人也〔一一三〕。晏公又名其坊曰晝錦，以志焉。右十三。

故資政殿學士太子少保元魏公宅。在帶城橋東。元公嘗參大政，引年歸老，居於是邦，太守章公命其宅曰袞繡坊。右十四。

先光祿園。在鳳凰鄉集祥里〔一一四〕。高岡清池，喬松壽檜，粗有勝致，而長文棲隱於此，號曰樂圃。右十五。

冢墓凡十五節

巫咸墳。在平門東北三里。巫咸，商大戊時賢臣也〔一一五〕。《書》云〔一一六〕：「伊陟贊於巫咸，作《咸乂》四篇。」《離騷》云：「巫咸將夕降兮，懷椒糈而要之。」說者以爲巫咸古神巫也，舊傳有墓於此，故書之圖經。亦曰虞山者〔一一七〕，巫咸所居，然則咸嘗在吴矣〔一一八〕。平門又名巫門，爲此故也。吴王壽夢時〔一一九〕，楚之大夫申公、巫臣適吴。《圖經》云，巫臣冢在將門外，非與此同。右一。

太伯墓〔一二〇〕。《皇覽》云：在吴縣北梅里聚，去城十里。劉昭案：無錫縣東皇山有太伯冢，去墓十里有舊宅，其井猶存。二說固不同。今吴縣、無錫界俱有梅里之名，未知孰是，要當訪之耳〔一二一〕。右二。

仲雍墓。《太平寰宇記》云：常熟虞山有仲雍、齊女塚，東是仲雍，西是齊女。仲雍比德太伯，孔子謂「虞仲夷逸隱居，放言身中，清廢中權」。班固以虞仲者，仲雍也。梁昭明太子作《虞山招真治碑》云：「遠望仲雍而高墳蕭瑟，傍臨齊女則哀壠蒼茫〔一二二〕。」蓋梁時猶可見也〔一二三〕。右三。

女墳湖。在吳縣西北六里。《吳越春秋》以謂吳王小女因王食蒸魚，辱之，不忍久生，乃自殺。一說夫差小女字幼玉，覩父之過，憂國之危，願與韓重者爲偶，志願不果，結怨以死〔一二四〕。夫差痛思之，以金棺銅槨葬之閶門外。葬已，祭之，其女化形而歌曰：「南山有鳥，北山張羅。鳥既高飛，羅將奈何！志欲從君，讒言孔多。悲怨成疾，歿身黃坡〔一二五〕。」竊謂此詩亦有深旨〔一二六〕，殆此女生時所賦耶？南山有鳥，喻越也；北山張羅，喻制越非其所也。鳥既高飛，句踐之盛也；羅將奈何，夫差不可以制越也。志欲從君，讒言孔多，謂雖欲從父之命，奈何其聽讒言而忘忠義也〔一二七〕。彼韓重之怨，蒸魚之忿，殆恐非也。墳之爲湖，或曰墓所陷也〔一二八〕，或曰取土爲墳，鑿而成也。右四。

齊女墓。在虞山。吳太子所娶也。齊女憂思發病，且死，謂太子必葬我虞山上。儻死而有知〔一二九〕，猶望故國。吳王從之。孟子謂齊景公既不能令，又不受命，是絕物也，涕出而女於吳，即此也。右五。

吳王僚墳〔一三〇〕。在吳縣西十二里岝崿山旁。在西下有思益寺。右六。

吴王夫差墓。在吴縣西北四十里餘杭山猶亭卑猶之位〔一三一〕，今名陽山者是也，地近太湖。夫差棲於姑蘇山，轉戰西北，敗於干遂。夫差既伏劍死，越王令干戈人以一堁土葬之秦餘杭山卑猶〔一三二〕，宰嚭亦葬其旁〔一三三〕。右七。

言偃墓〔一三四〕。在虞山上，與仲雍墓並列。右八。

漢梁鴻墓。在縣西四里要離墓北。《後漢書》云：梁鴻，字伯鸞，扶風平陵人。娶同郡孟光，字德耀。共至吴，依臯伯通。鴻閉門著書十餘篇，疾且困，告主人曰：昔延陵季子葬子於嬴博之間，慎勿令我子持喪歸去。及卒，伯通葬於吴要離塚旁〔一三五〕，咸曰要離烈士。而伯鸞清高，可令相近。葬畢，妻子歸扶風。唐陸龜蒙云：在金昌亭一里。《續志》云：今閶門南城内有古冢二，相傳爲要離、梁鴻墓。金昌亭在城内〔一三六〕。《宋書》可證〔一三七〕。右九。

漢豫州刺史孫堅及其妻吴夫人會稽太守策三墳〔一三八〕，竝在盤門外三里，載唐陸廣微《吴地記》。墓前有小溝，曰陵浜。鄉俗稱爲孫王墓。按《吴書》堅死於初平二年〔一三九〕，年三十七。策死於建安五年，年二十六。堅妻吴氏死於建安七年，合葬堅墓。黄龍元年，權追尊堅爲武烈皇帝，廟曰始祖，墓曰高陵，吴氏爲武烈皇后，策爲長沙桓王〔一四〇〕。太元元年八月朔，大風拔吳高陵松柏〔一四一〕，石碑蹉跌。按《晉陽秋》云：惠帝元康中，吳令河東謝詢表爲孫氏二君墓，置守冢五人，修護掃除。有詔從之。其文張悛所作，今載《文選》。盤門外大冢是也。又唐孫德琳墓志云：開元十年，窆於十四代祖吳武烈皇帝陵東南平地。《續志》云：魏吳綱立孫堅廟，在縣東北，孫策祠在縣南。右十。

張翰葬橫山東五里。翰，吳人，見幾而作〔一四二〕，託意蓴鱸，歸以毀卒，可謂高行之士〔一四三〕。墳雖亡，而名宜存也。右十一。

顧三老墳。在婁門外塘北。蓋顧綜墳也。綜，字文緯，吳人。辟有道，歷御史大夫、尚書令，殿上三老。漢明帝襲三代之禮，正月上日踐辟，雍嚴設几杖，乞言受誨焉。吳丞相雍其裔孫也〔一四四〕。綜於《東漢書》無傳，事見顧況所撰《廟庭碑銘》云：「刊石婁門〔一四五〕，德輝不滅。」碑亡。右十二。

史惟則葬吳城下〔一四六〕。惟則，字天問，吳人也。工八分、飛白、二篆。在唐中葉，以八分名家者四人，惟則與韓擇木、蔡有隣、李潮也。歷集賢、翰林學士。卒。右十三。

廣陵王元璙墓。在横山。元璙，字德輝，武肅之子，文穆之兄也。爲中吴節度。文穆既襲位，元璙來覲，置宴宫中〔一四七〕，用家人禮。文穆起，酌酒爲壽曰〔一四八〕：「先王之位，兄宜當之。俾小子至是，實兄推戴之力。」元璙俯伏曰：「王功德高茂，先王擇賢而立，君臣之分，敢忘忠順！」因相顧感泣，酣樂而罷。元璙卒，子文奉嗣〔一四九〕，爲中吴節度，涉獵經史，好賓客，飲兼數人。常乘白騾，被鶴氅〔一五〇〕，泛舟池中，遠近聞賓客笑語聲，則就飲爲樂。卒官，亦葬横山。右十四。

范文正公之先墓。在天平山下，置祠堂於白雲院中。每歲清明，大合族人，以義田之資設盛饌祭掃，至今修之。近世諸公葬於郡境者固多，知之不詳，未悉書也。

右十五。

碑碣凡九節

朱氏墓碣。在吴縣西穹窿山傍。俗傳云買臣之墓，非也。按舊經云：買臣冢在嘉興縣界，不在此也。墓旁有碑〔一五一〕，已漫滅，其字可讀者，云「一十六世，四百一十九年，居下邳。自元始元年避地〔一五二〕，至會昌壬戌，凡八百四十二年籍於吳。故邳村之名由下邳之來也。請序朱氏過江之祖文闕孝廉，除郎中，舉有道茂才，辟大將軍府，除長水校尉。文闕當漢綱既壞，天下大紊，公側足忸蜴，逕逾江文闕」。其後大槩敘子孫官爵。此蓋唐人追敘朱氏過江之祖，石字堙泐，譜系不傳，惜哉！又按《唐志》載朱氏世系，漢司隸校尉禹坐黨錮誅，子孫避難丹陽，丹陽朱氏之祖也，蓋丹陽亦有朱氏云〔一五三〕。右一。

春申君廟碑。史惟則書。又嘗書太伯廟碑、重玄寺額，今失之。右二。

闆門額。李陽冰篆。今已失之。右三。

武丘東山碑、龍興觀碑。皆陸柬之書，亡矣。右四。

包山神景觀林屋洞院碑。唐開成三年建，石已殘缺。據其所述，蓋唐肅宗時有自潤州刺史求入道者。又云乃去權位，散祿親知，草履杖藜，游乎山岳。至此山，於洞之西門造玄壇，立室修玄元真容，而石刻斷折〔一五四〕，莫知其姓名爲誰氏。其銘有云毛公唐君前後出處，蓋唐君斯人也。碑中亦述周息元之事云，止於內殿，帝頻見，就問以道德之門，乃獻諫書，用毗聖化，其文間可見〔一五五〕，不能詳知。

噫！高士之節，固難得。偶一有焉〔一五六〕，又遠遁山澤，不與人接，其名聞於王公大人者幾稀矣〔一五七〕。如此碑所載者，既不見於史冊，託之金石，又復磨滅，雖綴拾存之〔一五八〕，而不得其胡官切一字〔一五九〕，惜哉！右五。

報恩寺慧敵律師碑銘。台州司馬陳諫撰，蘇州刺史元錫書。字刻刓缺。碑云遷神建塔於寺之西南隅，當八隅泉池之上，中峰蘭若文缺〔一六〇〕，蓋有「之」、「下」字。所謂八隅泉池者，皮、陸集所謂南池者是耶〔一六一〕？今不見其迹。右六。

天台大德元浩和尚靈塔碑頌。太原少尹崔恭撰。元浩，姓秦氏，字廣成，智者大師之六世孫，荊谿和尚之法子，翰林學士梁肅、蘇州刺史田敦及崔恭皆受業弟子。起塔於虎丘東山南原。文具總集。右七。

畫龍記〔一六二〕。長洲縣令廳事北廡有畫龍六，僧繇弗興之，舊度模之，不知何人，其工不謝二子也。唐李紳爲記其事，碑刻猶存。右八。

周先生住山碑。在洞庭山。唐華州刺史令狐楚撰。右九。

事志凡二十七節

泰伯三以天下遜，延陵季子三以國遜〔一六三〕。孔子謂泰伯至德，民無得而稱焉。其於《春秋》書曰：「吳子使札來聘。」於札之葬也，題曰：「嗚呼〔一六四〕！吳延陵季子之墓。」賢之也。《吳越春秋》云：「古公病，將卒，令季歷歸國於太伯〔一六五〕，而三遜不受。」蓋孔子稱三遜者，著其實也。《詩》云：「維此王季，因心則友。」美王季之友泰伯。是王季嘗歸國於太伯，而泰伯不受，不爲虛言也。吳王壽夢有子四人，長曰諸樊，次曰餘祭，次曰餘眛〔一六六〕，次曰季札。季札賢，而壽夢欲立之。季札辭不可，諸樊乃攝事當國。已除喪，致位季札，季札又辭，吳人固立焉。季札棄其室而耕，乃舍之。諸樊卒，授弟餘祭，欲傳以次，必致國於季札，以稱先王之意。餘祭卒，弟餘眛立〔一六七〕。餘眛卒，欲授季札，又逃去。是三遜其國也。然太伯遜而周興，季札遜而吳亡，其所遇則然也，其清風大節足以興萬世之善〔一六八〕，所補豈小哉？宜血食於吳不絕也。右一。

昔孔子登泰山，見吳門有白馬如練，此論者傳聞之誤，而好奇之過也。孔子雖至聖，其視聽與人同耳。吳、魯相去不翅數千里〔一六九〕，安能見白馬如練哉？昔王充《論衡》嘗辯之矣〔一七〇〕。右二。

吳王夫差之盛也，越王與范蠡入臣隸於吳，或曰囚也，蓋三年而後得歸越。其所以斷大謀，成霸業，蠡之功居多。句踐之滅吳也，師還至五湖，范蠡辭於王曰：「君王勉之，臣不復入越國矣。」越王曰：「吾將與子分國而處之。」范蠡對曰：「君行制，臣行意。」遂乘輕舟，以浮於五湖。王命金工以良金寫范蠡之狀而朝禮之，環會稽三百里以爲范蠡地。左丘明著《國語》，蓋與蠡同時，猶曰莫知其所終極。而太史公以謂浮海出齊，變姓名，自謂鴟夷子皮〔一七一〕，耕於海畔，老居陶，號陶朱公。嗚呼！蠡能霸其君，壽其身，智哉！智哉！右三。

禦兒者，地名也。《國語》曰〔一七二〕：「句踐之地，南至於句無〔一七三〕，北至於禦兒。」又句踐曰：「吾用禦兒臨之。」而俚俗之言，以「禦」爲「語」，曰：「范蠡獻西子於吳，道中生子，至此而能語。」又從而爲之説曰：「吳既亡，西子從范蠡以行。」杜牧亦云：「西子下吳邦，一舸逐鴟夷。」夫蠡之智足以顯君而保躬，必不蹈於汚也。昔武王伐紂，誅妲己，而高熲請誅張麗華〔一七四〕，孰謂蠡不如高熲乎？右四。

吳舊號句吳，蓋方俗之辭，猶越之爲於越也。又說者曰：「吳者，虞也，太伯於此以虞志也〔一七五〕。」右五。

張良七世孫曰睦，字選公。爲後漢蜀郡太守。始居吳郡，吳郡張氏皆其後也。右六。

褚伯玉，字元璩〔一七六〕，錢塘人也。少有隱操，遂往剡，居瀑布山，在山三十餘年，隔絶人物。王僧達爲吳郡，苦禮致之，停郡信宿〔一七七〕，纔交，數言而退。寧朔將軍丘珍孫與僧達書曰：「聞褚先生出居貴館，此子滅景雲棲，不事王侯有年載矣，自非折節好賢，何以致之？」僧達答書曰：「褚先生從白雲游舊矣，近故要其來此〔一七八〕，冀慰日夜。比談討芝桂，借訪蘚蘿，若已窺煙液〔一七九〕、臨滄洲矣。」昔丘丹答韋應物詩云：「還同褚伯玉，入館忝州人。」謂此也。右七。

晉顏含以孝友聞，自西平縣侯拜侍中，除吳郡太守。王導問含曰：「卿今涖位名郡〔一八〇〕，政將何先？」答曰：「王師歲動，編戶虛耗，南北權豪，競招游食，國弊家豐，執事之憂。且當徵之勢門，使反田桑。數年之間〔一八一〕，欲令戶給人足。如其禮樂，俟之明宰。」含所歷，簡而有恩，明而能斷，然以威御下，導歎曰：「顔公在事〔一八二〕，吳人斂手矣。」未之官，復爲侍中。右八。

晉何求，字子有。弟點，字子晳。嗣避太祖諱〔一八三〕，字子季，簡穆公尚之孫也。何氏過江，自晉司空充並葬吳西山〔一八四〕，求除中書郎，不拜，隱居吳之波若寺，足不踰戶，人罕見其面，後隱武丘山。齊永明四年，拜太中大夫〔一八五〕，不就。卒。點不入城府，性率到，好狎人物，遨遊人間，不簪不帶，以人地並高，無所與屈。大言踑踞〔一八六〕，公卿禮下之。或乘柴車草屩〔一八七〕，恣心所適，致醉而歸。累召中書侍郎、太子中庶子，不就。點少時嘗病渴利。後在吳中石佛寺建講，於講所晝寢，夢一道人，形貌非常〔一八八〕，授丸一掬，夢中服之，自此而差。梁武帝與點有舊，賜以鹿皮巾，並召之。點以巾褐引入華林園，帝贈詩酒，仍詔拜侍中，辭疾不起。子季，以會稽山多靈異，往游焉，居若邪山雲門寺。初，子季、二兄求、點並棲遁，求先卒，至是子季又隱，世以點爲大山，子季爲小山，亦曰東山〔一八九〕。兄弟又謂點爲孝隱，子季爲小隱，世號何氏三高。子季年七十餘，乃移還吳，居武丘山西寺講經論，東境守宰經塗者莫不畢至。梁武帝詔爲特進，不起，給白衣尚書祿，固辭不受。卒，年八十六。右九。

陸慧曉，字叔明；張融，字思光。皆吴人也。慧曉清介正立，不雜交游，時人以爲江東裴樂也。融弱冠有名，行己卓越。慧曉與融並宅其間，有池。池上有二株楊柳，何點歎曰：「此池便是醴泉，此木便是交讓〔一九〇〕。」武陵王曄守會稽，以慧曉爲征虜功曹，與府參軍劉璡同從述職。璡，清介士也，行至吴，謂人曰：「吾聞張融與慧曉並宅其間，有水必有異味，故命駕往酌而飲之。日飲此水〔一九一〕，則鄙吝之萌盡矣。」慧曉爲南兗州刺史，融爲司徒、左長史卒。舊傳有交讓瀆，與乘魚橋相近，蓋因張、陸得名也。右十。

江左時，三吴舊有鄉射禮。羊玄保爲吴郡，嘗行之，後久不復修。蔡興宗爲會稽太守，行之，禮儀甚整。右十一。

《南史》稱汝南周洽歷吴令，廉約無私，卒於都水使者，無以殯斂，吏人爲買棺器。傅翽亦有能名，爲吴令，别建康令孫廉，廉因問曰：「聞丈人發姦擿伏〔一九二〕，惠化如神，何以至此？」答曰：「無他也，唯勤而清。清則憲綱自行，勤則事無不理。憲綱自行，則吏不能欺；事自理，則物無凝滯，欲不理，得乎？」翮位至驃騎諮議。右十二。

虎丘有清遠道士同沈恭子遊寺詩〔一九三〕、幽獨君詩，清遠道士所稱，自商周至秦漢末，以鬼神自謂。顔魯公愛之，遂刻於巖際，並有繼作。李衛公又從而和之。幽獨君詩，大曆中於劍池石壁隱出，觀察使李道昌以聞於朝，代宗勅道昌祭之，此亦甚異也。右十三。

張長史〔一九四〕，吴縣人也。爲人倜儻閎達，卓爾不群，所遊者皆一時豪傑〔一九五〕。其草書入神品。初爲常熟尉，有老叟陳牒，既判去〔一九六〕，不數日復來。長史怒而責之曰：「汝何以細故屢擾吾官府也？」叟曰：「觀君筆迹奇妙，欲以藏篋笥耳，非有所論也。」因問所藏。盡出其父書，長史視之曰：「天下奇書也！」自此益盡其法。性嗜酒，每大醉，呼叫狂走，下筆愈奇。嘗以頭濡墨而書，既醒視之，自以爲神〔一九七〕，不可復得也，世以此呼張顛〔一九八〕。後爲金吾長史。右十四。

韋應物，正元初爲蘇州刺史〔一九九〕，是時房孺復爲杭州刺史〔二〇〇〕，皆豪人也。韋嗜詩，房嗜酒，其風流雅韻播於吴中，或目韋、房爲詩酒仙。韋立性高潔，鮮食寡欲，所在焚香掃地而坐，唐人賢而慕之，不敢名，皆曰韋蘇州云。右十五。

杜牧詩云：「我愛朱處士，三吴居中央。罷亞百頃稻，西風吹半黄。」又云：「我昔造其室，羽儀鸞鶴翔。交横碧流上，竹映琴書牀。出俗無近語，堯舜禹武湯。」觀此詩，知處士之賢也，然莫知其名，而他書亦無所見，惜哉！右十六。

《圖經》每歲有丁身錢。自大中祥符四年，詔以兩浙、福建路、荆湖南北、廣南東路在僞國日出丁身錢，並特除放，凡歲免緡錢四十五萬有餘貫，由是蘇民至今無計口筭緡之事，蒙澤最厚。右十七。

謝賓客濤，字濟之。既冠，居吴中。會汾晉平，郡國當表賀。吴士爲奏者，文體弱，更數人，皆不能如郡將意。謝公私草之，爲人持去，郡將大稱愜，吴中先生亦自愧不及。故王黄州、羅拾遺處約並爲吴之屬縣長，謝公與之游。羅嘗與王書云：「濟之揚推天人，蓋吾曹之敵。」其爲名流推重如此。右十八。

王黄州禹偁，字元之。嘗爲長洲宰，其風流篇什，播於一時，由此遂拜拾遺。故其詩云：「吴門吏隱過三年，何事陶潛捧詔還。步武已趍龍尾道〔二〇一〕，夢魂猶憶虎丘山。」今虎丘至今有畫像存焉。他詩皆具總集。右十九。

丁晉公，吳人。大中祥符中，參豫大政。八年，出爲平江節度使、知昇州，擁節旄還本鎮，過鄉拜墓，搢紳榮之。吳人自陸宣公後，至公爲宰相，歸葬於華山習嘉原〔二〇二〕。右二十。

兩浙轉運使治所初在吳郡，孫何漢公自京東遷二浙，實居於此。作三亭：一曰自公，於此退處也。二曰溫故，於此閱書也。三曰艤舟，於此繫舟，以備巡按也。有《三亭記》，見集中。右二十一。

姑蘇刺史有若范文正公、富監皆牧鄉郡。葉少列先典州，既而請老。其子道卿，以本路漕節來侍。其孫公秉，熙寧中又爲郡守。蔣希魯再牧是邦，遂歸休於此。盛文肅〔二〇三〕、胡武平、趙叔平後至政府。皆盛事也。右二十二。

平江節度推官廨舍昔甚隘陋。天聖中，武寧章岷伯鎮居幕府，始廣而新之。伯鎮時名藉甚〔二〇四〕，初登第〔二〇五〕，翰林諸公賦詩贈行，其《廨舍記》並《記》刻猶存。當是時，盛翰林度、黄工部宗旦守郡，多以事委伯鎮。而伯鎮之弟伯瞻及今太守朝議公同侍親居此〔二〇六〕，吳中士大夫多稱之〔二〇七〕。伯瞻後至太常少卿，按漕廣東云。右二十三。

章太守嘗言伯鎮之在幕也，盛文肅公委之，遍閲經史，凡言吳事者録爲一書。其書在盛氏，人不復見之，惜哉！右二十四。

許洞以文詞稱於吳〔二〇八〕，尤邃《左氏春秋》。嗜酒，嘗從酒家貸飲。一日大寫壁，作歌數百言，鄉人競來觀之，售數倍，乃盡捐其所負。右二十五。

陳氏有兩高士曰郢，曰之奇。郢不聞其字，范文正公以先生稱之。錢氏歸朝也，郢有兄七人，皆仕宦，而獨隱居里中，以琴書自樂。好佛老，晚不茹葷者十五載。丁晉公其甥也。欲薦以官，郢拒之，晉公以詩誦美。嗚呼，可不謂高士哉！之奇字虞卿，謝隴西郡王宅教授以歸，十八年而終。嘗有詔起之，不行也。持身謹嚴〔二〇九〕，而外簡曠，不爲矯刻之行。衣冠者舊置酒相過從，虞卿遇興，輒往，未嘗視其人以爲高下〔二一〇〕。鄉人愛之，逢於道者，必肅容起恭相語曰：「此吾陳君子也。」孝友愷悌，賙贍宗族，雖貧而竭力。吳人言家行者必推虞卿。其葬也，今丞相王公爲之銘，號曰陳君子云。右二十六。

元豐四年，資政殿學士、太子少保元魏公絳，正議大夫、集賢殿修撰程公師孟相繼請老，居吳中。二公交契最密，又同還里第，時太守朝議章公岵亦平昔僚舊，於是良辰美景，往來置酒，以相娛樂。又嘗盛集諸老〔二一一〕，以繼會昌洛中之宴，作新詞以歌焉。右二十七。

雜錄 凡十五節

《吳都賦》云：「鄉貢八蠶之緜。」蘇州舊貢絲葛、絲緜、八蠶、絲緋、綾布、白角〔二一二〕、簟草、席鞵、大小香秔、柑橘、藕、鯔皮、鮁鯌、鴨胞、肚魚、魚子、白石脂、蛇粟，皆具唐志。右一。

大業中，吳郡送扶芳二百本，勅西苑種之。其木蔓生〔二一三〕，纏他木，葉圓而厚，凌冬不凋。夏月取葉微炙之，以爲飲，色碧而香美，令人不渴。有籌禪師妙醫術，以扶芳葉爲青飲。又獻菰菜裛二百斤〔二一四〕，其菜生於菰蔣根下〔二一五〕，形如細菌，色黃赤，如金梗葉鮮嫩〔二一六〕，和魚肉甚美。七八月生，薄鹽裛之，入獻。右二。

大業中，吳郡送太湖白魚種子，勅苑內湖中以草把別遷著水邊〔二一七〕，十餘日即生小魚。其取魚子，以夏至前三五日，白魚之大者日晚集湖邊淺水中有菰蔣處産子，綴著草上。是時漁人以網罟取魚，然至二更，則産竟，散歸深水。乃刈取菰蔣草有魚子者，曝乾爲把，運送東都。至唐時，東都猶有白魚。右三。

大業中，吳郡所獻有海鮸魚乾膾四瓶，浸一瓶，可得徑尺，面盤十盤。帝以示群臣云：「昔術人介象於殿廷釣得此魚〔二一八〕，此幻化耳，亦何足珍！今日之鱠，乃是東海真魚所作，來自數千里，亦是一時奇味。」虞世基云：「術人既幻其鱠，固亦不真。」出數盤以賜達官。海魚肉軟而不腥，雖已經久乾，以法修之，可食也。又海蝦子四十挺，色如赤瑠璃光徹〔二一九〕，而肥美勝於鱝子數倍〔二二〇〕。又獻鮸魚含肚千頭〔二二一〕，極精好，愈於石首含肚也。松江鱸魚乾膾六瓶，瓶容一斗，取香柔花葉相間，細切和膾，撥令調勻，鱸魚肉白如雪，不腥，所謂金虀玉鱠，東南之佳味也。紫花碧葉，間以素鱠〔二二二〕，鮮絜可愛〔二二三〕。密蟹二十頭，擁劍四甕。擁劍似蟹而小，一螯偏大，《吳都賦》所謂「烏賊擁劍」也。腴鮭四十瓶〔二二四〕，肥美冠於鱣鮪、乾鱠之類，作之皆有法。時有口味使杜濟。濟，會稽人，別味善於鹽梅。然暴殄海物，以縱口腹之欲，卒至於亡國，茲可以爲戒也。右四。

大業中，楊玄感反。吳人朱爕〔二二五〕，晉陵人，管崇起江南應之，兵十餘萬。隋將討之，不能克。帝遣江都贊治王世充發淮南兵三萬討平之。初，世充渡江，三戰皆捷。至毗陵，開城以迎，即日進軍。賊據潘封，柵斷路，世充運薪數萬圍逼柵，縱火焚之。賊潰，死者十四五。餘衆保無錫，世充又拔之。賊守白方柵，世充軍至，出柵而迎，世充並許其首不罪。追吳人魁帥，先降者數十人於通玄寺瑞像前燃香，誓不誅殺。吳人聞之，一旬之間，歸者略盡。世充食言，貪其子女財貨〔二二六〕，坑降者八千人於黃山下，獲貲巨萬〔二二七〕，選美女八十餘人，將還，進之帝，並以賜世充。世充將至家，其妻盧氏見之憤惋，即日卒。武德之際，世充遂至殲夷，負誓殺降不祥之極〔二二八〕。右五。

蘇之東禪院古佛像容貌端麗〔二二九〕，頂珠圍徑數寸。乾符甲午歲，忽有毫光，紅黃青紫。於是士庶觀瞻，檀施山積。後三日，有老所由惑其事〔二三〇〕，固請梯升，即佛光焰而窺之，乃見佛像之首有一穴，捫之有二白鼠，長可尺餘，自穴躍出，緣光焰入藻井。斯人遂探得碎幡數片，以紅幡映頂珠，即紅光，出青、黃、紫亦然，人皆歎息而去。鹿門子曰：「佛，金仙也，而白鼠之禍，作光於頂，得非金氣盛乎？」是後金革遂興。右六。

中和二年，僖宗狩蜀，潤帥周寶以子壻楊茂實爲蘇州刺史，溺於妖巫，作火妖神廟於子城之南隅〔二三一〕，祭以牲牢，外用炭百餘斤〔二三二〕，燃於廟庭〔二三三〕。自是吳中兵火荐作〔二三四〕，亦被髮伊川之先兆歟！右七。

光啓初，董昌知杭州軍事。浙西周寶懼其強，乃用徐約爲蘇州刺史以禦之。約至未踰年〔二三五〕，建九江王廟，殿堂屋壁塑神龍蛟螭，繪畫雲雷波濤之狀，自是姑蘇連大水，民幾不粒食者三載。傳云：「妖由人興，釁不自作。」其斯之謂乎！右八。

洞庭山出美茶，舊入爲貢。《茶經》云：長洲縣生洞庭山者與金州、蘄州味同〔二三六〕。近年山僧尤善製茗，謂之水月茶，以院爲名也，頗爲吳人所貴。右九。

張又新品天下之水，其二慧山泉，三虎丘井，六松江。陸魯望好之，高僧逸人時致，以助松江水，或以謂第四橋者最佳〔二三七〕，蓋差遠井邑，宜更清耳。以江水醞酒，特佳於他處。昔人重若下酒〔二三八〕，亦以溪水爲美耳。右十。

唐世蘇州進藕，其最佳者名傷荷藕〔二三九〕，或曰葉甘，爲蟲所傷，或曰故傷其葉以長根。又多重臺蓮花，花上復生一花，亦異也。右十一。

唐時重玄寺閣一角忽墊，計數千緡方可扶薦。一匠云：「不足勞人，請得一夫斫楔可正也〔二四〇〕。」主寺者從之。僧食訖〔二四一〕，輒持楔數片，登高敲撕〔二四二〕未逾月，閣柱悉正。右十二。

吳縣有利娃鄉。吳人以美女爲娃，蓋宜爲麗娃。右十三。

《圖經》吳縣境有定山、粟山者，殆編録之誤也。按謝靈運詩云「朝發漁浦南，暮宿富春郭。定山杳雲霧，赤亭無淹泊」者，乃浙江中粟山，有飛泉、石杵〔二四三〕。吳先主刻題者，在錢唐縣西。右十四。

吳江舊有如歸亭，俯視江湖，爲天下絶景處，昔人題詠最多。慶曆中，知縣事張先益修飾之〔二四四〕，蔡君謨爲記其事。熙寧中，林郎中肇出宰〔二四五〕，又於如歸之側作鱸鄉亭，以陳文惠有「秋風斜日鱸魚鄉」之句也。亭旁畫范蠡、張翰、陸龜蒙像，謂之三高，好事者爲美〔二四六〕。右十五。

【校勘記】

〔一〕「禹」字下四庫本、學津討原本有「功」字。按《浙西水利書》卷上、《三吳水攷》卷八、《吳中水利全書》卷二〇皆無「功」字。《校勘記》：「『微禹』下有『功』字。」

〔二〕三江：原作「二江」，據四庫本、學津討原本改。《校勘記》：「『二江』作『三江』。」

〔三〕不著名：學津討原本作「素」。《校勘記》：「『不著名』三字注作『素』字，偏右。」

〔四〕爲都：四庫本作「供役」。按《十國春秋》卷七八、《姑蘇志》卷一一、《浙西水利書》卷上、《三吳水攷》卷八、《吳中水利全書》卷二〇皆作「爲都」。

〔五〕謂：四庫本、學津討原本作「爲」。《校勘記》：「『以謂』作『以爲』。」

〔六〕《校勘記》：「『不能』作『莫能』。」

〔七〕《校勘記》：「『導』作『道』。」

〔八〕楊子：學津討原本作「揚子江」。《校勘記》：「『楊子』作『揚子』，下有『江』字。」

〔九〕河：學津討原本作「湖」。《校勘記》：「『五河』作『五湖』。」

〔一〇〕謂：四庫本、學津討原本作「爲」。《校勘記》：「『以謂』作『以爲』。」

〔一一〕諸：學津討原本作「之」。《校勘記》：「『必設諸閘』，『諸』作『之』。」

〔一二〕扃：原作「局」，據四庫本、學津討原本改。《校勘記》：「『常時局之』，『局』作『扃』。」

〔一三〕之：四庫本、學津討原本作「沙」。《校勘記》：「『謂之』作『謂沙』。」

〔一四〕遵：四庫本、學津討原本作「導」。《校勘記》：「『遵達』作『導達』。」

〔一五〕《校勘記》：「『饑殍』作『飢殍』。」

〔一六〕《校勘記》：「『潦』作『澇』。」

〔一七〕洄：四庫本作「流」。

〔一八〕按原本「浚」字下闕十四字，學津討原本作「吴城東闉距崑山縣七十里，其地北」十四字。按《吴都文粹》卷五、《浙西水利書》卷上、《吴中水利全書》卷二四有丘與權《至和塘記》，云：「吴城東闉距崑山縣七十里，俗謂之崑山塘，北納陽城湖，南吐松江，由隄防之不立，故風波相憑。」據此或可補此處闕文。《校勘記》：「缺文十四字作『吴城東闉，距崑山縣七十里，其地北。』按此十四字從《吴郡志》補。」

〔一九〕州：學津討原本無。《校勘記》：「『舒州』脱『州』字。」

〔二〇〕挐：四庫本、學津討原本作「乘」。《校勘記》：「『挐舟』作『乘舟』。」

〔二一〕丘與權：原作「立與權」，據四庫本、琳瑯秘室叢書本、學津討原本改。

〔二二〕自：原作「目」，據四庫本、琳瑯秘室叢書本、學津討原本改。

〔二三〕洊：四庫本作「荐」。

〔二四〕按此切韻字，四庫本作「堅」，學津討原本作「完」。《校勘記》：「『胡官切一字』作『完』，說見前。」

〔二五〕位位：四庫本作「位伍」。

〔二六〕「定」字下四庫本、學津討原本有「其」字。《校勘記》：「『定』下有『其』字。」

〔二七〕「諸」字下四庫本、學津討原本有「浦」字。《校勘記》：「『諸匯』作『諸浦匯』。」

〔二八〕迂：四庫本、學津討原本作「淤」。《校勘記》：「『迂滯』作『淤滯』。」

〔二九〕減：學津討原本作「洩」。《校勘記》：「『減』作『洩』。」

〔三〇〕吳松：四庫本作「吳淞」。

〔三一〕闢：學津討原本作「門」。《校勘記》：「『闢』作『門』，誤。」

〔三二〕楊子：學津討原本作「揚子江」。《校勘記》：「『楊子』下有『江』字。」

〔三三〕今：四庫本作「向」。

〔三四〕置：學津討原本作「制」。《校勘記》：「『置農田』，『置』作『制』。」

〔三五〕有：原本無，據四庫本、學津討原本補。《校勘記》：「『司存』上有『有』字。」

〔三六〕《校勘記》：「『上游可道』作『上流可導』。」

〔三七〕不決不下：四庫本、學津討原本作「不決不接」，注云：「一本作『下』字。」《校勘記》：「『不下』作『不接』，雙行注云：『一本作下字。』」《補校》：「『不決不下』句見《校勘記》，應加。」

〔三八〕畎：學津討原本作「畝」。《校勘記》：「『畎溉』作『畝溉』。」

〔三九〕《校勘記》：「『闔廬』作『闔閭』，提行另起。」

〔四〇〕按此切韻字，四庫本、學津討原本作「完」字。《校勘記》：「『胡官切一字』作『完』。」

〔四一〕張傳：四庫本作「張傳」。

〔四二〕《校勘記》：「『鷰』作『燕』。」

〔四三〕東北：學津討原本作「西北」。《校勘記》：「『東北』作『西北』。」

〔四四〕《續校》：「『山』當依張本作『中』。」

〔四五〕南城宫：學津討原本作「南池宫」。《校勘記》：「『南城』作『南池』。」

〔四六〕觀：學津討原本作「館」。《校勘記》：「『别觀』作『别館』。」

〔四七〕載：原本無，據四庫本、學津討原本補。《校勘記》：「注『總集』上有『載』字。」

〔四八〕《校勘記》：「『漁』作『魚』。」

〔四九〕處：學津討原本作「所」。《校勘記》：「『之處』作『之所』。」

〔五〇〕草：原作「早」，據學津討原本及《甫里集》卷九、《松陵集》卷七、《吴都文粹》卷一〇、《春渚紀聞》卷七、《海録碎事》卷二二下、《至元嘉禾志》卷一四、卷二八、《全唐詩》卷六二五改。《松陵集》注云：「五茸，吴王獵所。草各有名。」又「嬌」字，四庫本作「驕」。《校勘記》：「『春早』作『春草』。」

〔五一〕按此句下四庫本、學津討原本注：「五茸，今松江。」《校勘記》：「『此也』下雙行注云：『五茸，今松江。』」

〔五二〕三年：四庫本、學津討原本作「二年」。按四庫本《太平寰宇記》卷九一云：「宋元嘉三年，吴縣令謝從謁廟於匠門内。」《校勘記》：「『三年』作『二年』。」

〔五三〕勸酒：四庫本作「觀酒」。又四庫本、學津討原本其下注云：「一作酹酒。」按《吴郡志》卷八、《姑蘇志》卷三三、《山堂肆攷》卷二九皆云：「夫差祭子胥處。臨祭勸酒，因名焉。」當作「勸」字。《校勘記》：「『勸酒』作『觀酒』，下雙行注云：『一作酹酒。』」

〔五四〕滸市：原作「許市」，據四庫本、學津討原本改。下同。《校勘記》：「『許市』作『滸市』。」

〔五五〕秦皇：四庫本作「秦王」。

〔五六〕《校勘記》：「『琥』作『虎』，『鏐』作『璆』。」

〔五七〕《校勘記》：「『許』作『滸』。」

〔五八〕胥亭：學津討原本作「胥屏亭」。《校勘記》：「『胥亭』作『胥屏亭』。」

〔五九〕《校勘記》：「『朱太守』作『宋太守』，誤。」

〔六〇〕《校勘記》：「『未服』作『未復』。」

〔六一〕《校勘記》：「『正觀』作『貞觀』。」

〔六二〕華麗：四庫本、學津討原本作「華色甚麗」。《校勘記》：「『華麗』作『華色甚麗』。」

〔六三〕載：原本無，據四庫本、學津討原本補。《校勘記》：「『詩』下有『載』字。」

〔六四〕具：學津討原本作「載」。《校勘記》：「『事具』作『事載』。」

〔六五〕所：學津討原本無。《校勘記》：「『所以』，『所』字無。」
〔六六〕《校勘記》：「『寫』作『瀉』。」
〔六七〕敘：四庫本、學津討原本作「聚」。《校勘記》：「『敘』作『聚』。」
〔六八〕云：四庫本作「曰」。《校勘記》：「『或云』作『或曰』。」
〔六九〕三峽：學津討原本作「三浹」。《校勘記》：「『峽』作『浹』。」
〔七〇〕乃：學津討原本無。《校勘記》：「『乃戰艦』，『乃』字無。」
〔七一〕《校勘記》：「『莫耶』作『莫邪』，下並同。」
〔七二〕《續校》：「按艅艎事當以《左傳》爲證。」
〔七三〕《校勘記》：「『瓜』疑應『爪』。」《補校》：「『瓜』疑應『爪』，案『應』下脱『作』字。」
〔七四〕《校勘記》：「『炉』宋本作『爐』，俗字。」
〔七五〕漫理：四庫本、學津討原本作「縵理」。《校勘記》：「『漫理』作『縵理』。」
〔七六〕闔廬：學津討原本無。《校勘記》：「第二『闔廬』二字無。」
〔七七〕《校勘記》：「『凡十五節』作『凡二十五節』，非。」
〔七八〕言偃：學津討原本作「子游」。下同。按《大清一統志》卷五四引《吳地記》：「在常熟縣北一百九十步。中有聖井，旁有盟，盟北百步有浣沙石，方可四丈。《琴川志》子游有東、西二巷，皆在縣治西北。」言偃字子游，實即一人。《校勘記》：「『言偃』作『子游』，第四行同。」

〔七九〕「井」字上學津討原本有「墨」字。

〔八〇〕《校勘記》：「『沙』作『紗』，俗字也。」

〔八一〕在：原作「有」，據四庫本、學津討原本改。《校勘記》：「『有齊』作『在齊』。」

〔八二〕《校勘記》：「『陸氏』提行。」

〔八三〕《校勘記》：「『號』下『爲』字無。」《續校》：「原本云『爲』字無，新刻誤作『爲無』字。」

〔八四〕武：四庫本作「虎」。

〔八五〕彊：四庫本、學津討原本作「疆」。下同。《校勘記》：「『彊』作『疆』，下並同。」《續校》：「『疆』字誤，原作『彊』。」

〔八六〕按此句學津討原本作「先不相識」，無「主人」二字。《校勘記》：「『先不識主人』作『先不相識』。」

〔八七〕安道：原作「仲若」，據四庫本及《晉書》卷九四改。按《宋書》卷九三、《南史》卷七五《戴顒傳》云戴顒字仲若。

〔八八〕爲：四庫本無。《校勘記》：「『號』下無『爲』字。」

〔八九〕士人：學津討原本作「土人」。《校勘記》：「『土人』作『士人』。」

〔九〇〕林：四庫本、學津討原本作「木」。按《南史》卷七五《戴顒傳》作「林」。《校勘記》：「『植林』作『植木』。」

〔九一〕野：四庫本作「墅」。按《南史》卷七五《戴顒傳》作「野」。

〔九二〕色：《笠澤蘩書》卷一同，四庫本作「故」，屬下讀。《吳都文粹續集》卷四五無此字，學津討原本作「流」。按《文苑英華》卷七九六云：「暑雨一晝夜，則與江通也。」注「集無也字。」故此處「色」字恐爲「也」字之誤。《校勘記》：「『通色』作『通流』。」

〔九三〕由是：四庫本作「常」。

〔九四〕囷：原作「困」，據學津討原本及《笠澤蘩書》卷一改。《校勘記》：「『飢困』作『饑囷』，『斗升』作『升斗』。」

〔九五〕在：琳瑯秘室叢書本作「所」。按《甫里集》卷一、《松陵集》卷一、《吳都文粹》卷三皆作「在」。《校譌》：「『所昔』誤，宋本作『在昔』。」

〔九六〕花：四庫本、學津討原本作「草」。《校勘記》：「『花木』作『草木』。」

〔九七〕《校勘記》：「『岡』作『崗』。」

〔九八〕按此句學津討原本作「或猶存焉」。《校勘記》：「『猶有存者』作『猶存焉』。」

〔九九〕北：四庫本、學津討原本作「此」。《校勘記》：「『少長於北』作『少長於此』，說見上。」

〔一〇〇〕《校勘記》：「『樹』字宋本缺筆。」

〔一〇一〕《校勘記》：「『號曰義田』句在『以養濟羣族』句下。」

〔一〇二〕按「以養濟族群」五字學津討原本置於「號曰義田」之上。

〔一〇三〕贍：學津討原本作「贈」。《校勘記》：「『贍』作『贈』。」

〔一〇四〕「正」字下四庫本、學津討原本有「公」字。

〔一〇五〕樹：原作「木」，據學津討原本及《蘇學士集》卷一三、《容齋隨筆·三筆》卷九、《宋文鑑》卷七八、《吳都文粹》卷三改。《校勘記》：「『草木』作『草樹』。」

〔一〇六〕並：四庫本作「瀕」。按《蘇學士集》卷一三、《容齋隨筆·三筆》卷九、《宋文鑑》

卷七八、《吳都文粹》卷三皆作「並」。

〔一〇七〕東：原本無，據學津討原本及《蘇學士集》卷一三、《容齋隨筆·三筆》卷九、《宋文鑑》卷七八、《吳都文粹》卷三補。《校勘記》：「『趨』上有『東』字。」

〔一〇八〕執：四庫本、學津討原本及《吳都文粹》卷三作「勢」。《校勘記》：「『執』作『勢』。」

〔一〇九〕子美：學津討原本無。《校勘記》：「『子美』二字無。」

〔一一〇〕無：學津討原本作「久」。按《蘇學士集》卷一三作「無」。《校勘記》：「『無窮』作『久窮』，誤。」

〔一一一〕遂：學津討原本無。《校勘記》：「『遂得』，『遂』字無。」

〔一一二〕「冠」字下四庫本、學津討原本有「之」字。《校勘記》：「『衣冠』下有『之』字。」

〔一一三〕寔：四庫本作「實」。

〔一一四〕凰：四庫本作「皇」。

〔一一五〕大：四庫本作「太」。

〔一一六〕云：四庫本作「曰」。《校勘記》：「『書云』作『書曰』。」

〔一一七〕《校勘記》：「『亦曰』作『亦云』。」
〔一一八〕嘗：四庫本作「常」。《校勘記》：「『嘗』作『常』。」
〔一一九〕時：原本無，據四庫本、學津討原本補。《校勘記》：「『壽夢』下有『時』字。」
〔一二〇〕太伯：四庫本作「泰伯」。下同。《校勘記》：「『太伯』作『泰伯』。下同。」
〔一二一〕要：學津討原本無。《校勘記》：「『要當』，『要』字無。」
〔一二二〕《校勘記》：「『則』作『而』。」
〔一二三〕可見：四庫本、學津討原本作「存」字。《校勘記》：「『猶可見也』作『猶存也』。」
〔一二四〕以：四庫本、學津討原本作「而」字。《校勘記》：「『結惄以死』作『結怨而死』。」
〔一二五〕《校譌》：「『歿』字今刻未清晰。」
〔一二六〕此：原作「北」，據四庫本、學津討原本改。
〔一二七〕義：原作「議」，據四庫本、學津討原本改。《校勘記》：「『忠議』作『忠義』。」
〔一二八〕《校勘記》：「『墓』作『墳』。」
〔一二九〕儻：四庫本作「倘」。
〔一三〇〕墳：四庫本作「墓」。《校勘記》：「『墳』作『墓』。」

〔一三一〕西北四十里：學津討原本作「西十七里」。又「之」字，學津討原本在「亭」字下。《校勘記》：「『西北四十里』作『西十七里』。『猶亭卑猶之位』作『猶亭之卑猶位』。」

〔一三二〕《校勘記》：「『以一堁土』作『以累土』」

〔一三三〕「葬」字下學津討原本有「於」字。

〔一三四〕言偃：學津討原本作「子游」。《校勘記》：「『言偃』作『子游』。」

〔一三五〕《校勘記》：「『塚』作『墓』。」

〔一三六〕昌：四庫本作「閶」。

〔一三七〕證：琳瑯秘室叢書本作「鐙」。《續校》：「『鐙』字誤，原作『證』。」

〔一三八〕墳：四庫本作「墓」。《校勘記》：「『三墳』作『三墓』。」

〔一三九〕二年：四庫本作「三年」。按《三國志・吳志》卷六作「二年」。

〔一四〇〕桓：琳瑯秘室叢書本作「胡官切一字」。按原本「桓」字皆避諱作「胡官切一字」，而此頁爲後人鈔配，「桓」字未避諱。《校勘記》：「『胡官切一字』作『桓』。」

〔一四一〕拔：四庫本作「揩」。

〔一四二〕幾：四庫本作「機」。

〔一四三〕《校勘記》：「『可謂』作『可爲』。」
〔一四四〕《校譌》：「『有』字誤，宋本作『其』。」
〔一四五〕《校勘記》：「『刊石』作『刻石』。」
〔一四六〕葬：學津討原本作「墓在」。《校勘記》：「『葬吳城』作『墓在吳城』。」
〔一四七〕《校勘記》：「『宴』作『晏』。」
〔一四八〕《校譌》：「『甚』字誤，宋本作『爲』。」
〔一四九〕《校譌》：「『之文』誤，宋本作『子文』。」
〔一五〇〕被：四庫本作「披」。《校勘記》：「『被』作『披』。」
〔一五一〕《校譌》：「『傍』字誤，宋本作『旁』。」
〔一五二〕元始元年：原作「平始三年」，據學津討原本改。按《姑蘇志》卷三五云：「今郡之穹窿山有朱氏墓碣，字已漫滅，其可讀者云：『二十六世，四百二十九年，居下邳。自平始三年避地至會昌壬戌，凡八百四十二年籍于吳。』此唐時子孫追叙其先過江歲月也。」《六藝之一略》卷一〇一云：「朱衣墓碣，在吳縣西穹窿山，碑已漫滅，其可讀者云：『世居下邳，自平始二年避地至此。』」皆作「平始」年號。按唐武宗會昌壬戌二年爲公元八百四十二年，上推八百四十二年正好爲西漢平帝元始元年，故改。《校勘記》：「『平始』作『元始』。」

〔一五三〕云：四庫本、學津討原本無。《校勘記》：「『朱氏』下無『云』字。」

〔一五四〕《校勘記》：「『斷』，宋本作『断』，俗字。」

〔一五五〕間：學津討原本作「問」。

〔一五六〕《校勘記》：「『二有』作『有二』。」

〔一五七〕稀：四庫本、學津討原本作「希」。《校勘記》：「『稀』作『希』。」

〔一五八〕雖：四庫本無。《校勘記》：「『綴拾』上無『雖』字。」

〔一五九〕按此切韻字四庫本、學津討原本作「完」字。《校勘記》：「『胡官切一字』作『完』。」

〔一六〇〕文：原本作「丈」，據四庫本、學津討原本改。

〔一六一〕《校勘記》：「『耶』作『邪』。按古但作『邪』。」

〔一六二〕《校勘記》：「『晝』作『畫』，然第二『晝』字未誤。」

〔一六三〕遜：四庫本作「讓」。下同。

〔一六四〕《校勘記》：「『嗚呼』下有『有』字。」

〔一六五〕《校勘記》：「『太伯』或作『泰伯』，皆依宋本也。」

〔一六六〕《校勘記》：「『餘昧』並作『夷昧』。」

〔一六七〕餘昧：四庫本、學津討原本作「夷昧」。下同。按《史記》、《春秋左傳注疏》諸書或作「餘昧」，或作「夷末」、「夷昧」，實爲一人。

〔一六八〕興：四庫本作「古」。《校勘記》：「『萬世』作『萬古』。」

〔一六九〕不：學津討原本作「奚」。《校勘記》：「『不翅』作『奚翅』。」

〔一七〇〕《校勘記》：「『辯』作『辨』。」

〔一七一〕謂：學津討原本作「爲」。《校勘記》：「『自謂』作『自爲』。」

〔一七二〕曰：學津討原本作「云」。《校勘記》：「『國語曰』作『國語云』。」

〔一七三〕句無：四庫本作「句吳」。按《國語》卷二〇、《會稽志》卷一皆作「句無」。《校勘記》：「『句無』作『句吳』。」

〔一七四〕《校勘記》：「『穎』作『潁』。下同。」

〔一七五〕以虞志：四庫本、學津討原本作「以虞爲志」。按《太平御覽》卷一七〇作「以虞志」，《太平寰宇記》卷九一作「以虞其志」。按文意，「以虞爲志」誤。《校勘記》：「『志也』上有『爲』字。」

〔一七六〕《校勘記》：「『璩』作『蘧』。」

〔一七七〕郡：原作「都」，據四庫本、學津討原本及《南齊書》卷五四《褚伯玉傳》、《南史》卷七五《褚伯玉傳》改。《校勘記》：「『停都』作『停郡』。」

〔一七八〕故：學津討原本無。《校勘記》：「『故要』，『故』字無。」

〔一七九〕液：學津討原本作「波」。《校勘記》：「『煙液』作『煙波』。」

〔一八〇〕莅：四庫本作「蒞」。《校勘記》：「『莅』作『蒞』。」《補校》：「『莅』字見《校勘記》，應加。」

〔一八一〕《補校》：「『數年之間』句，《校勘記》無說，今加。誤。」

〔一八二〕在：四庫本作「任」。按《晉書》卷八八、《通志》卷一六七、《吳郡志》卷一〇皆作「在」。《校勘記》：「『在事』作『任事』。」《補校》：「『在事』作『任事』，見《校勘記》，應加。」

〔一八三〕嗣：四庫本作「胤」。《校勘記》：「『嗣』作『胤』，下無『避太祖諱』四字。」

〔一八四〕充：學津討原本作「兗」。《校勘記》：「『充』作『兗』。」

〔一八五〕《校勘記》：「『太中』作『大中』。」

〔一八六〕踑踞：四庫本、學津討原本作「箕踞」。按二字古通用。《校勘記》：「『踑』作『箕』。」

〔一八七〕《校勘記》：「『屩』作『屨』。」

〔一八八〕貌：原作「皃」，據四庫本改。

〔一八九〕「亦」字下四庫本、學津討原本有「號」字。《校勘記》：「『亦曰』作『亦東曰』。」《補校》：「『亦東曰』，案『東』當作『號』。」

〔一九〇〕《校勘記》：「『讓』字宋本缺筆，下同。」

〔一九一〕日：四庫本作「曰」。

〔一九二〕丈人：四庫本作「文人」。按《南史》卷七〇《傅琰傳》、《冊府元龜》卷七〇四、《通志》卷一七〇、《吴郡志》卷一一皆作「丈人」。

〔一九三〕詩：四庫本、學津討原本作「誦」。《校勘記》：「『遊寺詩』作『遊寺誦』。」

〔一九四〕「史」字下學津討原本有「旭」字。《校勘記》：「『長史』下有『旭』字。」

〔一九五〕《校勘記》：「『所遊』作『與遊』。」

〔一九六〕既：四庫本作「求」。按《墨池編》卷三、《六藝之一錄》卷二八八皆作「既」。

〔一九七〕《校譌》：「『爲以』誤，宋本作『以爲』。」

〔一九八〕顛：原作「顚」，徑改。《校勘記》：「『顚』作『顛』。」

〔一九九〕《校勘記》：「『正』作『貞』。」

〔二〇〇〕房孺復：四庫本作「房復孺」。按《舊唐書》卷一三《德宗紀》、卷一二六《陳少遊傳》、《新唐書》卷二二四上《陳少遊傳》、《乾道臨安志》卷三、《姑蘇志》卷三八皆作「房孺復」。

〔二〇一〕《校勘記》：「『趍』作『趨』。」

〔二〇二〕嘉原：學津討原本作「家源」。《校勘記》：「『嘉原』作『家源』。」

〔二〇三〕《校譌》：「『又肅』誤，宋本作『文肅』。」

〔二〇四〕《校勘記》：「『藉』作『籍』。」

〔二〇五〕《校譌》：「『登』字誤，宋本作『登』。」

〔二〇六〕侍：學津討原本作「見」。《校勘記》：「『侍親』作『侍見』，誤。」

〔二〇七〕吳中：四庫本、學津討原本無。《校勘記》：「『吳中』二字無。」

〔二〇八〕詞：四庫本作「辭」。《校勘記》：「『詞』作『辭』。」

〔二〇九〕《校譌》：「『謹』字，今刻誤作『讙』。」
〔二一〇〕《校勘記》：「『視』作『覯』。」
〔二一一〕《校勘記》：「『又嘗』作『又常』。」
〔二一二〕《補校》：「『用』當依張本作『角』。」
〔二一三〕木：四庫本、學津討原本作「本」。《校勘記》：「『其木』作『其本』。」
〔二一四〕斤：學津討原本作「觔」。《校勘記》：「『斤』作『觔』，非。」
〔二一五〕根：四庫本作「之」。《校勘記》：「『根下』作『之下』。」
〔二一六〕《校勘記》：「『鮮嫩』作『細嫩』。」
〔二一七〕湖：琳瑯秘室叢書本作「海」。又「遷」字，四庫本、學津討原本作「還」。《校勘記》：「『遷』作『還』。」《補校》：「『湖中』，張本作『海中』。」
〔二一八〕《校勘記》：「『廷』作『庭』。」
〔二一九〕瑠：學津討原本作「琉」。
〔二二〇〕《校勘記》：「『勝於』，『於』字無。」
〔二二一〕含：原本作「舍」，據四庫本、學津討原本及《太平廣記》卷二三四、《格致鏡原》卷二六改。又四庫本「千」作「于」。

〔二二二〕鱠：四庫本作「膾」。下同。

〔二二三〕絜：學津討原本作「潔」。《校勘記》：「『絜』作『潔』，按古通。」

〔二二四〕腴：學津討原本作「魚」。《校勘記》：「『鯉腴』作『鯉魚』。」《補校》：「『鮧』字誤，據《校勘記》作『腴』。」

〔二二五〕朱燮：四庫本作「朱爕」。按《新唐書》卷八五《王世充傳》作「朱燮」。

〔二二六〕《校勘記》：「『財』作『肘』，誤。」

〔二二七〕《校勘記》：「『貲』作『資』。」

〔二二八〕《校勘記》：「『極』作『及』。」

〔二二九〕《校勘記》：「『皃』作『貌』。」

〔二三〇〕老：四庫本、學津討原本作「考」。《校勘記》：「『老』作『考』。」

〔二三一〕神：四庫本、學津討原本無。《校勘記》：「『廟』上無『神』字。」

〔二三二〕斤：四庫本、學津討原本作「觔」。《校勘記》：「『斤』作『觔』。」

〔二三三〕《校勘記》：「『庭』作『廷』。」

〔二三四〕《校勘記》：「『荐』作『薦』。」

〔二三五〕踰：四庫本作「逾」。

〔二三六〕生：四庫本作「産」。按《太平寰宇記》卷九一作「生」。《校勘記》：「『縣』下無『生』字。」

〔二三七〕《校勘記》：「『以謂』作『以爲』。」

〔二三八〕若：四庫本、學津討原本作「泉」。按《元和郡縣志》卷二六云：「若溪水釀酒甚醲，俗稱若下。」《北堂書鈔》卷一四八「若下酒」條云：「《吳地記》云：長安故屬烏程。太康十年，分為五縣，若下出美酒。」《太平廣記》卷二三三「若下酒」條亦云：「《輿地志》：村人取若下水以釀酒，醇美，俗稱若下酒。」《太平御覽》卷六五「若下水」條云：「《輿地志》曰：南岸曰上若，北岸曰下若，乃村名也。村人取若下水以釀酒，醇美，勝於雲陽。《吳録》曰：長城若下酒。」據此，作「泉下酒」者誤。《校勘記》：「『重若』作『重泉』。」

〔二三九〕其：四庫本無。又「名」字，學津討原本作「爲」。《校勘記》：「『最佳』上無『其』字。『名』作『爲』。」

〔二四〇〕楔：原作「揳」，據四庫本、學津討原本改。下同。又「斫」字，四庫本作「作」。

《校勘記》：「『揳』作『楔』。下同。」

〔二四一〕《校勘記》：「『食訖』上無『僧』字。」

〔二四二〕斲：四庫本作「斸」。

〔二四三〕杵：四庫本作「杅」。

〔二四四〕《校勘記》：「『縣事』作『縣令』，上無『知』字。」

〔二四五〕《校勘記》：「『郎中』脱『中』字。」

〔二四六〕「美」字下學津討原本有「談」字。《校勘記》：「『爲美』下有『談』字。」

吴郡圖經續記卷末

書吴郡圖經續記後〔一〕

昔揚子雲嘗有言：「仲尼多愛〔二〕。愛，義也；子長多愛，愛奇也。」予嘗患之。今記述類多，博收汎採，譬猶廣廛大肆，百物群品，雜然陳列於前，而無所別異，此記述者之公患也。辯曹朱伯原，少以文學第進士，退居吴郡，博覽載籍，多所見聞，因爲《圖經續記》〔三〕，以補闕遺。觀其論户口，則繼之以教；陳風俗，則終之以節。至於辨幼玉之怨〔四〕，正語兒之妄，紀譚生之譏，其論議深切著明〔五〕，皆要之禮義。與夫牧守之賢，人物之美，事爲之善，凡前言往行有足稱者，莫不褒嘉歎異，重復演說，信乎，所謂君子於言無苟者。予每至伯原隱居，愛其林圃臺沼，逍遥自樂。及得斯記觀之，然後又愛其趣識志尚，灑有異於人然〔六〕。使逢辰彙征〔七〕，則其所攄發，豈易量哉！惜其遺逸沈晦，而獨見於斯記，故爲書其後〔八〕，以待知伯原者。元祐元年四月十五日，臨邛常安民書。

吴郡圖經續記後序一

余家自伯父、皇考洎諸父奉王大母〔九〕、大母來居於蘇，著籍此州者五十年矣，今帶城橋儒學坊爲吾家榜也。横山之寶華〔一〇〕，華山之博士塢〔一一〕，吾家三世之所葬也。余雖少長於蘇，而山川、城邑、津梁、園觀往往未知其所由來〔一二〕。嘗以問樂圃先生，先生出所爲《圖經續記》以示我曰：「此一覽盡之矣〔一三〕。」退而觀之，千數百載之廢興〔一四〕，千數百里之風土，燦然如指諸掌。嗚呼，何其備哉！先生之書三卷，若干條，而所包括者古今圖籍不可勝數，雖浮圖方士之書，小說俚諺之言，可以證古而傳久者，亦畢取而並録，先生豈欲矜淹博而耀華藻哉！舉昔時牧守之賢，冀來者之相承也；道前世人物之盛，冀後生之自力也。溝瀆條浚水之方，倉庾記裕民之術。論風俗之習尚，夸户口之蕃息〔一五〕，遂及於教化禮樂之大務，於是見先生之志素在於天下也，豈可徒以方域輿地之書視之哉？先生未冠而擢第，英聲振於士林，不幸以末疾臥家，不得達其志於斯民。然而潛心古道，篤意著述，其所撰次成帙如是書者非一〔一六〕。竊嘗探測其淵源，而妄論其規制，以謂黃鍾大呂不足以比其清〔一七〕，陽阿激楚不足以方其妙，齊紈蜀錦不足以埒其華，崑玉南金不足以儷其美，長江巨河不足以況其遠，輕車駿馬不足以侔其逸。意者左丘非失明，《國語》不成；虞卿非困窮〔一八〕，《陽秋》不作，一何發揮之妍麗也。不然〔一九〕，天將激先生以鳴斯文，是以固阨之耶〔二〇〕？雖然，先生之疾損矣無害，其可以亨舉於天衢也。昔者劉向非大發天祿石渠之藏，不能盡論分野之風物；賈躭非博詢遐陬絕域之衆，不能悉知華夷之道里〔二一〕。先生之才，不歉於二子，特處非其所而已。與其陳四境之形勝，孰若使志四海之封畿？與其論千里之事物，孰若使綜萬方之利害？況史觀經始，品藻才難，當筆削之任者，非先生而誰可哉？伏讀終篇，感先生之未遇，輙書卷末，庶幾萬一有儆於朝廷〔二二〕，今日當爲官而擇人者。

元祐七年十二月朔，大雲編戶林慮序。

吳郡圖經續記後序二

祕書省正字、樞密院編修朱公伯原嘗爲前太守晏公作《吳郡圖經續記》三卷既成，而晏公罷去，遂藏於家。其後太守章公雖求其本，以寘郡府，而見之者尚鮮也。元符改元，安上以不才濫綰倅符〔二三〕。到郡之後，周覽城邑，顧瞻山川，竊欲究古興替盛衰之迹，而舊經事簡文繁，考證多闕，方欲博訪舊聞，稍加增綴〔二四〕，而得此書於公之子耜，讀之終卷，惜其可傳而未傳也〔二五〕。於是不敢自祕，偶以承乏郡事，俾鏤版於公庫〔二六〕，以示久遠。若乃著述之本意，則詳於自序。而其攄辭之博贍〔二七〕，措意之深遠，則又詳於常、林二君之後序矣，茲不重見，姑誌其刊鏤之歲月云。

越明年，歲在庚辰八月望日，朝請郎、通判蘇州、權管軍州事祝安上書〔二八〕。

吴郡圖經續記後序三

自庚辰八月權州祝君鏤版題跋之後，距今紹興甲寅寔三十五年〔二九〕。佑被命假守，時兵火之餘，圖籍散亡，秉筆凝滯〔三〇〕，觸事面牆，每賢士大夫相過，必以諮訪。未幾，前湖州通判陳能千自青龍泛舟〔三一〕，攜此書相訪，開卷欣躍，因授學官孫衛補葺校勘，復爲成書以傳。異日職方氏纘修中興新書，當亦有取於斯，則樂圃先生之志不泯矣。

紹興四年六月初十日，漣水孫佑書。

吴郡圖經續記跋一

余向聞任蔣橋顧氏有宋刻《吴郡志》，倩人訪求，得諸華陽橋顧聽玉家，蓋華陽即任蔣之分支也。聽玉之祖雨時先生喜蓄慢書，手自讐勘。余從其裔孫處得舊鈔本《續圖經》，有跋云：「雍正十二年夏五月既望，於崑山徐氏購得葉文莊所藏宋刻本，校勘一過。」始知顧氏所蓄宋刻地志之書，范成大《吳郡志》而外，又有朱長文《吳郡圖經續記》。一日觀書華陽，適覩是書，楮墨精良，實勝范志。爰詢其直，需白鏹六十金，心愛甚，而未之得也。閱載餘，以他事故，至聽玉家，聽玉云：「此書於子爲雙璧之合，吾且非子不售矣，子曷歸之以比延平劍乎〔三二〕？」余重其書之不易覯，遂以五十金得之。卷中有鈔補處，皆明人錢罄室手迹。余嘗見錢氏有刻本云，是從宋本校勘者。今取宋本對之，不特行欵弗同，且訛舛誠復不少，則宋本之可珍益信。卷中又有新刻，以僞亂真者兩半葉，亦後人過於求全，固無損宋刻面目。今而後搜輯吾郡故實者，得此益徵詳備焉。乾隆六十年十二月醉司命日，郡中棘人黄丕烈書於讀未見書齋之北窗。

吳郡圖經續記跋二

吳郡朱樂圃先生續《大中祥符圖經》，爲是記三卷。元符二年，祝公西上，曾爲鏤板，旋遭兵燹。紹興四年，孫公佑復刊行，此其是也。明錢馨室有翻宋刻本，摹印亦稀。據黃氏後跋所云，已不能如是本之善。此書刊至再三，而流傳於世者，即鈔本亦非易有。伏讀《四庫全書總目》云：州郡志書，五代以前罕聞。北宋以來，未有古於《長安志》及是記。此朱彝尊跋《咸淳臨安志》，歷數南北宋地志，不及是記，知彝尊未見此書，爲希覯之本。徵引博而敘述簡，文章爾雅，猶有古人之風。其推重此書如是。近時張氏學津討原嘗經收刊，而竄改特多，如寺院門第六條「十六羅漢」改爲「十八」，不知二尊此乃後代增入，宋時未有是數也。山門第三條「橫山在吳縣西南」下句引《十道志》以讚之，改爲「在吳縣西南十里」，不知《十道四番志》乃古書之名。園第門第十一條「范文正公少長於北，及還吳」云云，此所謂北者，即應天府也，改爲「少長於此」，不特未明范公出處，且與下句不相屬。凡此皆未審攷，趁臆改之。全帙謬誤甚多，不能備指。此外尚有得月樓叢書刻本，亦非完帙。惟此確係宋槧，靈光巋然。余以番銀七十餅得自山塘汪氏，始有以證僞刻之謬。念吳郡地志唐陸廣微書已經後人重輯，宋時官撰圖經又久佚不傳，三吳文獻幸而僅存，可不奉爲至寶也哉！咸豐二年十月仁和胡珽書後。

吴郡圖經續記跋三

宋刊《吴郡圖經續記》三卷，海内孤本也。自菉竹堂葉氏、傳是樓徐氏流轉，至黄氏百宋一廛，今歸郘亭汪侍郎萬宜樓。侍郎錢唐籍，而世居於吴，則亦吴人也，其得此書爲宜。余有舊鈔半部，欲假以鈔補，忽聞北方兵警，遂至中輟。余邑岠郡九十里，欲遣一力賫還，則山中皆農夫。欲付航船，船人又未可恃也，回留案頭久之。按樂圃著是書在元豐七年，閲十六年而始鏤板，蓋沈薶於郡閣者久矣，豈亦如石湖志爲人所譁而未之刻耶？抑是時太守章公者固無意於斯耶？章公健吏也，與前守范公、晏公之禮賢士、獎儒術、勤水事者異矣，宜其憪然自足，不知文章著述爲何事也。近年以來，風氣迭變，余與郘亭伏處家衖，未嘗通賓客，而客亦莫之顧。郘亭文望重一世，又熟於故事，庶幾無愧樂圃，而余則頹然老矣。光緒二十六年五月七日，常熟翁同龢記。

薦朱長文劄子〔三三〕

班按：此篇宋本未載，今依明嘉靖戊申錢馨室手鈔舊本附錄於後。

元祐元年六月二十五日，朝奉郎、中書舍人蘇軾同鄧溫伯、胡宗愈、孫覺、范百祿等劄子奏：臣等伏見前許州司戶參軍蘇州居住朱長文經明行修，嘉祐四年乙科登第，墮馬傷足，隱居不仕，僅三十年，不以勢利動其心，不以窮約易其介，安貧樂道，閉門著書，孝友之誠，風動閭里；廉高之行，著於東南。本路監司、本州長吏前後累奏稱其士行經術，乞朝廷旌擢，差充蘇州州學教授，未蒙施行。近奉詔中外臣僚，自監察御史已上並舉堪充內外學官二人，此實朝廷博求人才、廣育士類之意，如長文者，誠不可多得。其人行年五十餘，昔苦足疾，今亦能履。臣等欲望聖慈褒難進之節，收久廢之材，量能而使之，特賜就差充蘇州州學教授，非惟祿餼賙養一鄉之善士，實使道義模範彼州之秀民。取進止。

貼黃：伏乞特賜，檢會新除楚州州學教授徐積體例施行。

吴郡圖經續記校勘記

吴郡朱樂圃先生續《大中祥符圖經》，爲是記三卷。元符二年，祝公安上曾經鏤板，旋遭兵燹。紹興四年，孫公佑復刊行。明錢馨室有翻宋本，然刊至再三，而流傳絕少。國朝朱竹垞且未見其書，其餘可知已。客秋晨起，書友金順甫候於門，攜書一函，云自山塘汪氏來者。余展視，即宋刻《續圖經》。每半頁九行，行十八字，參差不齊，蓋幼聞先君子所亟稱而未得者。急詢其值，需白紋八十兩，爰以番銀七十餅易之。念吴郡地志，唐陸廣微書已經後人重輯，即宋時官撰圖經亦佚而不傳，三吴文獻莫古於是編，故《四庫總目》有幸而僅存之歎也。今則宋槧舊帙，靈光巋然，余獨何級而得之如此，古香古色，使仍祕於敝篋中，則得如未得，安知異日不亦爲他人攫去乎？校而刊之，正今日之急務也。其錢氏刻本已爲後跋所斥，不復再勘。近時有張氏學津討原刊本，嘗取以對勘，其間字句頗多竄改，如寺院門第十六節「十六羅漢」張本改爲「十八羅漢」，蓋二尊者乃明時增入，宋代未有是數也。山門第三節「横山在吳縣西南」，下文引《十道志》以證之。張本改爲「在吳縣西南十里」。按《十道四番志》乃古書之名，何可改爲「十里」？試問下稱志云者屬何書也？園第門第十一節「范文正公少長於北，及還吳」云云，張本改爲「少長於此」，不特未明范公出處，又與下句不相應。凡此皆未經審攷，趁臆改之。今將其訛處一一抉摘，俾人知宋刻書之勝人固如是也。

咸豐三年十一月仁和胡珽識。

吳郡圖經續記校譌

余刊是書，先後共校八次。張本訛字雖多，然亦間有優處。余不敢遽從，但摘錄於劄記中，慎之至也。宋本自序一篇，皆鈔補，下卷十七頁二行「吳王僚」至本頁十七行「會稽」止又鈔補，然皆明人錢罄室手筆也。是行「會稽以下太守」起至十八頁十行「右十」止，及後序第五頁末一行皆翻刻，即後跋所謂「以僞亂真者兩半頁」是也。今則書中文句不敢稍易，其字之正俗體則就可從者從之，如「羣」字宋刻俱作「群」，「號」作「号」、「擕」作「攜」之類，未能從爾。又宋刻「玄」字，張本俱作「元」，「曆」字張本俱作「歷」，理宜有是，劄記不一一注出。今因影宋翻刻，倣知不足齋之例，敬缺筆畫云。珽又識。

書吳郡圖經續記校勘記後

甚矣，校書之難也！余於朱伯原書校勘特詳，至再至三，猶不敢自信，爲是復託顧契堂金友梅、程蔭樓各核一偏，自問亦可以止矣。閒暇無事，偶一展卷，又檢出誤字一個，爲校譌中所失載者。維時活字書局業已畢工，故另紙刊出於後，閱者尚其諒之。

咸豐四年正月胡珽識。

【校勘記】

〔一〕四庫本題作「吳郡圖經續記後序」。《校勘記》：「題作『吳郡圖經續記後序』。」

〔二〕《校勘記》：「『楊』作『揚』。『仲尼多愛』，『多』作『之』。」

〔三〕《校勘記》：「『因爲』作『故爲』。」

〔四〕《校勘記》：「『辨』作『辯』。」

〔五〕論議：學津討原本作「議論」。《校勘記》：「『論議』作『議論』。」

〔六〕《校勘記》：「『灑』作『洒』。」

〔七〕《校勘記》：「『逢辰』作『逢人』，誤。」

〔八〕《校勘記》：「『後』作『后』。」

〔九〕皇：學津討原本作「王」。《校勘記》：「『皇考』作『王考』。」

〔一〇〕寶華：學津討原本無。《校勘記》：「『寶華』二字無。」

〔一一〕之：學津討原本無。

〔一二〕《校勘記》：「『未知』下無『其』字。」

〔一三〕之：學津討原本作「知」。《校勘記》：「『盡之』作『盡知』。」
〔一四〕千數：四庫本、學津討原本作「數千」。《校勘記》：「『千數百載』作『數千百載』。」
〔一五〕《校勘記》：「『夸』作『誇』。」
〔一六〕帙：原作「秩」，據四庫本、學津討原本改。《校勘記》：「『成秩』作『成帙』。」《補校》：「『成秩』，張作『成帙』，見《校勘記》。案『秩』字誤，當作『袟』。」
〔一七〕《校勘記》：「『黄鍾』作『黄鐘』，非。」
〔一八〕困窮：四庫本、學津討原本作「窮困」。《校勘記》：「『困窮』作『窮困』。」
〔一九〕不：琳瑯秘室叢書本無。
〔二〇〕《校勘記》：「『固阨』作『困阨』。」
〔二一〕悉：學津討原本作「備」。《校勘記》：「『悉知』作『備知』。」
〔二二〕《校勘記》：「『儆』作『警』。」
〔二三〕安上：學津討原本作「安土」。按下文題「祝安上書」，作「安土」誤。
〔二四〕綴：學津討原本作「一」。《校勘記》：「『增綴』作『增一』，誤。」《續校》：「原本云『增綴』作『增一』，誤，新刻『作』字倒在上。」

〔二五〕未傳：學津討原本作「未一」。《校勘記》：「『未傳』作『未一』，誤。」

〔二六〕庫：學津討原本作「一」。《校勘記》：「『公庫』，『公』作『一』，誤。」《補校》：「原本云『公庫』作『公一』，誤，新刻作字倒在下。」

〔二七〕其：四庫本、學津討原本無。《校勘記》：「『而』下無『其』字。」

〔二八〕書：四庫本無。

〔二九〕《校勘記》：「『寔』作『實』。」

〔三〇〕凝：原作「疑」，據四庫本改。《校勘記》：「『疑』作『凝』。」

〔三一〕陳能千：四庫本、學津討原本作「陳能十」。按《吳都文粹續集》卷一、《吳興備志》卷三二、卷三三皆作「陳能千」，作「陳能十」誤。《校勘記》：「『能千』作『能十』。」

〔三二〕《校譌》：「『歸子』誤，原作『歸之』。」

〔三三〕按此篇及下諸篇原本無，據琳瑯秘室叢書本補。

參考書目

《春秋左傳注疏》（漢）鄭玄箋　（晉）杜預注（唐）陸德明音義　（唐）孔穎達疏
影印文淵閣四庫全書本
《論語注疏》（魏）何晏集解　（宋）邢昺疏　影印文淵閣四庫全書本
《史記》（漢）司馬遷撰　中華書局一九七二年整理本
《漢書》（漢）班固撰　中華書局一九六二年整理本
《三國志》（西晉）陈壽撰　中華書局一九八二年整理本
《晉書》（唐）房玄齡等撰　中華書局一九七四年整理本
《宋書》（梁）沈約撰　中華書局一九九三年整理本
《南齊書》　中華書局一九七二年整理本
《南史》（唐）李延壽撰　中華書局一九八三年整理本

《舊唐書》（後晉）劉昫撰，中華書局一九七四年點校本
《新唐書》（宋）歐陽修撰　中華書局一九七五年整理本
《資治通鑑》（宋）司馬光撰　中華書局一九五六年整理本
《通志》（宋）鄭樵撰　中華書局一九八七年影印本
　《國語》（吳）韋昭注　上海古籍出版社一九八七年標點本
《越絶書》不著撰人　影印文淵閣四庫全書本
《十國春秋》（清）吳任臣撰　徐敏霞等點校　中華書局一九八三年整理本
《元和郡縣志》（唐）李吉甫撰　賀次君點校　中華書局一九八三年整理本
《太平寰宇記》（宋）樂史撰　影印文淵閣四庫全書本
《方輿勝覽》（宋）祝穆撰　上海古籍出版社一九九一年影印本　中華書局二〇〇四年
　點校本
《大清一統志》（清）乾隆時官修　影印文淵閣四庫全書本
《乾道臨安志》（宋）周淙纂修　清光緒七年武林掌故叢編本　影印文淵閣四庫全書本
《吳郡志》（宋）范成大等纂修　民國十五年吳興張氏擇是居叢書影宋刻本　影印文淵

閣四庫全書本

《會稽志》（宋）施宿等撰　《續志》（宋）張淏等撰　清嘉慶十三年刻本　影印文淵閣四庫全書本

《至元嘉禾志》（元）單慶修　徐碩纂　清道光十九年刻本　影印文淵閣四庫全書本

《姑蘇志》（明）王鏊撰　影印文淵閣四庫全書本

《水經注》（北魏）酈道元撰　影印文淵閣四庫全書本

《水經注釋》（清）趙一清撰　影印文淵閣四庫全書本

《三吳水考》（明）張内藴　周大韶撰　影印文淵閣四庫全書本

《吳中水利全書》（明）張國維撰　影印文淵閣四庫全書本

《浙西水利書》（明）明姚文灝撰　影印文淵閣四庫全書本

《吳地記》（唐）陸廣微撰　影印文淵閣四庫全書本

《中吳紀聞》（宋）龔明之撰　影印文淵閣四庫全書本

《證類本草》（宋）唐慎微撰　影印文淵閣四庫全書本

《墨池編》（宋）朱長文撰　影印文淵閣四庫全書本

《六藝之一録》（清）倪濤撰　影印文淵閣四庫全書本
《能改齋漫録》（宋）吴曾撰　影印文淵閣四庫全書本
《春渚紀聞》（宋）何薳撰　影印文淵閣四庫全書本
《雲麓漫抄》（宋）趙彦衛撰　影印文淵閣四庫全書本
《容齋隨筆》（宋）洪邁撰　上海古籍出版社一九七八年校點本
《緯略》（宋）高似孫撰　影印文淵閣四庫全書本
《藝文類聚》（唐）歐陽詢編　上海古籍出版社一九八二年影印本
《北堂書鈔》（唐）虞世南撰　清光緒十四年南海孔氏刻本
《太平御覽》（宋）李昉撰　中華書局一九八五年據商務印書館影宋本縮印本　影印文淵閣四庫全書本
《册府元龜》（宋）王欽若等編　中華書局一九六〇年影印本
《海録碎事》（宋）葉廷珪撰　影印文淵閣四庫全書本
《説郛》（元）陶宗儀輯　影印文淵閣四庫全書本
《山堂肆考》（明）彭大翼撰　影印文淵閣四庫全書本

《太平廣記》（宋）李昉編　影印文淵閣四庫全書本
《文選註》（梁）蕭統編（唐）李善注　中華書局一九七七年影印本
《六臣註文選》（梁）蕭統編（唐）李善等注　影印文淵閣四庫全書本
《文苑英華》（宋）李昉等編　中華書局一九六六年影印本
《宋文鑑》（宋）呂祖謙編　影印文淵閣四庫全書本
《吴都文粹》（宋）鄭虎臣編　影印文淵閣四庫全書本
《吴都文粹續集》（明）錢穀編　影印文淵閣四庫全書本
《漢魏六朝百三家集》（明）張溥編　影印文淵閣四庫全書本
《歷代賦彙》（清）陳元龍編　影印文淵閣四庫全書本
《全唐詩》（清）彭定求等編　上海古籍出版社一九八六整理本
《全唐文》（清）董誥等編　上海古籍出版社一九九〇年影印本
《白氏長慶集》（唐）白居易撰　四部叢刊本
《白香山詩集》（唐）白居易撰（清）汪立名編　影印文淵閣四庫全書本
《笠澤蘩書》（唐）陸龜蒙撰　影印文淵閣四庫全書本

《甫里集》（唐）陸龜蒙撰　影印文淵閣四庫全書本
《松陵集》（唐）皮日休撰　影印文淵閣四庫全書本
《長興集》（宋）沈括撰　影印文淵閣四庫全書本
《蘇學士集》（宋）蘇舜欽撰　影印文淵閣四庫全書本
《樂圃餘藁》（宋）朱長文撰　影印文淵閣四庫全書本
《宋詩紀事》（清）厲鶚撰　上海古籍出版社一九八三年校點本

宋元珍稀地方志叢刊

四川大學歷史地理研究所學術叢書

大德昌國州圖志

(元)馮福京修　郭薦纂

李勇先校點

大盦昌國州圖志

前言

《大德昌國州圖志》七卷，元冯福京修，郭薦纂。福京，四川潼川府人，元大德戊戌年爲昌國州判官，《四庫全書總目提要》誤作冯復京。薦，昌國州人，鄉貢進士，爲鄉之耆宿，嘗官鄞縣教諭。

按昌國州爲先秦甬東之地。由秦歷漢，屬鄮縣。唐開元二十六年，以鄮縣置明州，領縣四，其中有翁山縣，即元昌國州地。宋熙寧六年，部使者以蓬萊、安期、富都三鄉居大海中，期會不時，置尉主鬬訟之事，始創爲縣，名曰昌國，意其東控日本，北接登、萊，南亙甌、閩，西通吳會，實海中之巨障，足以昌壯國勢。八年，又益以定海縣之金塘鄉。元至元十三年，縣仍舊。至元十五年二月，朝廷以海道險要，陞縣爲州，以重其任。至元十七年，復爲縣。至元二十七年，縣廢，復存單州。

按此書成於大德二年七月，蓋福京求得舊志，屬薦等訂輯，而福京爲之審定者也。據是書前序，福京有感於昌國「由縣陞州，而州志不作」，遂首訪圖經，徒起文獻不足之歎。越歲餘，始於里民購得舊籍，大率浮誇，議欲刊削，因事而中輟。瓜戍已踰，即將受代，福京乃趣學官，捃摭舊籍，芟其繁蕪，黜其不實，定爲傳信之書，屬郭薦等訂輯，而福京爲之審定，故是書實出薦手，原書卷末載有郭薦等中省文牒亦可爲證。又福京《後序》稱是編「視舊志寓詳於約，有是事則有是辭，凡異時荒唐繆悠之載悉皆刪去，而其良法美意則謹書之」，故其大旨在於翦削浮詞，簡而能括。全書共分八門，曰敘州、敘賦、敘山、敘水、敘物産、敘官、敘人、敘祠。《四庫全書總目提要》評其書「簡而有要，不在康海《武功志》、韓邦靖《朝邑志》下」。然康海、韓邦靖之書爲作者所盛推，而此書不甚稱於世，殆年代稍遠，鈔本稀傳之故。據原目所載，原書卷首有《環山圖》、《環海圖》及《普陀山圖》三圖，故曰「圖志」，今圖佚而志存。又原書卷首有《州官請耆儒修志牒》，卷末有《郭薦等申省文牒》，今皆不存。

據諸家目録書記載，清人嘗搜訪到南宋時所修《昌國縣志》舊鈔本，存一卷，半葉九行，行二十字，不著撰人，前有《縣治圖》。書中《縣令表》截至詹仁澤寶慶三年四月六十日到任，紹定元年六月十六日致仕，又書中語涉宋帝均空格，當從宋本録出。袁克文跋稱宋修《昌國縣志》向未見於著録，而諸家所藏皆元人《昌國州志》，與此迥異。元修《昌國州圖志》成於大德二年，並付梓鐫刻，當時有刻板五十六片，雙面五十四，單面二，計印紙一百零十副，爲昌國州官物。《大國昌國州圖志》清代有文瀾閣鈔本、徐氏校刊本、影写元刊本、四庫全書本、清咸豐四年刻宋元四明六志本等。今以清咸豐本爲底本，參校四庫全書本以及《寶慶四明志》、《延祐四明志》諸書，加以校點整理。

李勇先

二〇〇九年三月書於川大竹林村

目錄

大德昌國州圖志卷二……一一

大德昌國州圖志卷三……六一

大德昌國州圖志卷四……七五

大德昌國州圖志卷五……一一七

大德昌國州圖志卷六

大德昌國州圖志卷七

序

大德昌國州圖志前序

史所以傳信，傳而不信，不如亡史。故作史者，必擅三者之長，曰學，曰識，曰才，而後能傳信於天下。蓋非學無以通古今之世變，非識無以明事理之精微，非才無以措褒貶之筆削，三者闕一，不敢登此職焉。然而有天子之史，有諸侯之史。晉之《乘》，楚之《檮杌》，魯之《春秋》，是諸侯之史也。後世因之，郡各有志，所以備天子、史官之採録，亦豈可易爲哉！若昔素王刑賞二百四十二年列國之君臣，游夏且不能贊一辭。司馬氏以良史才而作《史記》，議者猶謂《十二諸侯年表》爲殽亂於聖經。然則侯邦之志，亦以記事纂言也，而可易爲哉！往宋末運，人主好諛。宰相導諛，士大夫習諛，内外遂以成風。操史筆者，多患得患失之夫，希合顧望，不惟泯其實以誣公朝之是非，抑且駕其虚以騁私意之向背。故光、寧、理三朝之史，皆權臣黨與之蕪辭。而郡縣間一時之志，亦侯牧誇張之誕筆。今《宋史》既與國偕亡，惟志書之。見於郡縣間者，版籍所計，或以寡爲多；風土所宜，或以亡爲有；形勢所在，或以險爲夷；貢賦所出，或以儉爲泰。評人物，則多過情之譽；陳民風，則少退抑之辭。粧飾富麗，競爲美觀，詳覈其實，百無一二。苟上之人按其圖，數其貢，流毒貽害，可勝言哉！昔蕭何入關，收秦圖籍文書，具知虛實險要，用以相漢，厥功茂焉。藉使今世或有踵蕭何之智，信往宋所存之記載，責其實於天下，郡國豈不敗乃公事？余益以悲世變之至宋，獨圖書史籍一事鑿空駕僞〔一〕，顧不如秦之猶爲務實，而且貽禍於來世蒼生也。昌國中海而處，由縣陞州，而州志不作，此固仆廝吏不知稽古之務，而爲士者亦有罪焉。余來，首訪圖經，徒起文獻不足之歎。越歲餘，始於里民購得其籍〔二〕，大率浮誇，如前所云。議欲刊削，且書混一以來之沿革。既以授州之文學士，屬余往吳中，此事中輟〔三〕。今瓜戍已踰，滯留臥疾，豈其機乎！乃趣學官，捃摭舊載，芟其蕪，黜其不實，定爲傳信之書，使州之闕文著於所補〔四〕，以俟掌建邦之六典者採焉。故序作史之大略與異時文勝其質之流弊，俾二三子知所決擇，而復有以告之。孔子曰：「吾猶及史之闕文也。」嗚呼！史闕則紀綱將板蕩而無稽矣〔五〕，是豈斯民之幸，聖人猶幸闕文之及見者，蓋逆知他日諸侯惡其籍之害己而去之也。今余於舊志得之既難，本復無二，二三子不亟圖之！余幸而受代，則是籍之存於有司者幾矣。嗚呼，猶欲及於闕文得乎！

大德戊戌七月朔日，潼川馮福京序。

四庫全書總目提要

臣等謹案《昌國州圖志》七卷，元馮福京、郭薦等同撰。福京，潼川人，官昌國州判官。薦里貫未詳，官鄞縣教諭。昌國州，即今定海縣。宋熙寧六年置昌國縣，元至元十五年始陞爲州。此書成於大德二年七月。凡分八門：曰敘州，曰敘賦，曰敘山，曰敘水，曰敘物産，曰敘官，曰敘人，曰敘祠。前有福京序。據序中所述始末，蓋福京求得舊志，屬薦等訂輯，而福京爲之審定者也。其大旨在於刊削浮詞，故其書簡而有要，不在康海《武功志》、韓邦靖《朝邑志》下。海書、邦靖書爲作者盛推，而此書不甚稱於世，殆年代稍遠，鈔本稀傳歟。據原目所載，卷首當有《環山》、《環海》及《普陀山》三圖，圖志之名實由於是。此本不載，蓋傳寫者佚之矣。

昌國州圖志後序

《昌國州志》成於是鄉儒而著者之編，視舊志寓詳於約，有是事則有是辭，凡異時荒唐繆悠之載悉皆删去，而其良法美意則謹書之。子曰：「殷因於夏禮，所損益可知也；周因於殷禮，所損益可知也。」猗歟盛哉！聖朝本三代之仁是用，車書混一，統綱制度，以漸舉行。觀是集者，亦粗可知是州之所損益也。志之成實達嚕噶齊阿嚕闕之力，皆可書。

戊戌之秋八月告朔，馮福京跋。

請修志疏

照驗所在路州縣府皆有圖經，獨本州未嘗有作，兼舊縣志板亦無存，其民户所藏之本已兩次蒙上司搜訪去訖，近本州判官廣行物色，牒發到一本，亦將腐壞，若不敦請本州耆儒因此重行編撰，遂成闕典，除指揮吏房將合照用文卷應副及官吏各裒請俸召募工匠刊造外，須至疏請，即望諸儒早行撰述。謹疏。

大德二年七月日，登仕佐郎、昌國州判官馮福京，敦武校尉、同知昌國州事張世榮，武略將軍、昌國州知州趙伯元，武略將軍、昌國州達魯花赤阿魯，吏目劉翱祖疏。州學前直學許佺，平江路嘉定州儒學小學教諭應秀方等書寫。州學直學黃介然、前恩免進士州學應天定、前從事郎、州學訓導官孫唐卿等點。

【校勘記】

〔一〕圖書史籍：四庫本作「圖籍文書」。
〔二〕得：四庫本作「獲」。
〔三〕輟：四庫本作「廢」。
〔四〕著：原作「者」，據四庫本改。
〔五〕紀綱：四庫本作「綱紀」。

大德昌國州圖志卷一

敘州

沿革

州在東海西，星紀之次，牽牛、婺女之分野。昔夏后氏帝少康所封庶子於越之地。至越句踐滅吳，獲夫差，欲使居甬東，君百家。杜預云：句章縣，東海中州也。《國語》以爲甬句東。注云：「句章，海口外州。」今州有甬東村是已。由秦歷漢，屬鄮縣。唐開元二十六年，以鄮縣置明州，領縣四，曰翁山，今之昌國也，立縣始於唐。五代時，改鄮爲鄞，則又屬鄞。往宋端拱二年，始置鹽場。熙寧六年，部使者以蓬萊、安期、富都三鄉居大海中，期會不時，置尉主鬬訟之事。既而創縣，名爲昌國，意其東控日本，北接登、萊，南亙甌、閩，西通吳會，實海中之巨障，足以昌壯國勢焉。八年，又益以定海縣之金塘鄉。紹興十三年，戶部員外郎沈麟編類民籍，戶計萬餘，而丁口再倍。德祐二年丙子三月〔一〕，聖朝混一，令中書左丞、行浙東道宣慰使哈巴岱提師壓境，遂歸附焉。是爲至元十三年，縣仍舊。至元十五年二月，朝廷謂海道險要，陞縣爲州，以重其任。時劉思義授宣武將軍、達嚕噶齊，以州印來領州事。當混一之初，人心帖泰，實嘉賴之。至元十七年，復置縣，隸於州。二十七年，縣仍廢，止單州焉。

境土

州所轄四鄉，一十九都。與州通陸，僅富都鄉九都而已。金塘四都在州之西南〔二〕，安期三都在州之東南，蓬萊三都在州之東北，星羅棊布，全賴舟楫之利以通。舊志皆以潮數約其里之遠近。然海而際天，未可以里計。今姑存之。

東西五百里，南北三百里，西南至本路三百五里。

東五潮至西莊石馬山，與高麗國分界。
南五潮至龍嶼，與象山縣分界。
西一潮至蛟門山，與定海縣分界。
北五潮至大七山，與平江路分界。
東南三潮至韭山，與象山縣分界。
西南二潮至三山，與定海縣分界。
東北五潮至神前壁下，與海州分界。
西北三潮至灘山，與嘉興路分界。

風俗

壤地褊小，又皆斥鹵，穀粟絲枲之産雖微，漁鹽舟楫之利甚溥〔三〕。無恒産而有恒心者，惟士爲能，風聲氣習，有於越之俗焉。

公宇

州治。從鎮鼇山下，山自北來，爲龍峰，蜿蜒南走，突而小峰，州治據其麓。

州門。

中門。

廳。

鎮鼇堂。廳後中堂。

敬簡齋。廳事後西偏。

吏目司。

架閣司。

吏舍。

蓬萊道院。廳東偏。

愛蓮堂。州治東偏。前有蓮池。

拂雲亭。州治後山。
海光亭。拂雲亭之上。

城郭

州城周廣五里。

城門 六所

重門擊柝以待暴客，則封域之有扃鍵尚矣。舊無之，陞州後所創也。
東江門。東隅。
西　門。西隅。
南　門。南隅。
上榮門。北隅。
舟山門。西南隅。

艮　門。東北隅。舊名虞家橋。

坊巷

申義坊。學所從入，即州學講堂扁而名。

平近坊。州治東。

清晏坊。州治西。

詩禮坊。州治東。

首登坊。州治東。

聯桂坊。州治北。往宋嘉定間爲趙時恪、時慥兄弟登第立。

神童坊。上榮門。往宋嘉熙間爲應翔孫試中童科立。

德政坊。舊名拱星。州之北。

德星坊。州西南。

圖南坊。南門。

惠應坊。城隍廟從入。
中洲坊。正監門。
教愛坊。市橋西。爲民救母病立。
印元坊。市橋之左。
興行坊。市橋東。爲民救父病立。
登朝坊。市橋之右。
西上坊。西門外。
德麟坊。舊丞廳南。今廢。
信麟坊。舊丞廳西。
甬東坊。甬東。今廢。
東明坊。東江。今廢。

社稷

壇在州西門外，去州一百步。

城隍

廟在州南。世傳茹侯維廟之神。今州有茹侯村，則侯鄉人也。侯英烈忠毅，至今父老能言之。往宋建炎間，賜惠應廟額。

倉局

永豐倉。舊係往宋縣丞廳。至元十七年陞州，遂爲縣治。縣既廢，改爲倉，專以儲本州官民田所納之租，海上諸鎮守司附州稍近者軍士於此支給月糧。大德二年春，令中書左丞行浙東道宣慰使，鎮遏海道。到州，謂倉之四顧，人戶頗疎，乃理中廳五間爲倉屋，兩廊析爲軍營，後堂以處鎮守官，於是倉營雜處，蓋以備不虞。

倉使一人。本州設。

官鹽局。至元二十七年，以係官房舍一間爲之，在中洲坊之北。

使、副各一人。本州設。

【校勘記】

〔一〕二年：四庫本作「元年」。按德祐元年爲乙亥，二年爲丙子，當以「二年」爲是。

〔二〕西南：四庫本作「西北」。

〔三〕溥：四庫本作「博」。

大德昌國州圖志卷二

敘州

學校

學舊在州東一百步。往宋熙寧八年，令張懿文所建。元祐七年，簿尉顧復經又徙而東四十步〔一〕。淳熙十六年，令王阮徙於丞廳之南〔二〕，役未竟，去官。令錢棣繼其後，始克有成。嘉定甲申，令趙大忠葺治增益。然始創之規逼仄，環學皆水，終不能有所展拓。絜齋袁燮記。闡斯道之奥，發是心之良，而輔成國家之風教者，其惟學乎。夫學之於人，猶食之有穀粟、衣之有桑麻也〔三〕，是豈可一日闕哉！四明之有昌國，海中一島也。厥地其狹矣，而士生其間，俊敏逸羣、修潔自將者，時時有之，其質美矣。加以切磋培植之功〔四〕，孰得而禦之前乎〔五〕？此非無賢令也，而教養一事多闕而不備，豈不知當務之爲急切哉〔六〕！或者其興若廢，與兵刑財用不同，非有朝廷之威命〔七〕，大吏之督責，姑徐徐焉未見其戾〔八〕。故雖有所興，爲不過一二焉而止，其勢然也。若夫發於誠心，無所畏避〔九〕，而自爲之，其度越他人顧不遠哉！今承議郎趙侯清獻公之裔孫也，典型猶在，喟然興歎曰：事豈有不可爲者哉！力或不足，痛節冗費可也。檢柅奸吏〔一〇〕，毋俾滲漏可也〔一一〕。義所當爲，勇於必爲可也。士有餘力〔一二〕，資以爲助可也。如是而後，其用乃足〔一三〕，左之右之，莫不如志，而建學之規模亦在其中矣〔一四〕。或因其故而葺治之，或創改焉而增益之〔一五〕，曰殿曰堂，屹然中居；曰齋曰序，翼然旁列。門庭由是壯焉，像設由是崇焉，祭器祭服由是作焉。廩庿以儲之，垣墉以衛之，承學之士皆得優游涵泳其中，又從而課焉試焉〔一六〕，以警厲之。鳶飛魚躍，咸受其賜，無有終極，可不謂善於其職乎〔一七〕！且南安一小郡耳，而東坡蘇公記學之成，稱其甲於江西。禮殿講堂視夫邦君之居〔一八〕，典領得人，能使其居有備〔一九〕，理固然也。今侯之所爲，其亦若是也夫！雖然，侯之設心非獨茲事也，嚴祈報之典，則冢土是崇；恤窮乏之民，則委積是豐。戶籍之覈，所以窒欺僞也；海步之就與夫嶺路之夷，又所以便往來也。凡有益於民者，是究是圖，如恐不及，矧爲禮義教化之宮〔二〇〕，其汲汲也宜如之何？侯名大忠，三衢人，擢進士科。居官所至可紀，無忝厥祖矣，余是以深美之。

歸附後，陞縣爲州，學亦隨之。至元十七年，各道設提學司，實五品官，遂借擬教授董學事〔二一〕。至元二十九年，省府例以下州不設教授，止存正錄。

學官二員

學正。

學錄。

儒戶五十八戶

至元二十七年抄定之數〔二二〕。其時強有力之司存者頗多〔二三〕，間有逃而之彼者，今雖欲歸儒，非申請於上不可。

聖旨：長生天氣力裏大福廕護助裏皇帝聖旨：據尚書省奏，江淮等處秀才乞免雜泛差役事，准奏，今後在籍秀才做買賣納商稅，種田納地稅，其餘一切雜泛差役並行蠲免，所在官司常加存恤，仍禁約使臣人等毋得於廟學內安下，非理騷擾。准此。至元二十五年十一月日〔二四〕。

上天眷命，皇帝聖旨，諭中外百司官吏人等：孔子之道，垂憲萬世，有國家者所當崇奉。曲阜林、廟、上都、大都諸路府州縣邑應設廟學、書院，照依世祖皇帝聖旨，禁約諸官員使臣軍馬毋得於内安下，或聚集理問詞訟，褻瀆飲宴，工役造作，收貯官物。其贍學地土産業及貢士莊諸人毋得侵奪，所出錢糧以供春秋二丁朔望祭祀及師生廩饍。貧寒老病之士爲衆所尊敬者，月支米糧，優恤養贍。廟宇損壞，隨即修完，作養後進，嚴加訓誨。講習道藝，務要成材。若德行文學超出時輩者，有司保舉，肅政廉訪司體覆相同，以備選用。本路總管府、提舉儒學肅政廉訪司宣明教化，勉勵學校，凡廟學公事，諸人毋得阻擾，據合行儒人事理，照依已降聖旨施行。彼或恃此非理妄行，國有常憲，寧不爲懼，宜令准此。至元三十一年七月朔日〔二五〕。

大成殿三間，自遷學後，殿宇頹圮。往宋淳祐丁未，令沈翻重建，郡人尚書王應麟記。淳祐紀元之六年，聖上首善崇化，以風四方。綠字穗書，敷賁靡類。庠聲序音，丕冒日出〔二六〕。昌國大夫沈翻始至，謁校宫。時禮殿之建適六十祼矣，朽蠹費葺。諸生進而言曰：學肇基於縣治之東，淳熙間王令阮遷於芙蓉洲西，挹秀涵清，氣勢閎偉，俊人魁士，含章挺生，道原文脈，實繫茲殿，盍鼎新之。對歟雲漢，作人之休德。君曰：承流宣化，職也，敢不祗若，啇用鳩工，士歡趍之。參預應公嘉其意，諗帥守顔公佐以郡少府錢，經始於明年暮春，越季夏殿成，般爾獻巧，枚枚奕奕，貌像惟肖，如臨沂泗，侑坐朘食，端章儼恭，陟降庭止，式禮莫愆。冠進衣逢，瞻儀興敬。觀摩麗習，文風藹如。明年，君入監左帑，相與祠於學。既十年，諸生思之，請著石章。應麟鄞末學也，辭弗獲。嘗讀《臨》之《象》曰：「君子以教思無窮。」夫澤上有地，猶君子之近民也。近民則教彌數，故周官族閭讀法，視州黨尤密。今之學郡修而邑弛，爲吏者政急而化緩期會訟獄，日鰓鰓畏百適慮〔二七〕，不越几案，而夫子宮牆漫不加省，健者舞知，怠者視蔭弁髦。武城蒲密之言而諉曰：難治教化不明，醇澆樸散，治不愈難歟，然非獨今日也。漢東京儒雅最盛，令長垂意學校者惟宋均、楊仁著於傳，何其寂寥哉？沈君能急所緩，喟然興學，可謂知本矣。昔夫子慨道不行，託興於浮海〔二八〕。是邦近天子之光，家詩書，人孝弟，吾道其行矣乎！縣大夫雖不得宿其業，以俟道化之成。後之君子，弗替引之〔二九〕，率時髦士，規聖矩賢，毋以小成自畫，學必正大，志必高明，言必仁義，行必篤敬，進而經綸天下之大經，退而居賢德善，欲俾耆老搢紳顧瞻楹桷，肅然改容，曰此賢令教思之澤也。將見立於朝者爲皋益，入其里者比鄒魯，尚當墨筆，以頌君化民成俗之功云〔三〇〕。歸附後，元貞乙未，州判官馮福京始至，首勉學之士協力修理，由內及外，爲之一新。時學正馮庚、荀世英也。州判記。

天下定於一。一者，何道是已？是故三代之得天下，以仁得此道也。恭惟皇帝嗣登大寶，嘉與天下，洗濯維新，他未遑及。首發明詔，惠顧學校，使秀於民，而爲士者有鳶飛魚躍之樂，無風震雨霖之恐〔三一〕。所以尊崇斯道者，恩至渥也。下士一介臣福京授闕銓曹，來佐昌國，凜凜乎懼學舍之將就頹圮，以不稱聖朝新美之造，日與諸生是究，是圖永肩一心。遂集羣力，殿堂齋廡，修理既完，訓蒙有育德之堂，櫺星敞闔闢之戶。惟是始創之規，地勢逼仄，環學皆水，雖欲充拓，無下手處矣。諸生來言曰：吾黨於此既幸而獲全性命於國家混一之餘，聖恩隆厚，又幸而弦誦之，安其業，游息之有其所，其可自同於蚩蚩之氓而不知帝力之有哉！迺者護持廟學之詔旨未克寫諸琬琰，以寓諸生觀省迪厲之忱，玆不爲大闕典乎！於是鳩工礱石，刊諸禮殿之前，晨薰夕燈，丕照對越，雖貌在海洲，不啻天威之咫尺也。因謂諸生曰：學既修矣，諸生亦知所以自修者乎？修道之教，所以率性保命也；修辭立誠，所以居業進德也；修其天爵，所以置人爵於無足言也。苟惟廈屋渠渠之是修〔三二〕，而不能修其身於暗室，屋漏之頃，其如修學何？古人自入大學，已習學治國平天下之道，故胸中所存，皆尊主庇民之事業，用之則其道行，不用則其學傳，決不虛生虛老於一世。諸生居則曰不吾知也，如或知爾，則何以哉？無亦以任重道遠之事施諸身，以一日必葺之規施諸學，則芃芃棫樸，薪之槱之，庶不負聖天子向用斯道之意。先聖先師，羹牆如見，洋洋乎是所望於諸子也。乃摭儒籍之預有力於修學者，刊其姓名於下方，以爲來者之勸云。元貞丙申中秋日潼川馮福京。

講堂。往宋嘉泰三年，令葛洪建。扁曰申義。參政樓公鑰書「申義堂」三大字，並爲之記。東陽葛容父洪爲昌國令，建縣庠之講堂〔三三〕，名曰申義，求書其扁。余喜葛君知政之先務〔三四〕，又樂其名之美〔三五〕，既爲之大書矣，遂並爲之記。余分教永嘉時，作序齒文以示諸生，其略曰：孔子稱甚矣。魯道之衰也，洙泗之間，齗齗如也〔三六〕。説者謂齗齗爲相遜。孟子曰：「謹庠序之教，申之以孝悌之義〔三七〕，頒白者不負戴於道路矣。」夫洙泗之間，行者相遜，何以爲魯道之衰；謹庠序之教，何與於道路之負戴者。及究其説，《漢·地理志》云：魯瀕洙泗之水，其民涉渡，幼者扶老，而代其任。俗既益薄，長者不自安〔三八〕，與幼者相遜也。徐廣又曰：蓋幼者患苦長者，長者忿媿自守，故齗齗爭辭，所以謂之衰也〔三九〕。想其盛時，老者晏然，如父兄之役，子弟無復相遜，子所謂老者安之，殆爲此也。孟子亦謂孝悌既申，則頒白負戴，少者自當代之。噫！後世教養士子，以科舉得人之多寡爲庠校之盛衰者，與古意豈不遠甚〔四〇〕？昌國，古甬東也，民以漁鹽爲業。近世儒風日興，而猶未盛。葛君崇教化，以善其俗，一聞余言，則曰：此名堂之本意也。始余從弟鏞尉東陽而歸，余啓得人之問，以容父爲稱首。茲爲鄉邑治聲固已卓然，又將興學化民，以幾古人之意，誠非文法吏所能爲者。齊變至魯，魯變至道，顧不在茲乎！鑰既爲之記，而命弟鏞題其上。

越明年，慈湖先生楊簡復記於其後。嘉泰四年春，昌國葛令君訪簡於慈溪石魚，對語從容。及邑學忽作，而言曰：名學之堂以申義，願簡申之。簡欣然奉命。令曰：此人心所自有，惟申而明之爾。簡於是益喜令言，至當厥明，敘而書之。孔子曰：「人者，天地之心。」又曰：「心之精神，是謂聖。」孟子亦每每道性善，又曰仁，人心也。大哉斯言！蓋萬世人心所自有之靈，人孰不愛敬其親。有不愛敬其親者，非人也。人孰不徐行後長〔四一〕，有不後於長者，非人也。此心人所自有也，不學而能也，不慮而知也。心之精神，是謂聖，果如吾聖人之言也。其有不然者，非其心之罪也。惟民生厚因乎物，而遷感於物而昏也〔四二〕。心之精神，無方無體，至靜而虛明，而變化，而無瞀。禹曰「安汝止」，明其本靜止也；舜曰「道心明」，此即道也。夫孝，天之經，地之義，人之行。事親事長，乃天地之心，列聖之道，可不自知自敬乎！

齋舊有四：造道、進德，存心、成性。至元壬午，本學申請於提舉司添置兩齋，曰明善，曰立禮，其實析四齋之屋而爲之。

小學在學東廡之南〔四三〕。舊名親仁齋，歲久不治。至元貞乙未，州判官馮福京重行修蓋，扁曰育德堂，專以爲訓蒙之所，請鄉之耆宿郭薦、應季挺任教導焉，且爲之記。天生烝民，有物有則。民之秉彝，好是懿德。則孩提之童，其德固已渾然。及其長也，是宜天下無不善之民矣。然而世有汙隆之異，人有君子小人之分，豈天之降才爾殊也。無乃教道之不興，而習俗之汚染也。康節邵子曰：「上品之人，不教而善；中品之人，教而後善。」斯言豈欺我哉！自非生知，安行之？上智其有不待品節裁成之教，而能德勝其氣哉！是故古之君子，欲明明德於天下者，上自王宮國都，下至比閭族黨，修道之教，靡敢一日而廢。然而教之必有其序，未可躐等而施〔四四〕。故童蒙之養，聖人慎焉。自冑子之教昉興於帝朝，而家有塾，黨有庠，小學之教遂盛於州里〔四五〕。今散見於傳記者甚悉〔四六〕，能食教右，能言教唯，以至視聽坐立，灑掃應對，莫不有教。迨十歲而出就外傅，則其朝夕之所薰陶〔四七〕，氣質之所變化，已克驗其希聖希賢之質〔四八〕。又五年，而始人大學，教以格物致知、修己治人之事，知類通達，有如時雨化之者，則其德業之成就詎可量哉！此隆古盛時，道行俗美，臣焉而忠，子焉而孝，人皆有士君子之行者，蓋自幼至壯，日日時時，生生不息之歲月，無適而不用其涵養漸摩之教也。州庠舊有小學，頹圮弗治，草蔓湮塞。余始至，而懼焉，諗於衆曰：聖人之教有始有卒，小子之學焉可廢也？遂闢地而一新之〔四九〕。厥既訖工，乃取蒙養之義，書「育德堂」三字扁焉，專以爲發蒙之所，而記夫教之不可緩者如此〔五〇〕，庶不負菁莪樂育之造云。

臺門舊有五間，圮毀已久。至元甲申重建，攝教應季挺實董其事，改扁「州學」二字。

欞星門舊植六柱，啓六扉。歸附後，門遂不存。元貞元年，州判馮福京重建，存禮制也。

祭器舊所存者，歲久刓弊，簡陋弗完。往宋進士趙若諕考訂禮經，參以紫陽朱子《釋奠圖》更造，視他學稍整。今多損闕，未有能新之者。

籩六十。

豆九十。
簠三十二。
簋三十二。
篚五。
爵三十八。
尊五。
杓七。
坫二十六。
奠盆十五。
罍三。
洗二。
冪巾七。
几十二。
黄絹帳額子。

燭臺二十。
木楪百二十。
禮服。
禮冠十。
禮服十。
中單十。
珮十。
錢糧。

舊管

水田五百九十三畝四十五步二分。
園地、山地、柴山一千一百三十二畝三角四十七步。
砂岸三所。
屋二座。

坊基四所。

舊收

米二百二十一石一斗六升六合。

穀四石。

錢九百一十二貫六百八十七文十八界。

續添

田地、園山，舊志無畝步，係郎孝祥沒官業見徵。數内巖租十定〔五一〕，舊無之，始於元貞二年，馮州判經理。

米折省斛一百五十九石七斗六升三合七勺五抄。

穀二十七石四斗二升二合。

小麥折省斛三十九石八斗五升八合六勺五抄。

豆折省斛一十六石八斗二升五合。

長短礸巖租中統鈔一十錠。

貢士莊

舊於往宋咸淳年間令姚濂任内以邑民張氏爭訴立嗣，縣以其家產業五分之一申於府、於臺、於部，照應隸學置莊，專爲貢選士人計偕之費。歸附後至元十七年，升州存縣，以本莊田糧歸學。後縣革而學亦廢，有司收係入官。逮至元甲午，欽奉聖旨，節該贍學地土產業及貢士莊諸人毋得侵奪。欽奉如此，雖屢告於有司，迄今未歸諸學。

舊管

田七十六畝三角一十步。

地八十二畝三角四十五步。

山二百丹二畝三角一十七步。

内除亭戶佔種及撥付文昌宫，實管數見後係官項下。

舊收

米一十二石七斗。

穀八十八石一斗。

小麥三十石一斗五升。

烏豆一十二石六升。

租錢四十六貫十八界。

除見徵數見官租項下，餘無所稽。

舊規式

鹿鳴宴主賓每位支三十貫文。

綠羅每匹折送八十貫文。

鄉舉一百二十貫，漕冑宗室舉八十貫，宗室取應舉四十貫，鄉補過省二百貫，漕胄宗室過省一百五十貫，宗室取應過省一百貫，鄉舉廷對三百貫，漕胄宗室廷對二百貫，宗室取應廷對一百貫，鄉補四十貫〔五二〕，漕胄宗室補三十貫，升上庠釋褐照過省例一百五十貫，升宗庠釋褐照過省例一百貫。以上舊志所載，今存之者。欽覩詔書，有議行貢舉之法，以待來者有考焉。

翁洲書院

書院在州治之北。往宋帥機應公傃讀書之所，登進士第。姪應公繇接踵魁多士，官至參政。於淳祐年間，理宗書賜「翁洲」二字，因以爲名。宗族媚黨之子弟，肄業於中。聖朝混一，各道建立提學司，首以應翔孫任山長，而江浙行省例以爲闕。本院素無田産，翔孫於元貞乙未帥其子姪撥己分産隸書院，公其出納，以爲教養之資。州判官馮福京記。翁洲書院，往宋參政應公茸芷先生讀書之所也。先生由此奮身，以詞賦魁天下士，立取要官，薦登政府，急流勇退，歸榮故鄉。翁洲爲昌國之别名，理宗書以寵光其居第，先生遂以扁書院，延師其間，率其子弟及族之人與夫鄉之俊秀皆造焉。講肄程式，一遵晦庵朱文公白鹿洞規，衿佩秩秩，禮樂秩秩，實乃爲一方精舍之望〔五三〕。先生遺世越三十年，大元混一，行省例取以充山長之選。厥有既受檄〔五四〕，謂無以爲養〔五五〕，皆望洋而不至，則以其族之儒而耆者董行教事，且望舍菜而已。歲在乙未，曰天定者，以省親辭去。白之州，州俾學正攝。聞諸府，遂次第以達行省之聽。繼准命下，詰問資糧之有無，存沒之當否〔五六〕。州謂院既無於寸產，士又隸於州庠，教養咸闕，不可徒冒其名，具以實告行省，幾去其闕。先生之猶子全軒翔孫義形於色，曰不可，使家世詩書之業自我而墜，乃輟己分田隸書院，公其出納，以贍師生。告諸提舉司，轉聞省，人議韙之〔五七〕，遂得不廢。首選嚴陵何君燁之來任山長事，實大德改元之臘月也。乃涇龜朋之吉，載刊鹿洞之規，爰采新田，重恢舊觀。於是何君來言曰：書院幾廢而復興，子實與聞其事，願爲之記，以示後人。

嗚呼！士無志古道之行久矣，三代盛時，五家爲比，家有塾焉。五百家爲黨，黨有庠焉。爲庠者三十，而後合於鄉。鄉即遂也，遂有序焉。由遂而達於爲方百里之國，若庠若序，何可勝計，則是無尺地而不興學，無一民而不受教，雖兔罝赳赳之夫，皆麟趾振振之士。三載大比〔五八〕，王拜賢書，實井田中德行道藝人也。其孝友睦婣，任恤之風，至今猶可想見，豈若後世之郡邑或百里或千里而後有一學，又必俟有司之建立、縣官之經費哉！往宋初造，有四書院〔五九〕，亦鄉自爲之，非出於在上者之驅迫，其意甚古，自是邈乎無聞。今書院再創於翁洲，不惟繼志述事，以有得於窮神知化之妙，且將推一家禮義之澤，以漸沐其鄉里，又使黨庠遂序之遺風見諸當世，可謂一舉而三得，甚盛甚偉，非志於古道而篤於力行者能之乎！因發余之緒言，告夫二三子者，以爲切磨之益。參政公書院之創，爲宗晦庵之學，像而祠之，所以使來游來歌者之目擊而道存也，二三子知之乎！晦庵於經術講說殆徧〔六〇〕，平生精力萃在《論》、《孟》、《學》、《庸》之四書〔六一〕。蓋謂學者必學於此，而能得夫窮理正心之方〔六二〕，以爲修己治人之本，故爲之章句，爲之輯略，又設爲或問，惟恐辨之不明，發之不盡，所以嘉惠後學之盛心可謂勤且忠矣〔六三〕。今其書具存，上自公卿大夫，下至齊民之子，莫不家傳而人誦，固宜君子得聞大道之要，小人得蒙至治之澤，若《大學》序文之言矣。數十年來，庠序日廣，而道學愈不明，士籍日增，而心術愈不正，其故何哉？無乃學者誤於耳目之見聞〔六四〕，不能真體實認，而知行之未至耳。大抵晦庵之書論辨反覆，訓釋詳明，析事理之精微，無毫釐之滲漏，故讀之者一開卷間，口未絕吟，而其理已粲然畢陳於前，不待思索，皆自以爲有得。迨夫卷方釋手，一回顧之頃，則向者粲然畢陳之理已若空中之華，罔然復無所見。然則暫曉了於手披口吟之間〔六五〕，不浹洽於躬行心得之妙，信奚益哉？此道學所以不明，心術所以不正，遂使先儒之傳註幾爲聖經之贅疣〔六六〕，蓋不善讀書者之罪也。謝顯道嘗以記問自矜，明道程純公以玩物喪志語之，是知誦言而忘味者，則言乃道之障礙。伊川程正公以《易》傳授尹彥明曰：只說得七分，學者須自體究。是知由辭而得意者，則辭乃道之筌蹄，此伊洛諸老之成就後學，悉皆引而不發，優而柔之，使自得之〔六七〕；饜而飫之，使自趨之〔六八〕，蓋欲其深造自得，實有以見夫道體之大全，非徒從事言辭而已也。昔王文公註《易》，或曰：「加詳焉，使學者易知，何爲而不可？」曰：「不可也。易知則學者將不思，不思則其知也非自得之知。」旨哉斯言，此其爲後學慮者，夫豈訓詁諸儒之所及哉！孔子曰：「學而不思則罔，思而不學則殆。」孟子曰：「心之官則思。思則得之，不思則不得也。」二三子其思之乎？猶待警發鞭策乎？所學所得果何物乎道是已〔六九〕？六經皆載道之文，然道非心外之物，顧思與不思耳。思之思之，而又思之，若有神物以通之，超然而覺，頓然而悟，洞洞屬屬之輝光，全心皆道；膠膠擾擾之酬酢，大道即心。出處語默之間，造次顛沛之頃，以至起居飮食之微，將無須臾而非，道心之形著矣。思至於是，復何思哉！達則道行於世，非己之達；窮則道藏諸身，非己之窮。行藏係道，己奚與焉？矧今聖明御極，詔天下郡國養士，且議行貢舉，制猶歟盛哉！二三子何患乎道之不行也。余他日於山澤樵漁之間聞有自海濱而應聘者，必將以爲翁洲之士也，二三子其試思之，則無負全軒作新書院之意，亦何君遠來開堂之所樂云〔七〇〕。堂舍若干椽，田土若干畝，此有司之事〔七一〕，故不書。大德戊戌正月望日記。

學官一員

山長

屋宇

門樓五間。

燕居一間。

齋二。曰詩，曰禮。

講堂三間。扁曰德善堂。

祠堂二間。本晦庵朱文公、應公〔七二〕。按曰有闕文。

田土

水田四十畝。

塗田一百五十畝。

歲收

水田租穀六十二石九斗。

塗田租穀每歲與佃戶兩平抽分，豐歉不等。

岱山書院

書院在岱山，因以爲名。往宋咸淳癸酉，里人魏椝等請於郡，以岱山廢酒坊空官地建立，未就緒而歸附焉，恒産皆無。迄於至元三十年，本處鹽場官徐應舉、朱許芳買民屋二間，遷於市，以存其名。江浙行省未知其詳，例以爲闕。

學官一員

山長。

屋宇

屋三間，一廈。

田無

醫學

學在州前貞武宮之南。至元二十九年，醫提領許若璧、陳錫壽、李繼之買民屋以建。前以祠三皇聖像，後以爲醫生講肄之所。至元甲午，胡逢辰以儒者流，精倉、扁之術，來爲學正，醫生賴其啓迪。

義莊

舊有田一百二十一畝，地一十八畝，歲收米九十一石，麥五石，專以濟鰥寡孤獨之民。今歸有司。

社倉

舊有田六十七畝。淳祐十二年，縣令費詡建屋二十楹於龍峰山門之左，且率鄉人士祖朱文公遺意，醵金於浙右米艘之至，頓糴以蓄其中，遇青黄不接艱食之時〔七三〕，則平價以糶，歲以爲常，亦救荒之善術也〔七四〕。歸附後，倉燬於火，遂廢云。

囚糧

往宋嘉定己卯，縣令於縣治之西取在官之田，歲可入粟十斛，又取富都中莊洋官田十七畝，歲可入粟二十三斛，吏爲掌之，以濟在囚無親族之供贍者，亦良法也。今歸之有司。

鄉村

富都鄉占東北，總九都。

里二

德行里。

鼓吹里。

村二

甬東村，在東。
茹侯村，在南。

壘八十三

曉峰。
門鹿。
螺頭。
小箒。
中莊。
小頒河。
盤嶼。

大茅。
小茅。
東江。
楊壆。
謝浦。
翁浦。
洞壆。
嚴家壆。
澤浦。
郭壆。
劉嶺東。
寺壆。
姚家壆。
祝家壆。

大箳壆。
小箳壆。
馬　壆。
蘆　花。
苔　浦。
孟家壆。
沈家門。
田公壆。
大　蒻〔七五〕。
下塘頭。
王大簹壆。
邱家礅。
南　壆。
東　村。

施家墨。
小蘆。
釣嶼。
沈家墨。
松子。
麻嶼。
洩墨。
螺門。
小枝。
郎家墨。
東湖。
北墠。
虞家墨。
大頞河。

小砂壘。
小翦東茅洋〔七六〕。
躄娘壘。
大舟。
大蘆。
干礦。
三松江。
五百壘。
小舟。
中莊。
溪口。
李家壘。
紙甓。
侯家壘。

東山。
浦東。
南墠。
溪彈。
蘇仲。
西山頭。
宜坑。
水泉。
白泉。
東湖。
西湖。
虞家墨。
柯梅。
蚶墨。

郎家壘。

大箐。

茅嶺。

長嶼。

軍亭。

大青。

安期鄉。占東南，總三都

里一

三山里。

村三

桃花村。在東南。

馬秦村。在東。

扶桑村。在南。

墨四十七

梅岑。

外黨。

桑木灣。

裏黨。

長股。

短股。

木邱。

黄砂。

大馬秦。

沙角。

螺墨。

小馬秦。
礪壆。
富溪。
冊子。
陳家壆。
石述。
枝壆。
南田。
吳農。
北田。
北砂。
桃花。
登部。
千步砂。

黄墨。
石浜。
崑斗。
東弄。
嘉芹。
下砂。
大田。
蝦崎〔七七〕。
黄砂。
外墨。
吴家跳〔七八〕。
杜莊。
東敖。
郎家東西墨。

硃壘。
中心。
浡塗。
厲壘。
東茆峴〔七九〕。
竹頭。
廟壘。
西茆峴。
金塘鄉。占西南，總四都。
里一
湖上里。

村二

大壆村。在西。

烈港村。在南。

壆四十三

五百壆。

鼇崎。

上周。

上林。

黄將壆。

三家村。

裏壆。

大壆。

塔頭。
夏家壆。
上千。
泗洲壆。
東堠。
西堠。
小里。
蛤蜊壆。
烈港。
岑江。
宣家壆。
漲史。
扶桑。
盤壆。

大沙。
小沙外壘。
青壘。
長白。
馬墓。
宜山。
孤史。
冊子。岑江背。
秀山。
秀枝。
雙鴉。
章門。
石屋。
厲壘。

長塗。
跋壆。
深水。
灌門。
許家壆。
稠江。
冊子。海西。
蓬萊鄉。占東北，總五都。今併爲三。
里一
岱岸里。
村三
岱山村。在東北。

胸山村。在西北。

北界村。在北。

墺六十九

高亭。

南亭。

西墺。

莆洋。

白峰。

青横。

谷墺。

松嶼頭。

鄭家墺。

千步砂。

岸斗。
秦頭。
岱支。
里壘。
砂塘下。
東壘。
岳子。
崐頭。
戚家砂。
下茆。
石述。
余浦〔八〇〕。
朐東。
地砂。

桑子。

巖子。

楊公衕。

後墺。

化坑。

場公額。

三姑。

洋山。

馬跡。

黃家墺。

鱷門。

嘉湖。

闕墺。

簠巉。

菱湖。
礁墨。
北砂。
大小田墨。
大墨頭。
外石。
泗頭墨。
苔汫。
長表頭。
裹行。
叫兒。
墓墨。
上黄砂。
雞鳴。

深水。
大小馬公〔八一〕。
福立。
下黄砂。
神前。
莆壆〔八二〕。
干斜。
壆吟。
大盤。
西莊〔八三〕。
東枯。
洛華。
大小壁下。
澤下。

王家壆。
石衕。
大發。

【校勘記】

〔一〕顧復經：四庫本無「經」字。按《寶慶四明志》卷二〇、《延祐四明志》卷一三皆作「顧復經」。

〔二〕王阮：四庫本但作「王」。按《寶慶四明志》卷二〇、《延祐四明志》卷一三皆作「王阮」。

〔三〕四庫本「衣」上有「猶」字。

〔四〕切蹉：四庫本作「切磨」。

〔五〕得：四庫本作「能」。

〔六〕急切：四庫本無「切」字。

〔七〕廷：四庫本作「家」。

〔八〕戾：四庫本作「獲戾」。

〔九〕避：四庫本作「尊」。

〔一〇〕奸吏：四庫本作「吏奸」。

〔一一〕滲漏：四庫本作「侵蝕」。

〔一二〕餘：四庫本作「強」。
〔一三〕「足」下四庫本有「焉」字。
〔一四〕亦在：四庫本作「具」。
〔一五〕改焉：四庫本作「其新」。
〔一六〕又從而：四庫本作「而又」。
〔一七〕善：四庫本作「盡」。
〔一八〕夫：四庫本作「大」。
〔一九〕有備：四庫本作「官大」。
〔二〇〕宮：四庫本作「官」。
〔二一〕借：四庫本作「僭」。
〔二二〕二十七：四庫本作「二十九」。
〔二三〕者：四庫本無。
〔二四〕「日」上四庫本注「缺」字。
〔二五〕朔：四庫本作「缺」。

〔二六〕日出：四庫本作「出日」。

〔二七〕鰓鰓：四庫本作「緦緦」。

〔二八〕浮：四庫本作「桴」。

〔二九〕弗：四庫本作「勿」。

〔三〇〕君：四庫本無。

〔三一〕霖：四庫本作「淩」。

〔三二〕廈：四庫本作「夏」。

〔三三〕建：四庫本作「於」。

〔三四〕先務：四庫本作「樂爲」。

〔三五〕其名之美：四庫本作「堂名之佳」。

〔三六〕「齗齗如也」下至「説者謂」四庫本無。

〔三七〕上一「之」字四庫本無。

〔三八〕長者：四庫本作「長老」。按下文皆作「長者」，當是。

〔三九〕謂之：四庫本作「爲」。

〔四〇〕遠甚：原作「甚遠」，據四庫本乙。
〔四一〕「不」下四庫本有「知」字。
〔四二〕上「而」字，四庫本作「有」。
〔四三〕在：四庫本無。
〔四四〕未可：四庫本作「未始」。
〔四五〕州：四庫本作「間」。
〔四六〕「記」下四庫本有「間」字，無「甚悉」二字。
〔四七〕所：原本無，據四庫本及下文例補。
〔四八〕驗：四庫本作「念」。
〔四九〕闢：四庫本作「掃」。
〔五〇〕緩：四庫本作「逭」。
〔五一〕租：四庫本作「耗」。
〔五二〕補：原作「舉」，據四庫本改。
〔五三〕乃：四庫本無。

〔五四〕檄：原作「激」，據四庫本改。
〔五五〕無：原作「之」，據四庫本改。
〔五六〕沒：四庫本作「設」。
〔五七〕人：四庫本無。
〔五八〕載：四庫本作「歲」。
〔五九〕有：四庫本作「如」。
〔六〇〕術：四庫本無。
〔六一〕學庸：四庫本作「庸學」。
〔六二〕「而」下四庫本有「後」字。
〔六三〕可謂：四庫本無。
〔六四〕耳目：四庫本作「眼耳」。
〔六五〕吟：四庫本作「誦」。
〔六六〕先儒：四庫本作「儒先」。
〔六七〕得：四庫本作「求」。

〔六八〕趨：四庫本作「趣」。

〔六九〕乎：四庫本作「哉」。

〔七〇〕云：原作「也」，據四庫本改。

〔七一〕之：四庫本無。

〔七二〕「應公」上四庫本有「儒先二」三字，無下句「按曰有闕文」五字。

〔七三〕遇：原本無，據四庫本補。

〔七四〕救荒之善術：四庫本作「賑饑之美意」。

〔七五〕翦：四庫本作「剪」。

〔七六〕翦：四庫本作「剪」。

〔七七〕崎：四庫本作「埼」。

〔七八〕吳家跳：四庫本無。

〔七九〕東茆峴：四庫本作「吳家跳」。

〔八〇〕余：四庫本作「佘」。

〔八一〕「大小馬公」下四庫本有「箐壆」條。

〔八二〕莆壑：四庫本作「西莊」。

〔八三〕西莊：四庫本無。

大德昌國州圖志卷三

敘賦

《大學》曰：「有德此有人，有人此有土，有土此有財，有財此有用。」然天地生財，止有此數，不聚於民，則聚於官，故賦斂煩重〔一〕，則民無以爲生。此聖人所以言財用必先之以有德。理財正辭，必歸諸義。而《禹貢》亦曰：「庶土交正，底慎財賦。」詳味「慎」之一辭，其取於民有制矣，其仁天下之心可見矣。

戶口

主戶七千六百六十五，口二萬三千一十四。

客戶五千八百七十六，口一萬八千四百八十八。紹熙至德祐丙子又八十餘年，生聚日繁，蓋亦倍蓰矣。

歸附後，至元二十年通抄數〔二〕。

槩管戶二萬二千六百四十〔三〕。

民戶二萬一千六百丹六。內僧人戶四十三〔四〕。

儒戶五十八。

竈戶七百丹二。

醫戶四十三。

匠戶五十四。

軍戶一百七十一。

打捕戶六。

口一十二萬六千丹五。

僧道四十三處，計口一千三百五十八。僧道往來不常，未可指爲定數。

田糧

舊志輸納苗米之田不載，以秋税之數攷之，徵米三千二百四十四石六斗二升八合二勺，除各寺院田不起租米四百一十二石九斗四升六合外，該徵二千八百三十一石六斗八升二合二勺，此文思院斛。以今省降斛折之，止該一千九百三十九石七斗一合。今考在官之籍，詳具於後。

諸色田土共計二千九百二十二頃三十七畝九分三釐。官、民、寺觀總數。

民苗田一千三百八十二頃六十四畝八分。内有逃避房屋一十二間，納秋税中統鈔一十四兩四錢。

秋糧二千六百九十九石九斗八升九合。

夏税中統鈔一百六十一定四十九兩九錢六分七釐。

舊志夏税雖有紬絹綿子之數，實皆折錢。混一以來，朝廷以浙東、福建爲近邊之地，特加優恤，未行起徵。至大德元年，始以民苗爲數，每石徵中統鈔三兩，以爲夏税焉。是年十月，准奉上司文字，欽奉聖旨：節該被災人户，合納税糧損及五分之上者，全行倚免。有災，例不該免，以十分爲率，量減三分。其餘去處，普免二分。江南新科夏稅，今年盡行倚免。已納到官者，准算來歲夏稅。欽此。海邦百姓，鼓舞慶快，何以補報聖恩哉！

係官田土五百一十三頃八畝七分三釐，秋糧一千六百八十五石八升。內有粳米一百八石七斗八升一合〔五〕。

塗田

塗田者，乃海濱塗汎之地。有力之家累土石爲隄，以捍潮水。月日滋久，塗泥遂乾，始得爲田。或遇風潮暴作，土石有一罅之決，鹹水沖入，則田復塗矣。

往宋元管二百七十六頃八十三畝二角六十九步。歸附後，至元十八年方計畝起租，每畝科徵米二升，爲儉於產米，以鈔折焉，每升准中統鈔六分半，則是每畝止科一錢三分。此朝廷寬大之恩。至元貞二年，例行括勘，應干隱瞞田土，郡委州判提調，自是出首叢然。是歲秋，省委官到府，增塗田租稅，州縣率皆承意，郡檄州判赴府講究。州判謂吾州周遭皆海，每歲秋潮，捍海之隄必有決者，不惟無米可收，抑且無田可種，實非其他州縣止一方一隅濱海之比。若照例增租，在官之人至微，斯民之害無窮，甚非朝廷愛養基本之意。具狀請於省，委官請於郡。時路達嚕噶齊月列亦有志於民，力主是議，遂得不增。象山亦援此例，額亦仍舊。自餘州縣，增數多矣，今有案可考。至大德元年，遂管田四百六十一頃九十九畝三分，視往宋已倍其數。續奉上司指揮科徵正米，而田又略增。大德二年，至管田四百九十八頃四十六畝八分，實徵米九百九十六石九斗三升三合四勺四抄，由是無寸田尺土之遺矣。

《州判講究塗田租米狀》

昌國州判官馮福京照驗「八月十一日承奉總府指揮爲塗田租額，勾請當職赴府以定擬」事。奉此。於今月十七日到府，與各州縣官講究得海塗田畝，各各州縣，地勢高低不等，元科租額不同。切照昌國在環海中〔六〕，槩管四鄉一十九都，除富都一鄉與本州連陸外，其餘三鄉都分俱各散在海洋，不比其他州縣止是一邊靠海。所有塗田周圍皆鹹鹵浸灌，民自備本，築埭隄岸，使塗爲田。苟失時不修，隄岸崩漏，田復爲塗。其近隄岸田畝與鹹水爲鄰，止可種稗。其去隄岸稍遠，與山腳相接，方可種稻。若遇久旱，則鹹氣蒸鬱，禾盡枯槁。設或久雨，則山水泛溢，禾盡淤没。惟雨水調勻，方可得熟，然後及其他州縣下等所收之數〔七〕。又兼本州別無淡水河港，其山水注下去處，皆與潮通，鹹水易以衝入，以此並無肥田。近據民戶畢信等告，亡宋時，每畝納蠻會十八界五百文。歸附後，起徵省米八合七抄有零，折中統鈔一錢二分。以中熟年分秋成價數言之，亦可買折省米二升。今擬塗田每畝科徵折省米二升，似爲相應矣。觀此申述，則州民之貧困亦可想見〔八〕，豈忍重賦之哉？

廣惠院田土一頃四十四畝一分。院在慶元路。往宋縣以是田所入之租悉送上府，以助供給孤老之用，亦良法也。

貢士莊田土一頃六畝五分。詳見前學校後。

社倉田三十九畝二分。始末見前。

義莊田土一頃三十六畝六分。始末見前。

義役田土一頃七十七畝。往宋時衆役戶捐己田，歲一人掌之，專以助有司科調之用，曰義役。

河堰田一十畝五分。坐落富九都林唐壆十二處。又四畝。坐落安一都張家壆。往宋未嘗起租。

戶絕田一畝四分。

斷沒田十四畝六分。

逃避戶田八畝九分三釐。
岱山教場十畝。
舊以爲演習教閱弓兵之地。
職田田土四十一畝四釐。
以荒閒田土分撥州官，充圭租之餘。
係官地山蕩，共計二十頃六十七畝四分。
租錢中統鈔九定六兩三錢五分五釐。
戶絕、逃避、斷沒地一頃七十九畝九分五釐八毫六絲，該租錢中統鈔四定一十四兩二錢三分五釐。
蕩二畝五分，該租錢中統鈔三錢二分五釐。
戶絕、逃避、斷沒山一十八頃八十七畝四分，該租錢中統鈔四定二十二兩六分。
寺觀田土一千丹五頃九十七畝。不曾起租。
僧寺一千五頃一十一畝。
道觀八十六畝。

以上俱係省局報過數日。

食鹽

始於至元二十七年抄數之後，一應諸色人戶計口請買，歲該二千五引一百四十三斤二兩四錢，每引中統鈔五十貫。民戶間有逃移物故，鄉都凋瘵，實艱於錢。大德元年，馮州判治郡，檄至行省，適上司增添鹽價，每引通該六十五貫。州判謂州民貧乏，而鹽價頓增，甚非海鄉之利，具以聞諸省，蒙歲減十分之二，實買一千六百四引一百一十四斤〔九〕。海鄉之民既寬一年之內，至大德二年，運司以鹽課壅滯，遂於定額外增二千五百六十引本，州遂分得鹽課四千三引二百八十五斤，是每歲實增二千四十八引。使昨歲無一分收成之歲有如此之增，吏與民豈不殆哉？若將來鹽法通流，則横增之數必在削去，仍辦八分之數矣。

省劄減鹽指揮：據江浙等處行中書省該據昌國州判官馮福京呈本州：坐落海心所轄四鄉一十九都，除富都鄉九都與本州連陸外，其餘三鄉十都並各散在海洋，止是小小山島，並無膏腴田土。其間百姓止靠捕魚爲活，別無買賣生理，鈔兩實爲艱得。每年計口請買食鹽，勾追笞責，重費經營。自二十七年抄數諸色戶計有二萬二千四百餘戶，計一十萬三千五百餘口，歲買食鹽二千零五引一百餘斤，無問大小，每口月該食鹽一十餘兩。因此遞年以來逃亡事故〔一〇〕，民戶比元數已虧，而鹽額如故，多是里正主首及見在戶口代爲閉買，年復一年，已皆靠損。兼海島別無蔬菜，惟食鹹水魚鮮，貧戶無鹽亦可度日。況今鹽價每引增上二十五貫，則二千零五引比舊該增六百餘定，必致愈見生受。蓋海山之民多無常產，若不從宜均定，不惟失誤官課，將恐民不聊生，流爲盜賊，深繫利害。乞照詳事得此行。據兩浙都轉運司申，照得昌國州週歲該鹽二千五引一百四十三斤二兩四錢，今擬十分中量減二分，該鹽四百一引二十八斤一十兩八分外，實該辦鹽一千六百四引一百一十四斤八兩三錢二分，委爲官民兩便。省府除已行下兩浙運司准申外，合下仰照驗行下，合屬驗本州管下鄉都元派食鹽數目〔一一〕，以十分爲率，從實普例均減二分，毋得因而作弊樁配。仍嚴切禁治，不致買食私鹽，侵視官課違錯，須至劄付者。

漁鹽

歲辦不等，舊實無之。蓋附海之民歲造魚鮝，多買有引，客鹽爲用，官未嘗置局也。自至元三十年，昉於燕參政南康人之奏，於海邊捕魚時分，令船戶各驗船料大小，赴局買鹽，淹浥魚鮝。然船戶亦有不爲漁者，非官司驅迫，鮮有樂於請買。自是歲嚴一歲，買數愈增，大德元年至買及八百餘引。

酒課

周歲散辦一百一定四十九兩八錢八分，以民苗之多寡爲起課之贏縮。其無田而沽賣者，亦在其數。

茶課

周歲起催三定丹五兩六錢四分。舊實無之，始於至元三十年。茶提舉司到州取勘，爲無茶園及磨茶戶，姑令各都認辦此數。

曆本錢

每年止奉上司發下曆本數目解錢，大曆每冊中統鈔五百文，小曆每張中統鈔五十文，此官定價數也。

沙魚皮

歲納九十四張。本州實無所產。至元十八年，海都船戶以其力之高下請於官，願輸其數，以免差發，乃在他處買納，遂以爲例。厥後差發仍存，而皮猶納焉。

富五都五張。

富七都六張。

安一都二張。

安二都四張。

蓬一、二都二張。

蓬三、四都四十一張。

蓬五都三十四張。

狸皮

該二十張，係捕戶每年送納，至元二十八年起徵。

魚鰾

歲納八十斤，於出産都分科徵，始於至元三十年。

金一都一十斤。

金二都一十斤。

金三都二十斤。

金四都二十斤。

蓬三、四都二十斤。

稅課

往宋以海鄉散漫，止産魚鹽，商賈之所不至，故無徵禁。至元二十五年始置，每月櫃辦中統鈔一定一十八兩六錢，今增至三定半有奇矣。

【校勘記】

〔一〕煩：四庫本作「頗」。

〔二〕「通」下四庫本有「行」字。

〔三〕按下文「口一十二萬六千丹五」九字四庫本移於此。

〔四〕僧：四庫本作「皆」。

〔五〕米：四庫本作「穀」。

〔六〕切：四庫本作「竊」。

〔七〕然後：四庫本作「并不」。

〔八〕困：四庫本作「乏」。

〔九〕買：四庫本作「賣」。

〔一〇〕遞：四庫本作「近」。

〔一一〕管：原作「官」，據四庫本改。

大德昌國州圖志卷四

敍山

山

余聞山。有南北條列，如人之脈。然有近而不相連、有遠而實相續者。其遠而相續者，隔江河而不絕。故大江以南之山，皆來自梁，綿延過九江，接揚州，分爲二支：其一由彭蠡接閩，其一過湖口接吳。然則南條陽列之山至定海而絕矣。昌國之山何自而來哉？信知其爲瀛洲方丈之屬也。

鎮鼇山。在海中。屹然有六鼇背負之勢。州治據其趾而坐鎮焉，因以名其堂。

黄楊山。在州東北。通陸之處，極巉巖嶮峻，一峰傑出，人目曰黄楊尖。

翁　山。一名翁洲。去州東一舍。《抱朴子》論古仙者之藥，以登名山爲上，而以海中大島嶼若會稽之東翁洲之類者次之。

梅岑山。在海之東。世傳梅福煉丹之所，因以名此山〔一〕。一名補陀落迦山，佛書所謂海岸孤絶處。詳見《寶陀寺記》。

舟　山。在州之南。有山翼〔二〕，如枕海之湄。以舟之所聚，故名舟山。

大椎山。即州治照山。儼若屏障，在前四望，其形如一。州民卜居者，面此山爲風水。

岝峉山。在海之東。山之巔産白艾，重午人競採之。詳見《本草》。

石門山。在州之東。陸迴絶處，名極樂嶼，下瞰滄海〔三〕，渺無涯際。旁有兩山，對峙如門。出入此彼，則有兩都之隔。惰農老人陳明可過此，有詩題其石云：「兩山對立石爲門，疑隔桃源舊日村。擡手欲敲終不啓〔四〕，煙封霧鎖過黄昏。」

雙髻山。州山之最高者，距州治僅十里。層巒聳結，宛如雙髻。

烏黿巖。在州之西。山有一石，狀如黿。

竹嶼山。與舟山對境，兩山夾峙。上有叢竹，附潮而上者由此，謂之竹嶼門。

雲嶼山。與竹嶼對峙。山勢稍崇，雲氣常滃鬱，附潮而下者由此，謂之雲嶼門。

盤嶼山。與竹嶼山相左右。中有一小聚落，田可耕，海可煮，編亭置竈於內。以其山勢環擁，故曰盤。

丁家礁。繇舟山解纜一餉可到。左大茆港，右螺頭洋，亂石嶄然，起乎中間。潮溢，則礁沒而不露。舟人弗戒，或與石遇，則維楫俱亡。令王與善爲之攻堅，植表以示來者，屹然中流之砥柱。

螺頭山。去州半潮，有島突起海心，其狀拳然如螺。

東藿山。在海之東北，環以大洋。世傳徐福至此山，有石宛如一枰，修竹森立，風枝拂掃，常無纖塵。

桃花山。在海之東北〔五〕。世傳安期生煉丹之所。嘗以醉墨灑石成桃花紋，因以爲名。

馬跡山。在海之東北。安期生之洞在焉。

石衕山。在海之東北。有石玲瓏，故名。

岱山。在海之北。傳所謂岱輿、蓬萊，或者名始於此。

馬秦山。在海之東南。昔有碧雲庵，馬耆禪師修道於此，與黄給事龜年等聯句，刻諸石，有曰「團團深鎖碧煙籠，馬。安隱禪居瑞氣中。黄。萬頃滄浪終夜月，張居士光。更於何處覓天宮。黄承事岳年」。

蓮花峰。與馬秦山碧雲庵對峙。三石層出如蓮花，上有佛腳跡、拄杖印、馬迹痕，山之四隅各有小浮圖，地産草一種，名「長生不死」云。

順母山。在海之東。山側有石形如牛，方外人謂石牛之口。

箭巖。在馬秦後砂。上有箭孔，故名。

黄公山。在海之南。峰極峭峻，絕頂有石碣，字漫滅不可讀。或云晉時隱者黄公善神術，制白虎，甃此山，故名。

塔嶺山。在黄公山之南。土人登山，嘗見老僧趺坐石上，因壘石爲塔，以拜之去。嶺數十步有石如婦人狀，春月多杜鵑花。

鼓吹山。在州東三十里。山之陰曰戰洋，曰馬墨，偃王祠在前。其嶺平如掌，可容數百人，風雨晦冥之時，隱隱有鼓吹聲。

葛仙峰。在州之金塘鄉，一潮可至。葛仙翁、陳禪師、金信郎同憩此山。山之巔産桃一株，花而不實。舊有三仙堂，遺趾猶存。仙翁煉丹井，亢旱亦不枯。

刑馬磧。在岱山之東北，名秦頭。父老相傳，謂昔隋驃騎陳將軍奉命伐流求國，領兵至此，刑馬祭神。今之英感廟靈濟侯是也。

洋山。在蓬萊鄉之大海中。因祠隋煬帝於此，凡草不生，白石磷磷。殿前有池，産緑毛龜，如錢大，若有神司之，好事者□□不可得〔六〕。

玉峰。在岱山鷂子尖嶺下。岡巒秀拔，林樾蒼潤，時有白霧蒙其巔，人以爲福地。往宋乾德四年，徙超果寺於其麓。見之樓參政《記》。

寺鐘山。在秀山，去州隔一潮。山之頂有古佛殿基，堦砌儼然。旁有井甃，以甎存而不毁。凡遇陰晦，隱隱聞鐘聲，因以爲名。

書字巖。在寺鐘山之側。一名桂竹嶼。危巖懸覆，若墜若浮。俗傳羅隱嘗留題，故名「書字」，字跡猶髣髴可見。

佛嶼山。在秀山。上有一峰，表表特立，望之儼如丈六金身相。旁睨如背負一小佛，狀甚怪。

響巖。在馬秦，去州隔一潮。巖石玲瓏，遇陰晦，則空洞有聲。

歇轎岸〔七〕。在馬秦。上有石平，闊五丈許。昔黄給事結庵山側，往來停車於此。

烏石塘。在馬秦。綿亙百餘丈，高可二丈許。枕海之濱，表裏皆青圓石子，如龍之鱗甲然。下注民田，皆成沃壤。天色晦冥，則光怪間錯。父老相傳謂舊無此塘，一夕暴風雨挾而至。

黑棋子灣。在烏石塘之左。其形圓巧紺滑，欲得之者，必禱於神，撒黑豆易之。

白棋子灣。與黑棋子灣相望。螺蚌之甲，隨潮上下，淘洗成質，瑩潔光潤。欲得之者，撒白米易之。

香火礁。在馬秦大海中。每歲三月間，大魚揚鬐鼓鬣從大洋來，會於礁之下。

十二峰。在朐山，去州三潮。山有十二尖，若巫山然。

銅　礁。在朐山礁之右。如銅水，紺碧色。

礁砧山。屬岱山，北海至險處。以山之形名之。中有磁石。

西蘭山。

大箬山。

梩岸山。

磈石山。

滕壘山。

小竿山。以上在南。

大竿山。

蘭　山。

崑斗山。

闕山。

蛟　山。

登部山。

黄砂山。

徐公山。

雙嶼山。

石珠山。

石馬山。

東句曲山。

石牛山。

壘山。以上在東。

浪港山。

深水山。

莆壘山。

蛇山〔八〕。

竹山。

洋山。

東蘭山。

西枯山。

東曉山。

東枯山。

桑子山。舊名桑石。

石蜀山。

東朐山。

川石山。

北壁山。

西須山。

須皓山。

落華山。

青閙山。以上並在東北。

大磧山。

東乳山。

東岱山。

西朐山。

大洋山。

釣嶼山。以上在北。
回峰山。
西良山。
長塗山。
三姑山。
灘山。
長白山。
西岱山。
正策山。
吳農山。
如岸山。
横子山。
冊子山。
西桑山。以上並在西北。

大茆山。

小茆山。以上在西南〔九〕。

敘水

水

天地至大，海次焉。州中海而立，有崇山峻嶺居其中者，但見青天四垂，忽波濤怒起，萬怪畢陳，而風月光霽，一平如掌，不覩於此，豈知有江淮河漢之衆細而歸諸大哉？

奩　池。在州治前。周數十丈，方廣如一。亢陽不枯。舊傳奩潛其中。一名筆硯池。

東龍潭。在州之東，介萬壽、衍慶兩寺間。據山之頂，清徹無底。上有龍王祠，遇旱則禱之。

洩潭瀑布。在州東北三十六里。據山之腰。往宋宣和中歲旱，簿尉劉佖投以詩曰：「未躍天衢臥寂寥，碧潭流溢海山腰。埋藏頭角雖多日，鼓動風雷在一朝。既若有心成變化，豈能無意澤枯焦。神蹤許爲蒼生起，願擊香車上九霄。」詩沈而雨至。又薛主簿寘有詩云：「秋高水壯雪飛濤，巖木招風怒竅號。不是玉虹低澗飲，白龍拖雨下山腰。」

小塁潭。在州西三十里餘。遇旱則禱之，有蜥蜴出焉。

漩　潭。在州北五里。僅一堂坳水，汲之不竭。遇旱則祭之。

青龍潭。在普慈寺之後山。一泓鏡如，禱雨則出青蛇，以顯其異。

九節鰻潭。在州東五里畦塍間，一古井耳。有人於其中得一鰻，歸而臠之，析爲九，將投諸釜，怪風倏起，視其鰻，無有也。他日復汲於井，則鰻洋洋而出，九節顯然。鄉人神之，以爲龍，遇旱必禱焉。

菖蒲潭。在州西岑江之別嶼。其潭深不可涯涘，有菖蒲生其中〔一〇〕，歲旱則禱之。

鄭山龍潭。在州東大翦村。有山危峭，不可躋攀。山之巔舊有石罅，一村民因採樵、浣垢衣其間，視之則紺碧色〔一一〕。及其歸，若有所憑依，譫言觸龍之怒，故然。後遇旱禱之，有金絲蜥蜴者出。
高鰲山潭。在州之岱山東南。藏經云：東海有山，名曰高鰲，乃娑竭龍王所居之地。上有亭宇，遇旱，鄉人禱之。
岱山龍潭。依山之麓。其潭有三，相去數步，闊不尋丈，深不盈尺。禱旱，投以尺書，則有物若蠏捧而入，間有狀如鰻者躍而出。或誠不能感，則既沈之書復浮於水。
惠泉井。在州北一里。深可二丈許。往宋端拱二年所鑿也。大旱不枯。間有白蛇出現，井之靈歟。
聖母池。在道隆觀聖母殿之前。方廣僅尋丈。舊創嶽祠，邑有急足洪姓者詣兗州東嶽山取盃水歸，鑿斯池以瀦之。人有禱者，擕紙錢一束投其中，神或顧歆，則倏然而墜，若有掣之者，不然則泛泛於上，或者視此以爲禍福之驗。
高大山龍潭。去州東三十里。父老相傳有白龍乘雲而下，雙睛注地〔一二〕，遂成龍淵。卷石勺水，旱暵不竭。有青蜥蜴常現潭上，遇旱則禱焉。
白泉湖。在州東北。舊周廣三十里，瀦水灌田，源泉沕涌。值旱，則桔槔輻輳。

黄馬溪。在州西北十五里。南埠水從茶嶺發源，流注於海，民田賴以灌溉。

下塘。在州東蘆花村，與補陀山相望，隔一海。舊有此塘。父老相傳，天氣晦冥，凡三日，劃然開霽，自青山頭至横山突起一塘，一百餘丈，其中皆小黑白石子，豈非天作地設者邪？

灌門。去州兩潮，屹乎中流。有一砥柱，望之如人拱手而立。水匯於此，旋涌若沸，舟行者必浮以物殺其勢而後過焉。風雨將作，有聲如雷，震驚百里。歲旱，有所禱，則持鐵篆以投之，水輒騰起，雨隨應，或者以爲蛟龍之窟宅云。

嘉芹。去州兩潮，在黄公墨之北。其水多芹，取古人食芹之義，因以名。

聖池。在黄公墨之南。舊傳此地聚落未成，時有二尼築庵於古木下，修浮屠業，不知何許人。因後徙居者衆，二尼遁迹而去，遺趾尚存。中有池，潴水，清冽可食，至今以「聖池」名云。

岑江港。去州西北三十里。舊謂之六國港口。南北舟舶輻輳於此，亦海州之一鎮云。

橋梁

市　橋。舊名狀元橋。往宋紹熙元年令王阮創建。

第二橋。

第三橋。皆在州市之南。往宋明道初，陳氏居士文諒自開封徙居於此，捐資建此二橋，人不病涉，目爲陳太翁橋。

曉峰橋。去州西五里。往宋淳熙十五年，西監監鹽鮑謂建〔一三〕。

東江橋。去州東五里。舊亦陳太翁所建，圮於風潮。厥後太翁諸孫行覺城居士重爲建造。

東新橋。東江橋之第二橋。

虞家橋。去州北三里。

虹　橋。去州北十里。枕大溪，形如臥虹。

南墠橋。去州北二十里。

毛家橋。去州北三十里岑江市心。
葛家橋。去州三十里翁浦。
甬東橋。去州十五里。

津渡

舟山渡。
竿纜渡。
泗洲塘渡。
冊子渡。
金塘渡。
沈家門渡。

井

舟山井。州南，枕山之趾，去海不半武。泓泉甘美可愛。山海相接，而鹹淡之味夐異，豈泉脈有自來哉？

四眼井。州治之北。一井而四穴，汲者競趨焉。

東　井。

周莊井。

滕坑井。

碶堰

慶豐碶。

岑江碶。

和尚碶。

翁浦碶。

蘆花碶。

甬東碶。

金魚堰〔一四〕。

敘物産

土地所生，風氣所宜，不可以不書。而多識於鳥獸草木之名，《爾雅》之注不可誚也。

五穀田之近山者多旱乾，近海者多斥鹵，粳與糯咸不宜焉，則平土能有幾何。故歲得上熟，僅可供州民數月之食，全藉浙右客艘之米濟焉。

粳。

糯。

大麥。

小麥。

蕎麥。

黍。

麻。

粟。

黑豆。

菉豆。

赤豆。

布帛斥鹵之地，桑麻皆非所宜。民戶間有高阜之地，始能種植，可以株計，故絲枲之利絕少。

絹。

苧麻〔一五〕。

麻布。

禽類

頻伽。佛書著名，補陀有之。

鵲。

鴿〔一六〕。

鳩。

山鵲。

雀。

鷹。

鸛。

鷗。

鷺。

鶯。
燕。
鸕鷀。
姑惡。
婆餅焦。
野鴨。
畫眉。
鵪鴿。
白頭翁。
繡眼。
黄頭。
山鵲。
百舌。
雪姑。

紅鶴。

蠘嘴。

海族 「海物惟錯」，此固《禹貢》之所賦。州雖在海中，錯物視台、溫及閩中最少，未可槩以海錯責之。是州今書其實有者。

魟魚。

鱸魚。

鮵魚。

鯧魚。

梅魚。

春魚。似石首而小者。

鯆魚。

石首魚。一名鯼，又名洋山魚。

鰉魚。可爲鮓。
帶魚。
鯊魚。
魛魚。
箬魚。
比目魚。
泥魚。
短魚。
華臍。一名壽魚，一作綬。一名老婆魚。一名琵琶魚，以其形似之。
烏魚。
鯔魚。
鰣魚。
邵洋魚。
烏蝲

鯢魚。一名河豚，一名烏郎。

書篾魚。

黄魚。

鱟。

海鯽。

馬蛟魚。

黄鯽。

鰻。

水母。

竹夾魚。

章巨。

鰐。

望潮。

香螺。

赤蝦。
苔蝦。
蛤蜊。
淡菜。
蛸蛑。
赤蟹。
蠘。
桀步。
彭越。
蟶子。
白蟹。有子者曰子蟹。
白蝦。
瓦壟。
辣螺。

丁螺。
拳螺。
生蜼。
地青。
龜腳。
彈塗。

河塘魚

鯉。
鯽。
鱔。
鰍。

畜類

牛。羊。犬。豕。雞。鴨。

獸類

獺。野豕。麂。

猴。

陵鯉甲〔一七〕

花類

牡丹。

芍藥。

海棠。

山茶。

丁香。

蘭。

瑞香。

錦帶。

紫笑。

望春。

八仙。

棠棣。

紫荆。

山丹。

酴醾。

月計。

緋桃。

鄭花。

石竹。

千葉桃。

薔薇。

荷花。

蜀葵。

紫薇。
薝蔔。即梔子花。
鷄冠。
麗春。
鳳仙。又名滿堂紅。
鶯粟。
萱。又名忘憂草。
玉屑。
木屑。
丹桂。
芙蓉。
菊。
蓀。即秋蘭也。
梅花。

紅梅。
水仙。
苔梅。
玉簪。

果實

櫻桃。
楊梅。
梅。
李。
瓜。
梨。
蓮。

蒲萄。
棗。
枇杷。
柿。
椑。
銀杏。
林檎。
桃。
栗。
橘。
橙〔一八〕。
杏。
香欒。
石榴。

竹類

斑竹。
苦竹。
紫竹。
淡竹。
筋竹。
南竹。
筆竹。
桃枝竹。
四季竹。
公孫竹。

藥類

艾。
黄精。
磁石。
白蒺藜。
半夏。
苦參。
天南星。
香附子。

蔬菜

冬瓜。

梢瓜。
黃瓜。
笋。
瓠。
茼蒿。
莧。
苦蕒。
薺。
菘。
萊服。
芥。
葱。
薤。
韭。

芹。

茄子。

蒜。

莙蓬。

菠薐。

紫菜。

香菜。

蕨。

道士裙。

鹿角菜〔一九〕。

白菜。

油菜。

蕓薹。

木類

樟。櫧。檡。楝。松。杉。柏。檜。梧。楓。檮。

柳。

朴。

橡。

樺桃。

楮。

欓椒。

烏柏。

皁角。

黃楊。

槿。

柘。

木蘭。

椶。

桑。

槐。

女貞。一名冬青。

【校勘記】

〔一〕名：原作「姓」，據四庫本改。
〔二〕翼：四庫本作「翠」。
〔三〕滄：四庫本作「大」。
〔四〕啓：四庫本作「得」。
〔五〕東北：四庫本作「東南」。
〔六〕「者」下四庫本無空格字。
〔七〕岸：四庫本作「巖」。
〔八〕蛇：四庫本作「陀」。
〔九〕西南：四庫本作「東南」。
〔一〇〕「蒲」字下四庫本有「葉」字。
〔一一〕色：四庫本作「狀」。
〔一二〕注：四庫本作「駐」。

〔一三〕「鹽」字下四庫本有「人」字。
〔一四〕堰：四庫本作「碶」。
〔一五〕麻：四庫本作「布」。
〔一六〕鴿：四庫本作「鴿」。
〔一七〕鯉：四庫本作「里」。
〔一八〕橙：四庫本作「根」。
〔一九〕菜：四庫本無。

大德昌國州圖志卷五

敘官

體國經野，設官分職〔一〕，雖有内外崇卑之殊〔二〕，然皆爲民計也。一命以上，可不慎哉！

州官

達嚕噶齊一員。俸錢月三十貫，中職田四頃。

知州一員。同上。

同知州事一員。俸錢月十五貫，職田二頃。

判官一員。俸錢月十三貫，職田一頃半。

巡捕司

判官兼，大德二年五月始創。弓兵三十名。

鎮守五所。歸附後始置〔三〕。每歲一更戍〔四〕，皆有請正軍也。

本州。

岱山。

三姑。

北界。

渟塗。

僧正司

正、副各一員。

鹽司

唐有十監，富都居其一。今正監是也。

宋熙寧六年，析監爲三：曰正監，曰東江，曰蘆花。又有三子場。曉峰則隸正監，甬東則隸東江，桃花則隸蘆花，此與州連陸場分也。距州南□潮有岱山場〔五〕，距岱山十五里有高亭場。歸附後，置管勾，每場各三員。至元三十一年，朝廷議汰冗官，遂以東江屬正監，高亭屬岱山，隸浙東監使司。元貞元年，廢各道鹽使，改場爲司，置司令、司丞、管勾各一員，鑄從七品印以重其事。

正監鹽司。往宋東西監額止六千七百八十三袋，每袋三百斤爲一引。

歲辦鹽

六千二百六十一引三百六十九斤，每一引四百斤。

工本錢

每引中統鈔一十貫。

本監舊皆鐵盤取土於六月兩汛之間，八月始起煎。亭戶雖有上半年之逸，若兩汛時分陰雨稍作，則歲計遂誤。大德元年，管勾黄天祐始以上命巧出方略，改鐵盤之制〔六〕，用篾盤，隨時起土，一如他所，春即起煎，亭民遂得時用其力，預期補辦，無歲終積欠敲扑之峻，實多便之，人皆稱黄天祐之有才，亦典史劉子敬、顏園、潘厚處置規畫之力云。

蘆花鹽司。往宋額止四千袋，每袋三百斤爲一引。

歲辦鹽

四千一百三十引〔七〕。

岱山鹽司。往宋額止七千二百袋，每袋三百斤爲一引。

歲辦鹽

七千七百六十九引。每引四百斤。

巡檢司

五處。巡檢月俸一十貫，田一頃。

螺頭。在州之西隅七里。弓兵三十名。

岑江。在州之金三都。弓兵二十名。

三姑。在金塘鄉之烈港。弓兵二十名。

岱山。在蓬萊鄉之一二都。弓兵三十名。

北界。在蓬萊鄉之第五都。弓兵三十名。

稅使司

都監一員。省差。

副使一員。本路總管府差。

醫提領所

提領二員。

【校勘記】

〔一〕分職：四庫本作「爲重」。

〔二〕雖：四庫本作「官」。

〔三〕歸附：四庫本無。

〔四〕「戍」及下句「皆」字四庫本無。

〔五〕「南」下四庫本無空格字。

〔六〕之：四庫本作「舊」。

〔七〕按此句四庫本無。

大德昌國州圖志卷六

敘人

黄金丹砂，明珠白璧，珊瑚紫貝，玳瑁翡翠，紋犀象齒之物，皆山海之藏所産也。昌國據鼇背，壓鯨波，挾潮汐之膚腴，旁日月之光景，而地負海涵之所發泄，蕘𪍑鹹滷之外，無一物之可貴〔一〕，何哉？蓋精氣所生在於人，而不在於物也。故往宋南渡後，人才輩出，兩有躋政地者，不亦貴於物歟！

進士題名

舊有名石，所以榮稽古而勸方來也。往宋紹熙癸丑，應傃始登進士第，破天荒，自是舉不乏人。至元甲午，欽覩聖旨，内一款節該中書省議行貢舉之法。欽此。故特存之，以備他日題名故事云。

應　傃。紹熙四年陳亮榜。

徐　愿。太學。開禧元年毛自知榜。

余　開。同上。

趙時慥。嘉定四年趙建大榜。

趙時恪。嘉定七年袁甫榜。弟時慥。

孫　枝。同上。

孫起予。同上。父枝。

應　繇。嘉定十六年蔣重珍榜。伯傃。

余天錫。同上。

王文貫。太學。寶慶二年王會龍榜。

趙崇侒。同上。

趙崇佾。同上。弟崇侒。

任　嚴。紹定五年徐元傑榜。

孫願質。同上。父枝。

趙時悟。同上。

林　慮。同上。

王安道。寶祐元年姚勉榜。兄文貫。

劉應老。寶祐四年文天祥榜。

應　埜。太學内舍。同上。

王一桂。景定三年方山京榜〔二〕。

應翼孫。太學。同上。祖傃。

趙若誠。宗學。同上。

趙時吉。咸淳元年阮登炳榜。

趙若譹。宗學。同上。父時恪。

趙必哽。同上。

趙必㘉。同上。兄必哽。

范應發。咸淳四年陳文龍榜。

陳廙。同上。

陶回孫。同上。

名賢

任奕。《會稽典録》云：立言粲盛，則有御史中丞句章任奕。

梁宏。《會稽典録》稱爲處士。

徐浩〔三〕。唐乾元二年進《孝經》十卷，授校書郎。

俞勉。字勉道。宋政和間入太學，年才十有八。時學在東京，夏昞爲博士。鄉之游上庠者昉於此。

郭受。貫河南府。官至奉議郎，終於長沙判官。宋建炎間，其子維徙居於此，以北學教授諸生，從者如雲。葬於西湖之原，榜曰郭先生墓。其先以易學四世登科，兩尚主，有官歷尚書及國子博士。

薛寘。字持志，自號耘齋。少以文鳴。及長，以《聖人執權賦》預鄉薦。登慶元五年第，調衡陽簿。時史公彌堅帥湖南，黑風洞寇相挺而起。公被檄往撫諭，將至洞，有及其姓名者，其酋忽言曰：「非四明作《聖人執權賦》薛寘耶？」乃投戈而退。

應僳。字自得，自號蘭坡。幼穎悟，才四歲，默誦《語》、《孟》。六歲賦《江路野梅香》，有「橫斜淡月黃昏，漏洩早春消息」之句，鄉老咸異之。登紹熙癸丑進士第〔四〕，調烏程尉。議毀淫祠，獨存徐孺子廟。德清有沈氏兄弟訟財，郡俾公按實。公委曲開曉，沈有子適魁鄉薦，因賦詩警之曰：「嘉木灌叢春意好，可憐不種紫荆花。」兄弟感動，其爭遂息。官至文林郎、湖南撫機。子後，字宏道，從安晚鄭先生游，見義必爲，鄉論推許。壯游江淮，信庵趙公一見奇之，俾與籌幕，裨贊維多。制府上功，將命以文學，不果就。右階官至修武郎。孫名翼孫，字子燕，以詞賦入太學，登景定三年進士第，仕至修職郎。曾孫實，元貞元年詣闕上書，授海南安撫副使。奉使蘇龍國，鄉人豔之。

徐愿。字恭先。居岱山。以詩文入太學〔五〕，登開禧元年進士第。居官以廉平稱。分牧平江，繼而除福建提舉，適黃勇變起，漕帥皆束手退避〔六〕，獨公晏然無懼色，身攖其鋒，溫辭撫諭，亂卒列拜於前曰：「提舉活佛也。」乃密指授虎翼都統周喜者殲其渠，一方遂平。入爲司農卿，兼都曹。人謂公政事文學出於絜齋先生講貫之素云。

孫　枝。字吉甫。邃於文，嘗撰《普慈寺羅漢閣記》。篤素張公大參見之，稱賞曰：「海角有此奇士！」以兄之子妻之。嘗登考亭夫子門，有《答孫吉甫書》。二子：長起予，字商友，與父同登甲戌進士第，郡太守程公覃爲立重桂坊。初筮昭武戶曹，會有卒伍嘯呼於市，公出撫諭，衆乃曰：「孫司戶清廉好官員，不得相犯。」一州遂平。立朝爲監察御史，終太常少卿，官至朝散大夫。次願質，字去華。未弱冠入太學，作賦有聲，繇舍選登紹定壬辰進士第。初任分教池陽，歷清要，除諫官，入中書，官至朝散大夫。

應　繇。字之道，自號葺芷，蘭坡先生之猶子也。少穎悟。長刻志於學，凡經子史集與百家傳記靡不研覽。從迂齋樓公先生游，自是文聲日振，咸愛敬之。兩請漕薦。嘉定癸未，以詞賦魁南省。初調清江校官，次授京教，列屬上庠，横經朱邸，入祕丘，直鼇署。既而丞玉牒，兼南宮舍人。淳祐四年冬，四被除寵史館、經筵、翰林、從稾，官至中大夫、參知政事，封臨海郡侯。有子法孫，請鄉漕，官至承議郎。

余天錫。字純父，自號畏齋。世居甬東村。其先少傅滌，領袖邑庠。公擢癸未進士第，立登要津，榮典鄉郡，官至參知政事。待宗族有義廩。薨，贈太師，謚忠惠。

余天任。字子大，自號退齋，忠惠公之弟。嘗請漕舉，以覃恩授初秩。暨治郡有聲，官至兵部尚書，贈正議大夫。

趙時恪。字恭仲，自號莡坡。嘉定辛未擢右科，越甲戌再登進士第。調池州青陽丞，三仕於京薦，甫及格，竟以疾終。伯氏時慓，弱冠魁漕薦，以覃恩授官，隱德不仕。其子若誠，於景定元年宗學推恩。季氏時慥，登嘉定四年進士第，調廣德建平簿，次維揚法掾。既而司鍵左帑，令高郵、興化，改倅撫州，鄉人以聯桂榮之。

任嚴。字汝翼，父正之。早膺鄉薦，隱德弗耀。公忍貧力學，預鄉薦，一舉擢進士第。初調德安民曹，試令建陽，分刺台城，遷匠簿，知廣德軍。

王文貫。字貫道。以詩學鳴。弱冠薦於鄉，登上庠，占公闈首選，擢寶慶丙戌進士第。調儀真校官，秩滿，司鑰左帑。尋除架閣，掌教麟庠，添倅東越。弟安道，先以文名，與公同領鄉書。甲午再薦，擢寶祐癸丑進士第，終於婺水學官。

名宦

王安石。往宋皇祐元年，知明州鄞縣事，嘗捧郡檄至此，題《回峰寺》詩云：「山勢欲壓海，禪扃向此開。魚龍腥不到，日月影先來。樹色秋擎出，鐘聲浪答回。何期乘吏役，暫此拂塵埃。」後熙寧四年入相，封荆國公。

柳　永。字耆卿。嘗爲曉峰鹽場官，其《鬻海歌》云：「鬻海之民何所營，婦無蠶織夫無耕。衣食之原太寥落，牢盆鬻就汝輸征。年年春夏潮盈浦，潮退刮泥成島嶼。風乾日暴鹽味加〔七〕，始灌潮波塯成滷。滷濃鹽淡未得閒〔八〕，採樵深入無窮山。豹蹤虎跡不敢避，朝陽出去夕陽還。船載肩擎未皇歇，投入巨竈炎炎爇。晨燒暮爍堆積高，才得波濤變成雪。自從瀦滷至飛霜，無非假貸充餱糧。秤入官中得微直，一緡往往十緡償。周而復始無休息，官租未了私租逼。驅妻逐子課工程，雖作人形俱菜色。鬻海之民何苦辛，安得母富子不貧。本朝一物不失所，願廣皇仁到海濱。甲兵淨洗征輸輟，君有餘財罷鹽鐵〔九〕。太平相業爾惟鹽，化作夏商周時節。」官至屯田員外郎。

史　浩。本郡人。往宋紹興戊辰年爲正監鹽官。淳熙五年入相，官至太師，贈越王，謚忠定。紹定二年，祠於道隆觀東偏，榜曰真隱舊游。參政余公天錫記。心之精神，是謂聖。佛與人同，此精神也。佛虛明圓覺，即人之英靈慧智；佛莊嚴福德，即人之富貴利達。故俊哲挺生，謂之一佛出世。而觀音大士能現宰官身者，人與佛一而二、二而一也。彼霞錦翬空，雲花絢目，異香芬郁於無色，幻象呈露於有眹〔一〇〕，豈佛之精神自爾發見哉！向非德詣乎充符，心寥乎太一〔一一〕，透三乘之正覺，締五梵之殊因，未易精契神交於倏忽俄頃也。四明寶陀，環海一絕島，乃觀音大士示現威神之地，四方來謁敬者祈一覩瑞相而莫得，豈大士靈感固靳於人，特人之精神不足以感大士耳。惟我太師丞相忠定越王攝事昌國，一日航葦而至，冥心作禮，顧瞻徘徊，寂無所見，歸與瀾師論文殊圓通童子入法界事。再至洞下，有比丘指之曰：「巖有竇，可以下瞰。」王攀援而上，萬象洞豁，瑞相倏現，金身玉齒，毫彩燦然，大圓鏡中，恍如悟對。既而邂逅胡僧〔一二〕，揖而前曰：「公有結裹寇萊公也。」言訖而退，竟失所往。意者大士百億化身妙耶，世皆以公台之貴現兆於此，不知精契神交脗合無二。故王以超世證佛，已徑入文殊圓通之場，而佛以應世委王，不得辭萊公結裹之囑〔一三〕。事之顛末固已留題於紹興戊辰之寺壁矣。紹定改元春，邑令詹仁澤發揚祕奇，即道隆觀東偏建宇而祠之，鳩工雖力，翬飛未就。冬，趙汝浥實來，絃歌靜閒〔一四〕，刃硎游裕，公餘蒇敬〔一五〕，伏謁祠下，睨其基，誠拓矣，而庳而弗崇也；閱其圖，誠工矣，而齕而弗敞也。耿光輔尉也，林燁知監也，左之右之，經之營之，巍創一室，邃碩且顯，丹雘煇煇，用妥王靈。堂列三楹，實闢實閎，可瞻可儀。廊翼兩廡，實衍實修，可羣可趨。西附羽宮而通車，備灑掃也；東臨積水而建閣，憩游觀也。大門峙前，新堤通道，規模壯麗，百倍於前。向時巖竇下瞰之瑞相久傳爲實錄，欄杆獨倚之勝賞盡萃於目前，顧不韙哉！嘗聞之，佛之爲教，爍羣昏而獨耀，度般若而先涉，濬通而廣被，密讚而顯現，百千萬億，河沙世界，無不普濟，功亦楙矣。及其離性離相，空相空識，欲斂萬有於一無，前詮後譯，非不誇詡，曾不足以扶植世教。王以慈悲爲心，虛靜爲性，一游蘭若，精契神交，眡貨利如蟻培，等名爵如鴻毛，一佛再見於佛國者歷三朝。至再相，三十六年間，相業精神，焜燿赫奕，珍從詔侑〔一六〕，巍然爲淳熙獨相，慶澤流衍，與宋無極。三台符采，再光奕世。自嘉定更化以來，大政令、大紀綱，雷霆衆聽，日星羣目，太平咸觀，登閎乎帝王之域，亦既增光前聞人矣。及手扶日轂，再奠神器，殊勛偉績，又有以申國家無疆之休。了此一大事因緣，眞有佛力所不能到，一念流通，今在精神矣，是佛國固有待於王，而王豈有待於佛哉！

葛洪。往宋嘉泰二年爲昌國令，官至參知政事。生祠有記。始予弱冠登東萊先生門，四方從游之士以千計，人受其教，如羣飲於河，隨其分量，充然各有所得。其後出處雖不同，至涖官行法，多有足觀者，人望之，知其爲吕氏之學子也。而葛君容甫，與余年齒甲乙，相得驩甚。後余試尉東陽，容甫適滿秩歸里，考德問業，尤爲詳密。既而各東西去。嘉泰二年，余自越歸。其冬，容甫爲令於吾州之昌國。昌國，古甬東也，中海而立〔一七〕，去余所居鄞雖若甚遠，然舟遇風而駛〔一八〕，朝發而午可至邑。邑多余親，故頌容甫之政者不容口。容甫之政視民如子，惟恐傷之；視民之父兄猶其父兄，視其害民者不啻如害己者。民以訟至庭，不忍鄙夷之，爲之明辨曲直，了無毫髮枉。遇事明敏，吏之奸欺莫能逃。然而不深窮其窟穴，只使不病民而已。民既感服，每當受賦租，第書其所入之數授之，與之約，不以吏叩門。民如期而輸，無肯負者，山涯海瀕，絕不見吏迹。父老歎謂前此令君固多賢，若公則自有邑以來未之有也。容甫知民安其政，思有以善之，始新學宫，以申義名堂，吾兄文昌公爲之記，全州使君楊公又演其説〔一九〕，其所以加意於邑人厚矣。會予同年生應君傃自得方里居〔二〇〕，容甫自山間以禮聘之，致館於邑西之筠坡，帥邑人之子弟從焉。公退，至其處，課其惰勤，有小善獎之，惟恐不及。業有未精，亦循循誘之，大略薄漢能吏以爲不足爲，又不屑以循吏名者。居三年，其效使民有餘蓄，而吏日貧，豪強斂手，單弱者得職焉〔二一〕，相與爲善者，至恥入官府。人務農立本，不肯輕犯法，非容甫中心誠善〔二二〕，學道愛人，安能使其效卓然如此哉！容甫將終更，諸儒父兄咸惜其去，因民之欲，繪其像於學，以繫邑民無窮之思，使無忘焉。屬記於予。記未成，容甫知之，以書來言：「邦人非知我者。且吾何以堪之，吾將禁使勿爲記，毋庸作自得。」亦曰：「吾無補諸生，願無載吾事。」余曰〔二三〕：「容甫知爲政，而已無媿於心。不負其學，容甫責也，它何庸知之？且自欲避名而沒人之實〔二四〕，不可。」因謂諸儒父兄立祠是也，雖非令君意，且爲後勸〔二五〕，謹勿爲令君所奪。祠竟立，記有榮焉〔二六〕。容甫恥自衒鬻，爲人端嚴簡靜，處己廉甚〔二七〕，譬如蘭生深林，不求人知其馨，終不可得而閟。兩受郡侯薦墨，皆未嘗有請。列臺狀其政於朝，竟莫知所從來，此又近世所罕聞，是宜特書，以告世之馳騖者。容甫名洪，其學業未易量也。開禧元年十一月旦日，從政郎、新差充廣德軍軍學教授樓鏞記。

【校勘記】

〔一〕貴：原作「貢」，據四庫本改。
〔二〕三年：四庫本無。
〔三〕徐浩：四庫本作「沈治」。
〔四〕紹熙：四庫本作「紹興」。
〔五〕文：四庫本作「學」。
〔六〕帥：四庫本無。
〔七〕鹽：四庫本作「醎」。
〔八〕鹽：四庫本作「鹹」。
〔九〕有：四庫本作「民」。
〔一〇〕眹：四庫本作「朕」。
〔一一〕太：四庫本作「天」。
〔一二〕胡：四庫本作「神」。

〔一三〕囑：四庫本作「矚」。

〔一四〕間：四庫本作「閑」。

〔一五〕蔵：四庫本作「藏」。

〔一六〕「珍」、「詔」二字，四庫本作「烝」、「詒」。

〔一七〕海：四庫本作「駛」。

〔一八〕駛：四庫本作「海」。

〔一九〕使：四庫本作「史」。

〔二〇〕予：四庫本作「於」。

〔二一〕焉：四庫本作「言」。

〔二二〕善：四庫本作「然」。

〔二三〕曰：四庫本作「又」。

〔二四〕原本「自」下有「居」字，據四庫本删。

〔二五〕後：四庫本作「之」。

〔二六〕榮：四庫本作「成」。

〔二七〕處：四庫本作「潔」。

大德昌國州圖志卷七

敘祠

明有禮樂，幽有鬼神，尚矣。故五等諸侯，皆得祀境内山川之神，此祠祀之所由作也〔一〕。

寺院

寶陀寺。在州之東海梅岑山。佛書所謂「東大洋海，西紫竹旃檀林」者是也。兩潮可至。繇陸則七十里至沈家門，止一渡之隔。唐大中間，有西域僧來，燔盡十指，頂禮洞前，親感菩薩，現大人相，爲說妙法〔二〕，授以七色寶石，神通變化，已顯於此。厥後日本國僧慧諤自五臺山得瑞相，欲返故國，舟抵新螺礁，不爲動，謼禱之曰：「使我國衆生無緣見佛，當從所向建立精藍。」有頃舟行，竟泊於潮音洞下。有居民張氏目睹斯異，亟舍所居雙峰山卓庵奉之，俗呼爲不肯去觀音院。郡聞，遣幕客迎其像置城中，爲民求大吉祥。已而有僧即大衆中求嘉木刻像，扃戶彌月，工竟，而僧不見，今之儼然趺坐於殿者是也。往宋元豐三年，内殿王舜封使三韓，至是有大黿負舟不聽去，望山作禮，忽黿没而舟行。洎還，以其事上之，錫今額。紹興元年，易律爲禪。辛亥，真歇了禪師解會長蘆南游，浮海於此，結庵，榜曰海岸孤絶處，由是飛錫此山者皆具曹溪正法眼藏，疇非禪林之秀。嘉定七年，寧宗賜「圓通寶殿」四字、「大士橋」三字，載新梵宇。八年，德紹以佛照禪師法嗣來主叢林，值中殿賜金錢，喧動都城，緇白從風，遂乃裒所施創龍章閣。惟大士以三洲感應身入諸國土，現八萬四千身手臂目〔三〕，接引羣生，與五臺之文殊、峨眉之普賢爲天下三大道場。歸附後，至元十四年，住持僧如智捐衣鉢之餘，建接待寺一所於沈家門之側，以便往來者之宿頓。朝廷歲遣使降香，相屬於道。

潮音洞。東大洋海西、西大洋海南有洞在焉，嵌嵒下瞰，廻顧無畔。岸去寺三里，由寺至洞下地皆黄沙，佛書所謂砂鋪地者是已。向有大士橋，亙乎洞前，爲潮所囓，今未之葺，有待於來者。

善財洞。潮音洞右亦神通顯見之地。嵒有罅，峭峻而蹙狹，其中窈不可測。外有石壁立，泉溜如滴珠，久而不竭，人謂之菩薩泉。瞻禮之人必以瓶罌盛而去，目病者可洗。

盤陀石。平廣可坐百餘人，下瞰大海，正扶桑日出之地，燭龍將駕，天光煥發，五色爛然。頃焉，一輪從海底湧出，其大有不可得而名者。瞻洞之餘，必於此而觀矣〔四〕。

三摩地。寺之西偏，登山者由此。有亭曰極清淨，嘉木森秀，清泉紺冽，亂山錯出，有聳而立者，有踞而伏者，詭形怪狀，不可摹寫。遊憩於此者，往往不減靈鷲焉。

真歇庵。寺山之深處舊了禪師修道於此，圓寂茲山，冢塔猶存。

無畏石。真歇庵之前突如一石，其形方而廣，峻不可陟〔五〕，亦一奇也。

獅子巖。無畏石之側。其形蟠踞，如獅子然。

正趣峰。

靈鷲峰。

觀音峰。

前越王史公曩官西監，時因浮海，詣潮音洞下，焚香作禮。大士具正法眼藏〔六〕，顯見奇特，聲聞空中，有「結裹寇萊公」之語。異日所到，光輔兩朝，格天事業，果驗不誣。越王嘗記所見於寺壁，今模而刊諸石，可考也。

紹興戊辰三月望，鄱陽程休甫、四明史浩由沈家門泛舟遇風，掛蓆，俄頃至此。翼蚤恭詣潮音洞，頂禮觀音大士，至則寂無所覩，炷香煮茶，但椀面浮花而已。歸寺食訖，與長老瀾公論文殊箇圓通童子入法界事。晡時，再至洞下，俯伏苔磴，凝睇嵌空，惟亂石纍纍，興盡欲返，有比丘指曰：「巖頂有竇，可以下瞰。」攀緣而上，瞻顧之際，瑞相忽見，金色照耀，眉目瞭然，二人所見不異，惟浩更覩雙齒，潔白如玉。於是咸懷慶快，作禮而退。既而治舟還甬東，懼此話無傳，用書於壁，庶幾來者觀此無疲厭心，不以一至不見而遂已也。

一謂天將暮，有一長僧來訪云：「將自某官歷清要，至爲太師。」又云：「公是一好結裹底文潞公，他時作宰相，官家要用兵，切須力諫。後二十年，當與公相會於越。」遂告去，送之出門，不知所在。往宋乾道戊子，以故相鎮越，一夕典客報有道人稱養素先生，舊與丞相接，熟不肯通刺，疾呼欲入謁，亟命延之，貌粹神清，談論鋒起，索紙數幅，大書云「黑頭潞相，重添萬里之風光；碧眼胡僧〔七〕，曾共一宵之清話。」遽擲筆不揖而行。公大駭，遍遣兵吏尋覓，不復見。追憶補陀之故，始悟長身僧及此道人皆大士見身也。今附於此。

田。

塗田。

地。

山。

普慈寺。距州治三里。請之廣教〔八〕，以統諸剎。始東晉時，僅一小庵，以觀音名。唐大中十四年，號觀音院，棟宇略具。往宋皇祐中，知韶來主斯席〔九〕。治平間，遇恩霈，錫今額。寺燬於慶元間，寸椽無遺，黑山明公禪師極力營建。越淳祐五年，復厄於劫燼，山門獨存。足翁麟師繇廬山飛錫至此，又從而鼎創焉，視昔增壯。自慶元迄淳祐，垂五十年〔一〇〕，而寺之燬者再，前明後麟，有功於寺，有敬實堂。里人參政應繇爲記。嘉熙戊戌夏四月，龍峰普慈寺作堂於雷音堂之西，像黑山明老師而敬之。以已、瑄兩勤，舊配，扁曰敬實。住山雪窗禪師訪邑人應繇而請曰：「祖日幸備掃溉。茲山承彫弛之餘，畢力振飭，積蠹宿弊，一刮絕去。憤作壞者衆，慨興創之難，念不可不章明前績〔一一〕，此堂所爲作。今成矣，願有以記之。繇惟先人舊廬在鎮龍山之東麓，距龍峰百餘武，暇日素往游焉，故於山中事多所睹記。黑山之來，寺且燬三年矣，經禪頓盡，龍象悲泣，黑山披瓦礫，薙草莽而營度焉，勦形殫智，以潰於成，規模位置，一出意匠，棟宇奂犖，照映林谷，見者無不讚歎。黑山作勝事已，移錫他之報恩〔一二〕。既乃復歸，示寂塔於山之青龍之口，若有夙昔緣。人皆曰黑山有功茲山甚大。先是，寺不足於食。乾淳間，監寺妙己以轉食輪爲己任，隄大海之濱〔一三〕，化爲美田，播厥嘉穀，歲限取三千〔一四〕，以充香積供。梅壑有莊名己公，示弗忘也。宣獻樓公記，石雖燔裂，墨本故在。黑山營繕後佛菩薩天及護法主林禦侮力士之像，種種莊嚴，皆都寺德瑄祛囊中金爲之，復以餘力甃山路千丈，造石橋十三所，深得佛氏慈悲濟人本旨。之二僧者，於寺信有勞，可以配黑山矣。夫學浮屠氏之法者，凡能出力辦事，必有廉以立身〔一五〕，勇以立志，勤以率衆，而爲之本者。曰公公私不兩立，公則萬善集，私則百病生，興廢成敗〔一六〕，所由判也。黑山名覺明，與之稔熟〔一七〕，見其天材高，有苦潔之行，所居瓶拂外，蕭然無長物，於私則銖黍不蓄。人信其廉，故施之者不倦。始至，指山而誓曰：「所不能還復舊觀者，有如此山！」人皆笑其孟浪，略不退轉。一念勇猛，故其事竟成。御衆如御兵，取材木，負瓦石，身親倡役，雖犯寒觸熱不憚，故其徒歡趨，此非公以存心者能之乎？前己後瑄，得之聞見，有足稱錄，亦本諸此而已。嗚呼！有堂規如有像儼，如晨薰夕燈，展如肅如，登斯堂，瞻斯像，使一毫媿於心，顙且有泚矣。雪窗意也，於是乎書。五月一日記。

歸附後，增葺殊勝，爲本州祝聖道場。大德元年，住持覺明建龍峰亭於山門內。

田三十六頃二十畝。

地一十頃四十八畝。

山六十五頃一十二畝。

吉祥寺。去州三十里，富都鄉之錦沙。九峰環列，一名九峰山。始寺之未創，山之南有香柏巖，極峻峭，人跡罕到，常隱隱聞鐘磬聲。唐開元間，高僧惠超居其中，草衣木食，戒行精苦，閲十三代。往宋咸平，有真大悲者繼之〔一八〕，善誦神呪，鄉民歸敬。丁縣尉漸爲舍基，請真公遷其居於山之麓，便民祈禱。慶曆改元，文珍嗣其業，丁縣尉因改爲院。治平元年，賜額吉祥。自是層觀傑閣，金碧輝煌，茂林修竹，蔭薈蒙密，爲一方名刹，咸謂之小天童。建炎初，給事中黄龜年施辟支佛牙，舍利盈綴，時見五色。紹興十八年，法寧建閣藏之。嘉熙三年，余參政天錫請以「顯忠崇孝」爲額。歸附後，大德元年，住持僧淨怡重建選佛堂，州判馮福京爲記。昔明道程純公嘗入僧堂，適覩飯次，趍進揖遜之盛，喟然歎曰：「三代禮樂盡在是矣！」蓋謂其徒嚴整威儀，雖一食頃，未嘗少懈。而吾儒庠序之間，或有時而乃不如也。學泉居士緣起於定，來佐昌國〔一九〕，每見海上諸叢林中清規淨戒，執持堅固，不同他所與時俱遷，固不能不發純公之歎遊山之屐，矧敢倍法堂而著邪？是邦惟錦沙爲甲刹，規模氣象，與天童、雪竇相頡頏，又不特甲是邦而已。住持悦翁禪師淨怡卓錫且十年〔二〇〕，無世間心，同世行事，修漏補苴，撤小成大，塗塈丹雘〔二一〕，周徧中外，視始至日，益加莊嚴，而猶未愜也，顧從遊之薦廣，而香積之莫供。置齋料庫，給以長生之本，而資其息。慮乾溢之不常，而食輪之莫轉，置藏冰室，儲其所售之直，以爲之備。作外山門，所以指修行之路；增高海岸，所以護常住之田，衣鉢是捐，成此利益，安處徒衆，大振宗風，吉祥之名，至達天聽。歲在丙申，護持聖旨，來自五雲，猗歟盛哉！自有此山，得未曾有。故凡天龍鬼神之衆，以及肖翹動植之微，獲被光寵。既與海嶽相爲無窮矣，惟選佛之場，歲久弗治，隨宜整葺，則有西扶東頽之患，遂發宏誓更新之〔二二〕。庀材聚資，日積月累，始鳩工於丁酉之仲春，龍象蹴踏，歡喜贊歎，遂迄工。於是年之孟冬，眼前突兀，殆若化城〔二三〕，軒豁靖夷，倍蓰於舊，窗牖簾帷，巾單牀席，率皆新潔，無一闕遺。乃謁記於居士，將壽諸石，以起夫作任止滅者之膏肓。居士與説翁爲方外契，不得辭，爲之言曰：我得佛心，證諸究竟。能以珍寶種種供奉十方如來〔二四〕，旁及法界六道衆生。此非吾境中補陀落迦紫竹林大士之言乎！説翁悟此〔二五〕，能使身心二俱捐舍，身血骨肉，與衆生共，故私財之不蓄，而斯堂之有成，夫豈黄檗老師謂天台神僧爲獨知自了者哉！前後三三來居此堂，如祇陀林一千二百五十沙門纔聞鐘聲，同來食處，朝明夕昏，作何活計，一切惟心，萬法惟識，聲聞初學，未能頓悟，妙明真心，與善知識，聚散起止，念念不斷，以思惟心，生分別識。諸佛淨土，由此心識。羅刹鬼國，亦此心識。反覆手間，天地懸隔，有心無邪，有識不弊〔二六〕，是真佛子，是名善學菩薩道者。試觀世間醪醴，膳羞羶薌之味，衆生啖之，如蚋飲醯，菩薩見之，如蠱毒藥；笙簧琴瑟，靡曼之聲，衆生聽之，如雌下風，菩薩聞之，如塗毒鼓；珠璧錦繡，高明之室，衆生居之，如虱處鬣，菩薩避之，如荆棘林；妻子眷屬，纏綿之愛，衆生戀之，如蛾赴燭，菩薩厭之，如猛火聚。世間諸有，畢竟非實，煩擾塵勞〔二七〕，無可貪愛，能令樂國成就苦海，能令善根增長惡業。凡夫見聞，發意勇猛，如何出家，受具足戒，翦除鬚髮，著壞色衣，舍菩薩見，作衆生見。心識顛倒，一念差別，飲蠱毒藥，擊塗毒鼓，行荆棘林，墮猛火聚，皆其自作，非由外來。善哉說翁，是於曩昔圓通六根，諦觀三業，坐厭離想〔二八〕，擇勞忍苦〔二九〕，成大佛事於刹那頃。心華發明，海藏天宮，樓閣欄楯，龍翔鳳舞，雷動風行。諸佛境界，一時頓現，從腐爛處生光明雲，從濁惡界作清淨土。善哉說翁，無始宿債，應當酬畢，然而慈悲廣大，有進無退，此則佛祖之所付囑，說翁勉哉！翁本台之仕族，舍俗受具〔三〇〕，敵論宗乘，領衆主席，徧涉禪會。若金陵之開福，及安吉之天聖，皆作殊勝，如在吉祥。雖然師開幻衆，建立世界，我出幻語，遂成葛藤。若當來世，後五百歲，有一居士與一比丘遊行國土，宴坐梵宮，摩挲此石，相視而笑，猶如轉輪，面面相似，了如佛法，無變異處，過見未來，平等不動。凡此堂中諸禪衲子，如駕車牛，隨機努力，未悟今悟，未證今證，則建是堂者，爲十方如來本起因地〔三一〕。不然，猶蠹米蟲而坐鬼窟，月化日遷，不脫迷倍。則居是堂者，爲負說翁三摩鉢根之修〔三二〕，甚可畏也。居士作是言已，顧說翁曰：「仁者，其言也訒，余言得無費乎？」翁晝一圓〔三三〕，笑謂余曰〔三四〕：「居士雖言而實未嘗言，殆重轉世尊掌中摩尼珠耳。」居士謂誰，潼川馮福京也。時大德元年臈月八日記。

田四十五頃十四畝。

地六頃一十六畝。

山七十三頃四十二畝。

延福寺。在富都鄉之三都。舊名羅漢院。唐光化二年，僧法融所建。往宋祥符元年，賜寺額。寺有五百羅漢像，妥以傑閣。寶祐五年，趙節使請以「繼善衍慶」爲額。

田四十三頃七十八畝。

地九頃五十五畝。

山六十三頃七十七畝。

萬壽寺。在富都鄉之五都。舊名永福。往宋建隆元年建，治平元年賜今額。寺有秋蓀，綠葉紫莖，生於山深林密中，名曰萬壽香。

田四十九頃三十二畝。

地九頃五十五畝。

山一百二十八頃四十三畝。

興善寺。在富都鄉之溪口，名曰鳳山，以山有鳳舞之形。創於後唐天成二年〔三五〕，往宋治平元年賜寺額，淳祐十年應參政請，以「教忠興善」爲額。

田八頃九十九畝。

地九頃五十五畝〔三六〕。

山一百二十八頃四十三畝〔三七〕。

回峰寺。在金塘鄉之岑江。往宋建隆元年建，賜今額。丞相王荊公嘗到，有詩。見名宦類。

田六頃六十五畝。

地七頃八十八畝。

山十頃七十九畝。

隆教寺。在富都鄉之七都。漢乾祐二年建，後燼於火。僧清志度土奠基，遷於南屏。大元混一後，住持行圓重建選佛堂。

四十六頃七十八畝。
地七十頃六十七畝。
山二十四頃四十七畝。
祖印寺。在州治東南。寺元在朐山，舊名蓬萊。晉天福五年建，往宋治平二年賜今額。嘉熙二年，邑令余桂遷至此，以接待寺併而爲一。
田三頃四十六畝。
地五頃七十九畝。
山十四頃七十六畝。
保寧寺。在安期鄉之馬秦山。舊名保安。晉天福元年建，往宋治平二年賜今額。
田七頃三十二畝。
地四頃三十六畝。
山十五頃五畝。
潭石廣福寺。在安期鄉之二都。舊名崇壽。往宋端拱二年建，熙寧元年易名「壽聖」，紹興三十二年賜今額。

田一頃二十五畝。
地二頃九十四畝。
山四頃五十一畝。
華雲寺。在蓬萊鄉之朐山。舊名香蘭。周顯德七年建。往宋高宗南渡，改錫今額。郡人迂齋樓公有跋語〔三八〕，石刻尚存。
田三頃一十九畝。
地四頃三十一畝。
山四頃九十四畝。
普明寺。在蓬萊鄉岱山〔三九〕。古泗洲堂窣堵波二，以鐵爲之，世傳阿育王所鑄，錢氏忠懿王寘之於此。往宋大中祥符中賜今額。
地三十六畝。
山三十三畝。
資福寺。在蓬萊鄉之五都〔四〇〕。晉天福八年建。
田一十二畝〔四一〕。

山一十三畝。

封崇寺。在安期鄉之桃花。舊名資福，又名資國。周廣順元年建，往宋大中祥符三年賜今額。

田四頃三十五畝。

地一頃四十四畝。

山八頃一十二畝。

保安寺。在州東北金塘鄉之蘭山。漢乾祐二年建。

田三頃四畝。

地一頃二十畝。

山七頃九十四畝。

廣福寺。在金塘鄉之冊子山，與回峰寺隔一渡。創於往宋治平間，賜額「壽聖」。淳祐中，改名「廣福」。

田七頃三十九畝。

地八十五畝。

山十頃五十九畝。

翠蘿寺。在金塘鄉之海西。成於唐開成，廢於會昌。往宋建隆中，錫以銅鐘。吳越國受封奉國，又鎮以鐵塔。寺一名金鐘。

田四頃五十九畝。

地二頃二十八畝。

山六頃九十三畝。

化城寺。在金塘鄉之烈港。舊名羅漢，漢乾祐元年建。往宋治平二年賜今額。

田一頃五十六畝。

地二頃二十九畝。

山二頃十二畝。

普濟寺。在金塘鄉。周廣順元年，黄檗山僧神静開山，名山門院〔四二〕。往宋治平二年賜今額。

田一十三頃十七畝。

地三頃六十九畝。

山八十九畝。

梵慧寺。在金塘鄉。唐咸通間建，漢乾祐二年名「壽聖」，往宋開寶二年改名「超果」，治平二年賜今額。有《佛殿記》，臨川侯晏敦復撰，時建炎辛亥也。晏公《詠方丈梅》詩：「椏檻欹簷一古梅，幾番有意喚春回。開花自許清香入，布葉不容炎暑來。日射冷光侵几案，風摇翠影鎖莓苔。游蜂野蝶休相顧，本性從來不染埃。」

田二十八頃四十畝。

地二頃三十七畝。

山十六頃四十四畝。

超果寺。在蓬萊鄉之岱山。舊名資福，晉天福二年建。往宋治平二年賜今額。參政樓公鑰有記。明有邑曰定海，去郡一百里而近，山横海中，名蛟門，潮汐之所吞也。出門則爲巨浸，便風乘潮，而後至昌國，昌國遠矣〔四三〕。岱山在蓬萊鄉，其去縣若縣之去定海也，則益遠矣。山有僧廬，自石晉天福二年建於高亭嶺下〔四四〕，號資福，困於寇鈔，不寧厥居。嶺西有白石峰〔四五〕，尤爲秀拔，林樾蒼潤。時有白霧蒙其巔，人以爲福地。皇朝乾德四年徙焉，茅茨草創，僅合數楹。治平二年明堂恩，改賜今額。四年，惟吉始建大殿、法堂、丈室。紹興初，慧實增葺之，遂得苟全。歲久，腐敗相仍〔四六〕，一殿之外〔四七〕，殆不足蔽風雨。淳熙十禩，如一來主是刹，喟然曰：「地雖僻，乃吾徒所宜居。室雖壞，若一日必葺，磨以歲月，尚庶幾乎有成。當盡吾力，以聽緣法。失今不爲，後不復可爲矣。」勤爲從事，不憚寒暑，以次修立，增廣舊規，不及十年，院以告備。外嚴三門，旁翼兩廡，堂以處僧，殿以覆藏，下至庖湢，舉撤而新之，輪奐俱美，道俗稱歎。一嘗聽學於延慶者，因深器之，舉以居此。人徒知其有得於教乘，不知其才具又足以辦此也，益以因爲知人。當天福時，有主僧惠詵於高亭西墨請海塗爲田。崇寧、政和間，仲章復田於馬乳山大墨〔四八〕、谷墨之地，遇上熟，才足以支半歲。近又得寺僧惠興捐鉢盂，募衆緣，一力經營，莊成，遂卒歲之望。鄉之士民，歡喜和會，相與言曰：「吾鄉邈然海山中，他處佛屋相望〔四九〕，補陀孤絕，又去我不遠，獨此山未有爲衆植福之所。今一公作此殊勝，恍若化城〔五〇〕，且又有以飽其徒，是皆可書也。」前既不得如天台章安諸公爲之倡，苟無以紀之，其何以傳不朽。乃摭邑之圖經，考院之契券，詳建立遷徙之由，因國仲觀之光求記於余。仲觀，鄉之善士也。其母與吾母俱汪出〔五一〕，少同研席，實兄事之。嘗寓是邑，又與一厚。余亦喜一之能有成興克佐之故，併爲書之，以告來者。紹熙三年清明〔五二〕，朝請大夫、太府少卿、兼玉牒所檢討官樓鑰記。

田五頃二十五畝。

地二頃四十七畝。

山六頃九十六畝。

宫觀

道隆觀。在州之南。本東嶽行祠。往宋勅觀額。建炎間，金人闖境〔五三〕，斧斫殿柱〔五四〕，爲血流，金人畏，亟遁去，一境生靈，藉以全活。觀舊有金闕寥陽寶殿，前忠定史越王嘗賦《臨江仙詞》云：「試凴欄干春欲暮，桃花點點胭脂故〔五五〕。山凝望，水雲迷，數堆蒼玉髻，千頃碧琉璃。我本清都閒散客，蓬萊未是幽奇明。朝歸去，鶴西飛。三山乘縹緲，海運到天池。」庚午歲，閣以風雨圮之。觀之外植門，榜曰蓬萊福地。

田一百餘畝。

地一百畝。

山五百畝。

東嶽行宫。在道隆觀三清殿之後。

文昌宫。在州東學之側。往宋咸淳五年，邦人士創建，以祠事梓潼帝君，爲其司桂籍而主斯文也。恒産係於貢士莊内撥隸。田一十三畝一十六步。地三畝。

真武宫。在州治之南。

岱山東嶽行宫。往宋宣和間，道者徐淨超募緣以建，有田數畝而已。

祠山行宫。附祖印寺之右。

蓬萊集仙道院。在蓬萊鄉之朐山。至元十四年，是鄉之士李心道創建，以爲一鄉祈祝之地。

廟宇

惠應廟。見前城隍。

隋煬帝廟。在洋山大海中。唐大中四年建。黄洽《記》云：海賈有見羽衛森列空中者，自稱隋煬帝，神游此方，因宇而祠之。或謂神遊之説不經。陳稜伐流求國，廟於岱山，因其臣而祀其君，如長沙祀定王，而並祀高、文二帝之意。往宋建炎四年，車駕幸海道，以煬帝不可加封，特封其二妃爲惠妃、順妃，夫人爲明德夫人，勅藏於廟，復刻諸石。嘉定十七年七月，郡人蒙齋袁甫記。

徐偃王廟。在州東，地名翁浦，俗呼爲城隍頭。《十道四蕃志》云：「徐偃王城翁洲以居〔五六〕，其址今存。」按史載偃王之敗，北走彭城武原東山下以死，疑非此海中。而韓文公爲衢州廟碑，乃記或者之言曰：「偃王之逃戰，不之彭城，之越城之隅，棄玉几硯於會稽之水。」則《十道四蕃志》可信矣。

關王廟。在州城之東。

陳大王廟。在蓬萊鄉之岱山。王諱稜，姓陳氏，字長威。隋大業中，航海伐流求國，俘斬頗衆，事見隋史。《廟記》云：一夕風雨如晦，海潮奔湧，有巨石浮潮而上，岱山場亭戶莫姓者負至數里，竪其石於墊上，若有神物憑之，稱曰：「吾隋朝陳將軍也。」語竟〔五七〕，罔然如聞空中隱隱有甲馬聲，踰時不絕。鄉民聚觀，撼之莫能動。因異其事，即其地而廟焉，一境之人惟神是賴，雨暘以時，疵癘不作。遂請於朝，賜英感廟額。時往宋慶元元年也。淳祐九年，進士周毅夫述侯之陰功，率人士詣府以白，加進爵。其詞曰：勑慶元府昌國縣岱山鎮英感廟神：朕聞海上神山，煙霞縹緲，爲靈異所宅。昌國相望蓬萊，而岱山固非尋常島嶼也爾。廟食茲土，禦菑捍患〔五八〕，事跡暴著舊矣。邇者雨旱魃於一區，風寇帆於半夜，闤市之民賴以寧輯，庸非爾力哉！部使者以聞，宜啓崇封，特加徽號，尚思靈濟之義，以庥我民，特封靈濟侯。

黄公祠。在東海中下沙。晉天福三年建。舊圖經雖有之，其實未詳。按晉賈充問會稽於夏統，統曰：「其人循循有大禹之遺風，太伯之義遜，嚴光之抗志，黄公之高節。」而《會稽典錄》亦稱人材則有黄公，潔己暴秦之世，然則四皓之一也。至《西京雜記》乃曰：「東海人黄公少能幻制蛇虎，常佩赤金刀。及老，飲酒過度。有白虎見於東海，黄公以赤刀厭之，術不行，爲虎所食。」故張平子《西京賦》曰：「東海黄公，赤刀粵祝。冀厭白虎，卒不能救。挾邪作蠱，於是不售。」按據不同，今兩存之。

烈港廟。在金塘之烈港。乃廣德張王行祠也。往宋紹興二十年，都巡檢使李全建。

【校勘記】

〔一〕祀：四庫本作「事」。

〔二〕妙：原本無，據四庫本補。

〔三〕手：四庫本作「首」。

〔四〕矣：四庫本作「焉」。

〔五〕陟：四庫本作「涉」。

〔六〕藏：四庫本無。

〔七〕胡：四庫本作「神」。

〔八〕請之廣教：四庫本作「許之團寺」。

〔九〕知：四庫本作「智」。

〔一〇〕五十：四庫本誤作「七十」。

〔一一〕績：四庫本作「續」。

〔一二〕他：原本闕，據四庫本補。

〔一三〕隄：原作「限」，據四庫本改。
〔一四〕限：四庫本無。
〔一五〕立：四庫本作「律」。
〔一六〕敗：四庫本作「毀」。
〔一七〕稔：四庫本作「餁」。
〔一八〕大：四庫本作「有」。
〔一九〕佐：四庫本作「佑」。
〔二〇〕十：四庫本作「七」。
〔二一〕壂：四庫本作「暨」。
〔二二〕宏：四庫本作「心」。
〔二三〕殆：四庫本作「始」。
〔二四〕奉：四庫本作「養」。
〔二五〕說翁：四庫本作「悅翁」。下同。
〔二六〕弊：四庫本作「蔽」。

〔二七〕勞：原作「愛」，據四庫本改。

〔二八〕坐：四庫本作「生」。

〔二九〕擇：四庫本作「桿」。

〔三〇〕俗：原作「族」，據四庫本改。

〔三一〕本：原作「木」，據四庫本改。

〔三二〕根：四庫本作「提」。

〔三三〕圓：四庫本作「圖」。

〔三四〕笑：四庫本作「指」。

〔三五〕「後唐天成二年」六字四庫本無。

〔三六〕九頃五十五：四庫本作「五頃六十一」。

〔三七〕一百二十八頃四十三：四庫本作「二十六頃六十六」。

〔三八〕語：四庫本無。

〔三九〕鄉：四庫本無。

〔四〇〕鄉：四庫本無。

〔四一〕二：四庫本作「一」。
〔四二〕山：原本無，據四庫本補。
〔四三〕昌國：四庫本無。
〔四四〕石：四庫本作「古」。
〔四五〕石：四庫本無。
〔四六〕仍：四庫本作「尋」。
〔四七〕外：四庫本無。
〔四八〕田於：四庫本作「因爲」。
〔四九〕屋：四庫本作「室」。
〔五〇〕恍：四庫本作「悦」。
〔五一〕汪：四庫本作「王」。
〔五二〕紹熙：四庫本作「紹興」。
〔五三〕闖：四庫本作「入」。
〔五四〕「斧」上四庫本有「以」字。

〔五五〕花：四庫本作「溪」。

〔五六〕城：四庫本作「之」。

〔五七〕竟：四庫本作「畢」。

〔五八〕菑：四庫本作「災」。

四川大學歷史地理研究所學術叢書

宋元珍稀地方志叢刊

景定嚴州續志

（宋）錢可則 修
鄭　瑤 方仁榮 纂
李勇先 校點

前言

《景定嚴州續志》十卷。宋錢可則修，鄭瑶、方仁榮纂。可則，字正己。景定元年，以太府丞、直寶章閣知嚴州，景定三年，陞直寶文閣，後陞直敷文閣、知嘉興府。除尚左郎官，尋除直徽猷閣、浙東提舉。可則知嚴州時，瑶時官嚴州教授、兼釣臺書院山長，仁榮为浙漕进士、嚴州學錄。據方逢辰序，郡志自淳熙後缺而不修者距景定已七十餘年。錢可則莅郡之日，於政事之暇，屬鄭、方二人續纂，廣收博蒐，以補其闕。所紀始於淳熙，訖於咸淳。

關於此志書名，陳振孫《直齋書錄解題》題曰《新定續志》，而不作《嚴州續志》。按三國吳時嘗設新定縣於今遂安境内。《唐書·地理志》：「睦州、新定郡，本遂安郡，天寶元年更郡名。」本書卷一亦載：「天寶元年，改睦州爲新定郡。國初，吳越納土，後命殿中丞李繼敏權知睦州，宣和三年改嚴州。」卷四書籍目内著録《新定志》（《四庫提要》所云紹興舊志）、《新定續志》，新定爲嚴州舊郡名無疑，而非新、舊之義。

《景定續志》編纂體例與《嚴州圖經》相同。按嚴州於宋爲遂安軍，度宗嘗領節度使。即位之後，陞爲建德府。故卷首載《皇子忠王授兩鎮節度使制》、《節度使牓》、《御筆立忠王爲皇太子》、《立皇太子册》、《立皇太子詔》、《陞建德府制可》、《陞建德府省劄》等立太子詔及陞府省劄，體裁視他志稍殊。其條目惟物産以外，别增瑞産一門，但紀景定麥秀四歧一條；鄉飲之外，别增鄉會一門，但紀楊王主會一條，皆乖義例。然是志仍爲宋代志書之佳構，故《四庫提要》評此書「敘述簡潔，猶與記中之有古法者」。

《景定續志》嘗於錢可則知嚴州任内刊刻，景定三年原刊本今藏中國臺灣「中央圖書館」，共四册，有清錢大昕、黄丕烈、顧廣圻、沈秉成等手書題記。此外，是書有文瀾閣鈔本，即從宋刊《新定續志》中鈔出，清四庫館臣據兩淮鹽政採進本繕録，改其書名，收入《四庫全書》中。清光緒年間，丁丙以所藏仿文瀾閣鈔本《景定嚴州續志》十卷見假於胡念修，胡氏尋繹數過，覺其體例謹嚴，辭義簡樸，上續紹興、淳熙之書，下開朝邑、武功之派，而首尾完善，較之圖經，尤可寶貴，爰壽梨棗於良工，以光枌榆之故事，即鵠齋胡氏刻本。清光緒二十二年，桐廬袁昶亦嘗刻入漸西村舍彙刊本中。民國二十三年，董氏誦芬室仿宋本重刊。民國二十五年，商務印書館《叢書集成初編》排印此書。今以漸西村舍彙刊本爲底本，參校四庫本、胡刻本、文瀾閣鈔本，以及其他相關文獻，加以校點整理。

李勇先

二〇〇九年三月書於川大竹林村

目錄

景定嚴州續志卷二……二一

序

景定嚴州續志序

《景定嚴州新定續志》十卷。文瀾閣傳抄本。宋鄭瑶、方仁榮撰。方逢辰序曰：郡之有志，所以記山川、人物、戶口、田賦，凡土地之所宜也。嚴於淛右爲望郡，而界於萬山之窟，厥土堅而隔，上不受潤，下不升鹵，雨則潦，霽則槁，厥田則土淺而源枯，介乎兩山〔一〕，節節級級，如横梯狀。其民苦而耐，其俗嗇而野，其戶富者畝不滿百。其賦則土不産米，民僅以山蠶而入帛〔二〕，官兵月廩則取米於鄰郡以給〔三〕，而百姓日糴則取給於衢、婺、蘇、秀之客舟〔四〕，較之淛右諸郡，其等爲最下下。而嚴之所以爲望郡而得名者，不以田，不以賦，不以戶口，而獨以雲山蒼蒼，江水泱泱，有子陵之風在也。郡志自淳熙後缺而不修者，距今七十餘年矣。吳越錢君可則以太府丞來守嚴，政事之暇，爲之訪蒐，以補其缺。編削訖事，走書屬予爲序。予謂嚴爲我太宗皇帝、高宗皇帝建旄之地，今皇儲賜履之封，則一郡之山川、人物、風俗、户口、田賦、職方氏皆欲究知之，矧爲天子聖明，勤卹民隱，凡州牧之出辭入覲，必詳訪焉。是編之作，非惟可以備顧問，亦可以少助宵旰民瘼之萬一也。《蛟峰集》。

四庫全書總目提要

臣等謹案《景定嚴州續志》十卷，宋鄭瑤、方仁榮同撰。瑤時官嚴州教授，仁榮時官嚴州學録，其始末則均未詳也。所紀始於淳熙，訖於咸淳。標題惟曰《新定續志》，不著地名，蓋刊附紹興舊志之後，而舊志今佚也。嚴州於宋爲遂安軍，度宗嘗領節度使。即位之後，陞爲建德府。故卷首載立太子詔及陞府省劄，體裁視他志稍殊。惟物産之外，别增瑞産一門〔五〕，但紀景定麥秀四歧一條；鄉飲之外，别增鄉會一門，但紀楊王主會一條，則皆乖義例耳。然敘述簡潔，猶輿記中之有古法者。其户口門中載寧宗楊皇后爲嚴人，而鄉會門中亦載主會者爲新安郡王、永寧郡王。

新安者楊谷，永寧者楊石，皆后兄楊次山之子也，而《宋史》乃云后會稽人，當必有誤，此可訂史傳之訛矣。

乾隆五十一年十月恭校上〔六〕。

【校勘記】

〔一〕山：原作闕，據《蛟峰文集》卷四補。
〔二〕鼉：原作闕，據《蛟峰文集》卷四補。
〔三〕月：原作闕，據《蛟峰文集》卷四補。
〔四〕秀：原作闕，據《蛟峰文集》卷四補。
〔五〕瑞：原作「財」，據《四庫全書總目》卷六八《景定嚴州續志提要》改。
〔六〕五十一年十月：四庫本作「四十六年九月」。

景定嚴州續志卷一

節鎮

嚴州在國初仍唐舊爲睦州，隸吳越。建隆元年，太宗皇帝以皇弟領防禦使。車書混一，州隸兩浙西路。政和中，陞建德軍節度。宣和三年，改州爲嚴州，軍爲遂安軍。十二月，高宗皇帝以皇子領遂安、慶源軍節度使，詔敕悉載前志。翠華駐蹕錢唐，郡爲畿輔，地望日雄。寶祐五年十一月，詔以皇子忠王特授鎮南、遂安軍節度使。景定元年六月，御筆立爲皇太子，而此邦節鎮至是愈增重云。

皇子忠王授兩鎮節度使制

門下：御家者親親，所以隆天性之愛；詔爵者貴貴，所以植宗國之強。式稽舊章，茂賁元子，作真王而啓宇，望已重於承祧；易巨鎮以建旄，崇莫加於疊組。肆涓穀旦，誕舉徽章。爰咨在列之良，式聽揚庭之命。皇子、崇慶軍節度使、開府儀同三司、忠王食邑八千戶、食實封三千戶，體凝四氣，性備五常。言必詩書，信矣隆師親友之效；動循法度，見諸鳴玉曳履之間。雖岐嶷之夙成，亦進修之加益。每見晨昏之定省，能知宵旰之憂勤。契於朕心，豈非天意。乃者蒇祠重屋，袷禮貳觴。祖考神祇之顧歆，遠近内外之歡洽。豐水數世，將益廣於周仁；大國十城，詎可拘於漢制。洪惟端拱之屬賢嗣，常領荊湖，而建將壇。庸按版圖，丕崇令典。新定則我太宗之舊建，洪都則我壽聖之初潛。植纛建牙，煥陳儀於兩鎮；加田陪食，仍視禮於三台。以承累世之休，以共萬年之福。於戲！立愛立敬，朕非假名器之私；克儉克勤，爾尚贊邦家之治。往服明訓，益綏令猷。皇子可特授鎮南、遂安軍節度使，依前職位，加食邑一千戶、食實封四百戶。主者施行。

節度使牓

遂安軍節度使：應遂安軍管内官吏、軍人、僧道、百姓等，茲者仰荷乾尊，誕申巽命。漢真王之璽綬，仍履舊封；唐兼鎮之節旄，特昭異數。睠嚴陵於左輔，實高廟之初潛。祇榮已凜於涉冰，延見懼違於問曉。洪惟上聖，動契天心，謂社稷太平之階，積於彊本；而父母生民之澤，寓在立親。家之安者下之寧，近之篤者遠之舉。凡爾搢紳多士，介冑連營，丕體皇恩，叶肩職分。粤若緇黄之侶，曁夫斑白之氓，宜以慈善廣教風，宜以孝悌形孅俗。諸有尊屬，並存問之。右榜遂安軍，仍散下管内，各令知悉。

寶祐五年　月　日，皇子、鎮南遂安軍節度使、開府儀同三司忠王押。

御筆立忠王為皇太子

朕祗承統業，於今三十有七年，夙夜不敢康，懼弗克昭受上帝命。惟曩一親郊，嗣是明禋，凡十有一，嚴恭將事，時靡怠遑，獨主鬯猶虛，孰相大禮，恐無以答幽顯之望。皇子忠王仁孝恭順，有聞於時，涵養踐修，尤敏於學，是用蔽自朕志，肅正儲闈，將以一忱，對越在上，庶幾祖宗顧歆，神人闓懌〔一〕，裒時多祉，於以隆萬世不拔之基，可立爲皇太子，仍改名孜。其官屬、儀物、制度令有司討論典禮以聞。

立皇太子詔

門下：三代治安，至千歲所以明有道之長；一人元良，正萬邦所以衍無疆之慶。惟君臣父子之並處，實天地祖宗之顧歆。朕以眇躬，嗣臨大統，閱歷春秋之滋久，祇勤夙夜以靡渝。事會孔殷，敢諉興王而啓聖；鑒觀於赫，終幸福善而禍淫〔二〕。方將嚴禋祀以報稱，戒臣工而妥佑。爰念承祧之至重，詎容主鬯之尚虛！蔽自朕衷，孚於羣聽。皇子、鎮南、遂安軍節度使、開府儀同三司、忠王、食邑九千戶、食實封三千四百戶，孝敬而雍穆，濬哲而溫文。學寓虎闈，獨得息養瞬存之力；禮行鶴駕，具知宵衣旰食之勞。娛心一本於詩書，律己悉安於禮義。朕惟藝祖開基之運，若循環之方來；高皇與子之心，每契合而無間。肆予元祀，申錫嘉名。渙宸號於大昕之朝，位隆貳極；炳陽精於積燎之後，瑞應重光。穹昊之眷可占，黎元之望允愜。剛辰穆卜，縟典肇修。於以聳前星少海之令儀，於以對世室明堂之景貺。於戲，聖賢聞於天下，既克當貽燕之謀；謨烈啓我後人，尚益懋延洪之業。祗若朕命。惟懷永圖，可立爲皇太子，改名某〔三〕，仍令所司擇日備禮冊命，主者施行。

立皇太子冊

維景定元年歲次庚申七月丁卯朔十七日癸未，皇帝若曰：太子，天下之本也。乾象呈祥，前星有耀。震宮主鬯，神器是司。於以答景貺於三辰，於以衍慶源於百世。元良正則萬邦正，此三代所以爲有道之長也。朕惟我朝聖聖相傳，世世並受，宏規懿範，用敷遺後人。休肆予涼德，祗承大統，三十有七年矣。肅舉圜丘之禮，屢修重屋之禋。今兹孟秋，又將講上儀，陳美報，羣公庶尹，先後駿奔，克相禋容。曰惟元嗣，爰敷大號，庸建儲宫。谘爾皇子、鎮南、遂安軍節度使、開府儀同三司、忠王、食邑九千戶、實封三千四百戶，睿性淵澄，英標玉粹，荷烈祖萬年之澤，爲重華四世之孫，自開朱邸以承休，日侍皇闈而毓德。問寢視膳，謹三朝也；尊師就傅，游六藝也。冠冕服黻，威儀蹌濟，動有則也；苴茅授鉞，滿假不有〔四〕，行有常也。曁渙汗甫頒，離明洞照，羣陰退斂，萬宇肅清，允叶天人之望也。行當秉植，主嚴亞祼，庶幾宗廟顧歆，百神享之矣。是用穆卜剛辰，端御路朝，冊命爾爲皇太子，改名孜〔五〕。於戲！惟仁可以厚基本，惟明可以辨邪佞，惟謙可以去驕吝，惟儉可以抑華靡。繼自今親正人，聞正言，行正道，勉之勉之，保我祖宗無疆之景祚〔六〕。

陞建德府省劄

都司還房門下中書後省狀：照對兩省准尚書省劄子，勘會溫、嚴、宜、忠州係今上皇帝潛藩之地，合陞府額，須議指揮。三省同奉聖旨，令中書門下省日下擬定，申尚書省等。今開具下項：一、溫州本州有永嘉縣，係前代年號。今欲用紹興、隆興、慶元、寶慶典故，以初元爲府號，欲擬陞咸淳府。一、嚴州本州有建德縣，今欲擬陞建德府。一、宜州本州係慶遠軍節度，今欲擬陞慶遠府。一、忠州本州有龍渠縣，今欲擬陞興龍府。伏候指揮施行。申聞事：照得後省所申溫、嚴、宜、忠四州係今上皇帝潛藩之地，合陞府額。內嚴州擬陞爲建德府，宜州擬陞爲慶遠府，嘉名已稱。第溫州元擬爲咸淳府，近郡稱謂稍生。忠州元擬陞興龍府，所稱尤覺未妥。今欲將溫州改陞爲瑞安府，忠州卻作爲咸淳府。八月六日，奉聖旨依。

右劄付建德府。

咸淳元年　月　日押。

陞建德府制可

敕門下：朕嗣宅丕后，誕保受民。皇天全付有家，敢怠繼承之敬；乾元首出庶物，聿懷潛躍之初。念聖考之詒謀，擇价藩而賜履。嚴陵龍水之鎮，授節齋壇；永嘉忠南之封，分茅王社。睠言屏翰之重，允協謳歌之歸。漢輿地之上圖，若稽先典；周舊邦之新命，並賜府名。以永萬年之觀，亦尚一人之慶。其溫州改陞瑞安府，嚴州改陞建德府，宜州改陞慶遠府，忠州改陞咸淳府，故茲詔示，想宜知悉。

咸淳元年八月二十八日，太傅、右丞相、魏國公臣似道，參知政事臣萬里，同知樞密院事、兼權參知政事臣爚，兼給事中臣夢炎等謹言詔書如請〔七〕。

右奉詔付外施行。

咸淳元年八月二十九日午時。制可。

城闕〔八〕

州　城。宣和中，知州周格重築，歲久頹圮弗治，至爲樊牆，以限踰越。嘉定癸酉，知州宋鈞復興板築，越一期有半，乃訖工築。凡東西八百二十有二丈，南北三百四十有四丈，葺補者不與焉。今瀕江一帶雉堞如制，累經巨浸，莫能壞。餘雖土垣，猶乃堅好。城門八，洎以召去，別儲帑成之，今悉經改作矣。

朝京門。前志爲望雲門。今門樓與和平門樓，皆今侯錢可則重建。

定川門。今門樓，知州王佖重建。

安泰門、安流門。今門樓，知州趙孟傳重建。

善利門、嘉貺門。今門樓，知州李介叔重建。

子　城。周圍三里〔九〕。正南爲遂安軍門，門有樓甚偉。淳祐壬子，圮於水。明年，知州季鏞築基鳩材，念民疲，不敢亟。又明年，替去，知州吳槃成之。樓成，不減舊觀。參政徐清叟爲之記。

譙　樓。因州門爲之。門之外左爲宣詔亭，右爲頒春亭。壬子水，郡以厭勝之説，取州碑漂之。明年，知州季鏞搜舊篆，更置樓，亦浸弊。開慶己未，知州謝奕中重修，校官鄭瑤爲之記。

戶口

前志載紹興己未戶七萬二千二百五十六，丁一十一萬一千三百九十四。淳熙丙午戶八萬八千八百六十七，丁一十七萬五千九百有三。蓋昔者丁錢未蠲，民苦重賦，故生子有不舉。自乾道五年張宣公知州，抗疏祈免，奉旨減放有差。至淳熙丁口之數比紹興增，凡六萬四千五百有九。開禧元年十二月，御筆盡免兩浙身丁錢。從中殿之請也。蓋恭聖仁烈皇太后爲嚴人，故有是請。今爲戶凡一十一萬九千二百六十七，口凡三十二萬九千二百有六，比淳熙之數益增，豈非先太后深仁厚澤之所致哉？故大書之，以著邦人之追慕云耳。

郡治

郡　治。在子城正北。宣和中，知州周格重建，僅足公宇而已，燕游之地，往往蕪廢。故前志所載，自千峰榭、高風堂、瀟灑樓之外，餘皆名存實無。充拓迨今，甫稱諸侯之居。設廳之北爲坐嘯，又北爲黄堂，舊名凝香。又北爲正堂，曰秀歧。舊名省心，今侯錢可則以近郊獻雙穗麥〔一〇〕，因更此名。

瀟灑樓。在正堂北。舊名紫翠。其下爲思范堂。堂之北爲月臺〔一一〕。

燕　堂。在治事廳之北。又北爲緑陰，東爲東齋。

高風堂。在治事廳之東。又東北爲植賢亭，爲松月亭。堂北有栢，石刻「壽栢」二字，識其古也。

千峰榭。在高風堂之北，憑子城爲之。其東爲環翠亭。

松　關。在千峰榭之下。由松關而北，爲荷池。池之東，爲潺湲閣，西爲木蘭舟。舊名荷池。

讀書堂。自爲一區，在木蘭舟之西。舊爲北園。淳祐己酉，知州趙孟傳改建。

擬蘭亭。在潺湲閣之東。掬泉爲流觴曲水。舊名流羽。其東北爲釀泉。

錦窠亭。在釀泉之南。舊名采岐。知州吴槃改今名。

桂　館〔一二〕。在瀟灑園池之西。杏園、桃李莊又在其西。

面山閣。自爲一區，在錦窠亭之東。其下爲賦梅堂，舊名黄堂。知州季鏞易今名，而以黄堂扁於設廳之北，於義爲稱。
瀟灑園池。郡圃之總會也。舊名後樂。
射圃。在瀟灑園池之南。爲堂曰正己。
東溪。在射圃之南。亭曰銀潢左界，舊名飛練。又南爲翔蛟。

列廨

通判廳。在軍門内。
西風月堂，在公廳後。景定庚申，通判曹元發始以舊扁題之。
南薰堂。在公廳右。嘉定癸酉，通判謝采伯建。
錦繡堂。在南薰堂右。淳祐辛亥，通判吳溥建。園曰西園。爲亭三：曰第一開，舊名梅亭。曰愛蓮，曰仰高。舊有茅亭、湛碧、蔬畦三亭，今廢。
添差通判廳。在東山下。淳熙丙午，知州陳公亮始以公館爲之。
平分風月堂。在公廳後。

光風霽月堂。在公廳左。通判潘墀建。

秀　亭。枕東山爲之，足遠眺望。寶祐癸丑，通判楊敬之重建。越三年乙卯，通判吳堅以舊扁題之。

餘廳如前志。

倉場庫務

平糴倉。附於常平倉。寶祐戊午，知州李介叔置。先是，知州宋鈞捐帑買田爲催科義莊，以便役者，後乃淪沒。至是始根括還官，歲收其入以備凶荒焉。郡人黄蜕爲之記。

合同場。在輯睦坊。通判楊敬之重建。

軍資庫。舊在儀門外東，今移街西，即回易庫廢址。

抵質庫。在軍門内東。淳祐辛亥，知州趙汝歷以舊醋庫改充。

神泉鑄錢監。在朝京門外。今廢。

安養院。淳祐壬子，知州趙汝歷即神泉監廢址爲之。餘如前志。

館驛

前志有新定驛，有公館，如歸館、定川館、東館、西館，今悉非其舊，庸志其改作者焉。

行衙二：

一在儀門外東。開慶己未，知州謝奕中以新定驛改建，即軍資庫舊址。

一在都稅務西，即多慶園舊址。淳祐丙午，知州章大醇改建。

盍簪亭。舊名東館。淳祐壬子毁於水，明年知州季鏞重建。

安流亭。在朝京門外江滸。

溪山偉觀。在城上。朝京門之南，與南山瀟灑亭相望。羣山獻奇，二江成字，甍棟鱗層，桅艪下上，一舉目而盡得之，真偉觀也。景定辛酉，今侯錢可則建。

泳澤亭。在湖堤上，與湖心寺相望。旁爲二亭翼之，曰浄碧，曰汎清，今侯錢可則建。

坊市

前志在城十有九坊，今二十有五。蓋續建者六，易舊名者六，用析書之。

宣化坊。在譙樓外西。

桂華坊。在梓潼殿西。

狀元坊。在軍門外。淳祐庚戌，知州趙汝歷以方逢辰爲大對第一，故表之。

清靜坊。在天慶觀東。

遷善坊。在兜率寺前。

安樂坊。在純孝坊內。

右續增

英達坊。舊名育英。

純孝坊。以上一字犯御舊名改。

里仁坊。舊名仁里。

留愛坊。舊名遺愛。

物阜坊。舊名阜俗。

朝京坊。舊名望雲。

右續增

橋梁

定川門。外跨新安江，爲浮梁，凡百二十艘〔一三〕。舊名政平，前志名永通。寶祐丁巳，知州李介叔重建。至景定庚申，甫四年，往往腐脱，往來者病焉。今侯錢可則一新之，名之曰濟川。爲亭於橋之北，曰要津。

石橋。在城内者十有三，在近郊者五。前志或載或否，今悉書之。

一在軍門前，曰臥龍橋。

一在市心五聖樓下，曰龍津橋。舊名伏龍。

一在子城東門外。

一在嘉貺門内西。

一在雙桂坊北〔一四〕。

一在百順門内東。

一在建德縣治前。

一在縣前直南。

一在縣東，曰章家橋。

一在縣東南，曰舍人橋。

一在建安坊，曰馬賀橋。舊傳以爲馬、賀二家共建得名。

一在安泰門内。

一在後瀝，舊放生池側。

一在朝京門外，曰佘浦橋〔一五〕。景定辛酉，圮於水，郡貢士王炎捐貲重築。

一在和平門外。

一在陪郭塢口，曰獅子橋。

一在陪郭塢，曰風硎橋，有亭八楹。景定辛酉，圮於水。
一在嶽廟東一里許，曰杜橋。

【校勘記】

〔一〕懌：四庫本作「澤」。按《宋史全文》卷三六作「懌」。
〔二〕福善而禍淫：四庫本作「福降而禍消」。
〔三〕某：原本無，據四庫本補。
〔四〕有：四庫本作「形」。
〔五〕孜：四庫本作「某」。
〔六〕「保」字上四庫本有「以」字。
〔七〕等謹言：原本無，據四庫本補。
〔八〕城闕：四庫本作「城闕」。
〔九〕圍：四庫本作「回」。
〔一〇〕穗：文瀾閣鈔本作「稔」。
〔一一〕之：四庫本無。
〔一二〕桂館：文瀾閣鈔本作「桂鋪」。

〔一三〕百二十：文瀾閣鈔本作「三百二十」。
〔一四〕北：文瀾閣鈔本作「西北」。
〔一五〕余浦橋：四庫本、文瀾閣鈔本作「余浦橋」。

景定嚴州續志卷二

郡官建置

州屬《禹貢》揚州之境。秦郡縣天下，隸郡太守。漢建武十三年，置新都郡新都太守，即今徽、嚴兩州之境是已。晉太康中，改爲新安郡。宋、齊、梁、陳咸因之。其分封有新安王，其治郡有新安太守。隋仁壽三年，始以新安、遂安、桐廬三縣置睦州，領以刺史，即今州境是已。後改睦州爲遂安郡，置郡太守，而以歙州爲新安郡。唐武德中，復爲睦州。天寶元年，改睦州爲新定郡。後雖沿革不一，然皆以刺史領州。五代時，隸吳越國，初以防禦使遥領。吳越納土後，命殿中丞李繼敏權知睦州，自是爲知軍州事。政和中，升爲節度州。宣和三年，改嚴州。寶祐三年三月，始命守臣兼節制軍馬。乾德中，置通判軍州事，其後有添差通判，省置不常，今爲定員。其學官有州學教授，間有添差教授，然不常置。有釣臺書院，山長以州學教授兼領。其郡僚有節度掌書記、與觀察支使通差。節度推官、觀察推官、錄事參軍、司理參軍、司戶參軍、司法參軍。其兵官有路分都監一員，州都監兩員，監押一員，間有路鈐轄、州鈐轄，不常置。近又有添差路鈐、路分，員冗滋甚，送迎廩稍，郡計患之。今侯錢可則奏省兵鈐以下添差官，旨從之。其監當官有都酒務、比較務、贍軍務、在城都稅務、東津稅務。今三酒務合爲一官〔一〕，亦省員。舊有神泉監，監廢，官亦隨省。諸縣官疏於各縣之下。

知州題名

前志題名僅記歲月，而政績例不書。今自寶慶改元以來序其次，摭其有政績者附書之，使後之觀者有考焉。

謝采伯。朝議大夫。寶慶元年十月初八日到任，寶慶二年二月初六日宮觀。先是爲通判州事，至是正守陵祠位，在任有惠政。

陸子遹。奉議郎。寶慶二年十一月十五日到任，紹定二年三月二十二日赴召。祖佃、父游，皆出守，列於州學之世美祠，始創釣臺書院。

陳　畏。朝奉大夫。紹定二年三月二十二日到任，紹定三年六月二十五日去任。

衛　樸。朝奉郎，在任轉朝散郎。紹定三年八月十六日到任〔二〕，四年九月十三日除太府寺丞。備禦衢寇有功，在任有惠政。

李彌高。朝奉大夫，在任轉朝散大夫。紹定五年六月十七日到任，六年四月十七日去任。

趙汝梣。朝散郎。紹定六年四月十七日到任，當年七月十九日除直寶章閣、兩浙運判。

顔頤仲。朝奉郎。在任轉朝散郎。紹定六年八月二十四日到任，端平元年九月十三日除司農寺丞。在任有惠政，奏用全會入納。

葛　逢。朝散大夫。端平元年十一月十三日到任，二年四月十五日除秘書省著作郎。

王會龍。承議郎。端平二年七月初五日到任，三年四月二十七日除秘書省著作郎。

趙汝柄。奉議郎。端平三年五月二十六日到任，嘉熙元年六月初一日去任。前守汝梣弟。

萬一薦。朝散大夫。嘉熙元年十二月十三日到任，三年四月内去任。

衛　湜。朝散郎、直祕閣。在任轉朝請郎，又轉朝奉大夫。嘉熙三年七月初六日到任，四年十二月二十六日赴召。前守樸之叔。刊《禮記集說》一部。

趙與汶。朝請郎、直祕閣。嘉熙四年十二月二十六日到任，淳祐元年二月二十一日別與州郡。

王　佖。朝奉郎。在任轉朝散郎。淳祐元年三月十四日到任，二年九月二十六日去任。救荒有大功，修州學，行鄉飲，修釣臺書院，始教養嚴氏子孫。

何處信。朝議大夫。淳祐二年十二月初六日到任，三年七月初三日去任。

趙希樸。朝議大夫。淳祐三年八月初三日到任，四年七月二十一日除軍器少監。五年正月，除金部郎官。前守師古子。父子皆有惠政，列於學之世美祠。

章大醇。朝奉郎。在任轉朝散郎。淳祐五年二月初九日到任，六年十月初四日除侍左郎官。在任有惠政。

高斯得。朝奉郎。在任轉朝散郎。淳祐七年三月初四日到任，八年六月除浙東提刑，當年七月十九日去任。在任有惠政。

趙孟傳。宣教郎、直寶謨閣。在任轉通直郎，又轉奉議郎。淳祐八年七月二十九日到任，十年二月除刑部郎官。增廩士月給，又增貢院夾廊。奏增貢額，未允。

趙汝歷。奉議郎。在任轉承議郎。淳祐十年六月初三日到任，十二年四月除司農丞。增創釣臺書院。

季　鏞。承議郎。淳祐十二年八月初一日到任，寶祐二年八月十三日替。拯溺有大功，修學舍，采齒歆〔三〕，郡政綱目悉舉。

吳　槃。朝奉郎。寶祐二年八月十三日到任，三年三月劄兼節制軍馬，寶祐四年正月二十七日夫任。造貢院試卓〔四〕，重修軍門，造魁星樓。奏增貢額，未允。

李介叔。朝奉郎。在任轉朝散郎。寶祐四年四月初三日到任，六年六月初五日滿替。置平糴倉，代民輸稅逋。

謝奕中。朝散郎。在任轉朝請郎。寶祐六年六月初六日到任，景定元年五月十一日除都官郎官，當年六月十八日替。前守采伯婬。重修譙樓，修明經界舊籍，奉請都城隍廟額，改創儀門外行衙，修夫子殿，重造戟門，造兩廊從祀簾〔五〕。

錢可則。承議郎，以直寶章閣於景定元年六月十八日到任，二年十二月准省劄陞直華文閣權任，三年四月初八日陞直敷文閣、知嘉興府，五月初一日除尚左郎官，十一日陞直徽猷閣、除浙東提舉，六月初八日替。

郭自中。奉議郎。景定三年六月初八日到任，四年三月初二日准省劄令赴都堂稟議，當年四月十五日去任。

全槐卿。朝散郎。以右文殿修撰於景定四年四月十五日到任，五年三月六日准省劄改知徽州，於當年四月二十六日去任。

趙孟蟻。承奉郎。在任轉承事郎，又轉宣義郎。景定五年四月二十六日到任，咸淳元年八月初七日除直祕閣、江淮都大，於當年十二月初六日替。

史胄之。朝請大夫。在任轉朝議大夫。咸淳元年十二月初六日到任，二年二月十日去任。

楊潮南。朝散郎。咸淳二年七月十九日到任，三年五月九日准省劄令赴都堂稟議，當月十日去任。

趙與植。承議郎。在任轉朝奉郎。咸淳三年五月初六日到任，五年正月十三日除浙西提舉，於當年二月二十七日去任。

呂直之。宣教郎，在任轉奉議郎，又轉承議郎。咸淳五年三月二十一日到任，於六年四月初九日除兵部郎官、兼說書，於當年七月七日去任。

李萊老。朝請郎。咸淳六年六月十六日到任，當年八月六日丁本生母憂去任。

通判題名

姜彌明。奉議郎。端平三年十二月初八日到任，嘉熙二年正月二十六日改添差通判臨安府。

魯之損。朝請大夫。嘉熙二年十月十一日到任，嘉熙四年十二月初六日滿。

武　迪。中奉大夫。嘉熙四年十二月七日到任，淳祐三年二月二十七日滿。

徐士特。朝奉郎。淳祐三年十二月二十八日到任，淳祐五年二月十二日去任。

張　澄。朝奉郎。淳祐五年三月初八日到任，七年六月初二日滿替。

史望之。朝散郎。淳祐七年六月初三日到任，八年十一月初七日除宗正寺簿。

謝　焱。朝散郎。淳祐八年十二月二十七日到任，十一年正月初二日差知岳州，離任。

吳　溥。奉議郎。淳祐十二年正月初三日到任，於當年六月初七日去任。

孫一飛。朝散郎。淳祐十二年七月二十五日到任，於當年十一月十七日去任。

宣　轂。朝奉郎。寶祐元年六月十三日到任，於當年十月十八日去任。

陳　棠。朝請郎。寶祐二年三月初九日到任，四年三月二十二日滿。

朱　逢。朝奉郎。寶祐四年三月二十三日到任，於當年五月十八日去任。

史松卿。奉議郎。寶祐二年八月十七日到任，開慶元年八月二十八日替。

曹元發。宣教郎。開慶元年八月二十八日到任，景定元年除國子博士。

康務本。朝議大夫。景定元年十二月二十一日到任。

添差通判題名

郭磊卿。奉議郎。端平三年十月到任，在任轉承議郎，又轉朝奉郎，嘉熙二年九月除太博。
陳叔遠〔六〕。宣義郎。嘉熙三年十一月十九日到任，在任轉宣教郎，四年六月十七日去任。
韋鑑。承議郎。嘉熙四年八月二十日到任，淳祐元年正月二日去任。
孫夢觀。奉議郎。淳祐元年十二月十三日到任，二年四月十九日予祠。
趙與瀹。宣教郎。淳祐二年六月三日到任，在任轉奉議郎，三年六月二十六日予祠。
趙時豪〔七〕。朝請郎。淳祐三年九月十九日到任，五年四月除太府寺簿。
留張遇。奉議郎。淳祐五年四月二十二日到任，淳祐七年六月十一日滿。
吳湜。承議郎、直祕閣。淳祐七年六月十二日到任，在任轉朝奉郎，九年六月十六日滿〔八〕。
謝奕正。通直郎。淳祐九年六月十七日到任，在任轉奉議郎，十一年七月二十二日滿。
潘墀。宣教郎。淳祐十一年七月二十二日到任，在任轉奉議郎，寶祐元年七月二十二日滿。
楊敬之。通直郎。寶祐元年七月二十四日到任，二年十二月六日別與差遣。

吳　堅。宣教郎。寶祐三年四月十一日轉奉議郎，五年四月二十六日滿，除太博。

郭和中。承奉郎、徽州通判兩易。寶祐五年四月二十七日到任，開慶元年十一月丐祠。

林子烈。朝奉郎。開慶元年十一月二十日到任，轉朝散郎，景定三年十一月二十四日滿替。

樓　晏。承議郎。景定三年十二月二十五日到任。

賢牧

嚴爲瀟灑郡，典領山川者非清高不稱焉。前志所紀田諫議、范文正、趙清獻真能稱其山川者也。南渡以來，有光於三君子者相望，宜嗣書之。其方翺翔天衢、未究遠業者，姑俟後之秉筆者焉。

潘良貴。字子賤，號養空，婺之金華人。名望巋然，純德君子也。紹興二年，以直龍圖閣知州，雖在郡之日甚淺，而郡人尊之，至於今不忘，其爲政可知也。今有祠在學宫，列於名侯。

胡寅。字明仲〔九〕，號致堂，建寧人，文定公子。紹興六年，以徽猷閣待制知州，政教並行，民用胥勸。明年，文定公自衡山抵書曰：「汝在桐江一年矣，大凡從官作郡一年，未遷即有怠意。汝宜作三年計，日勤一日，思遠大之業。」未幾，移知永州。今學宫公所改作也。有祠，列於名侯。

張栻。字敬夫，號南軒，謚曰宣，廣漢人，魏公子。以理學爲朱文公、吕成公友。乾道五年，以直祕閣知州，其治不嚴而威，不疾而速，大抵以教化爲先務。奏蠲丁鹽錢絹，民以蕃庶。旅名山，斥淫祠，至今遺老猶能誦張直閣焉。今學門公所創也，與吕成公並祠於學〔一〇〕。景定辛酉，旨封華陽伯，秩於從祀。今侯錢可則倣《帝學》繪祀，因舍采焉。

名宦

紀名宦次以歲月，不以官。

呂祖謙。字伯恭，學者尊之曰東萊先生，謚曰成，婺之金華人。乾道五年，需太學博士次，來爲郡員外博士，鐸音大振，士由遠方負笈者日衆，泮宮至不足以容之。在學著《春秋講義》。明年，張南軒爲守，政教胥善。南軒奏免丁錢狀，先生所作也，與南軒並祠於學。寶慶丙戌，其子延年宰建德，邦人見之如見先生。越月，以戎簿召。景定辛酉，追封先生爲開封伯，秩於從祀。今侯錢可則倣《帝學》繪祀，因舍采焉，時其孫寶之仍以建德宰行獻事。

徐僑。字崇父，號毅齋，婺之義烏人。從東萊、晦菴二先生游。開禧和議成〔一一〕，適以謁選留京〔一二〕，陳所以折敵之策，雖言不果用，而朝論韙之，留爲京學教授，公竟從選部授觀察推官來嚴。在郡多所裨贊，事有不可，必反復論諍，不爲矯激意，雖異己者久益知敬。郡守欲舉公，適同寮有謀脱穎去者，公遜先之。再舉，卒不受。朝紳以學洞聖原，行表鄉曲薦之，遂以掌故登朝，後仕至工部侍郎，與參政真西山俱繫時望云。

郭磊卿。字子奇，號兑齋，天台人。端平三年，由太社令來爲添差通判，延納儒生，誨以義理之學，一干以私，輒叱去。郡政不逮，多所正救。部使者以訟牒屬公，日旁午，公從容剖決，大抵以厚風俗、爔教化爲本，舞文弄法之徒姦莫能遁，邦人士翕然尊之。後召爲太傅。及居言路，皆稱其官，世以不及大用爲惜。子和中，寶祐五年以兩易來繼父官，其精明實似之。

瑞産

物有素産，亦有瑞産。前志所紀素産備矣，今《續志》登成瑞産，適應庸大書之。

景定壬戌夏四月九日，郡民孔文桂等言麥秀兩歧，在東郊公田中。知州錢可則遣視良實，就採之，得歧穗餘一百，繪圖狀實以獻天子。有旨宣付國史館。會皇弟太師、嗣榮王亦以所得函活爲圖以進，玉音報曰：「祥非偶至，應必有先。繇輝聯華蕚以陶和，致秀啓麥歧而薦瑞。兆王師之不用，慶農扈之告登，上協天心，美鍾地産，繪圖來進，嘉意良勤。報聞邦人，鼓舞歡悅。顧托琬琰，以詔將來，天時不能遁也〔一三〕。」爲刻石，寘郡治之高風堂。

荒政

郡墾山爲田十一二，民食仰糴旁郡，航粟一不繼，便同凶年，況旱潦乎！庚子之旱，壬子之水，辛酉之絕糴，非天假仁侯竭力拯惠，民其枯魚矣！用摭其實，以告來者〔一四〕。

嘉熙四年，夏、秋大旱。明年春，民采橡蕨，救死不給，路殍相枕藉，郡無以救。於是將作監丞王公佖被選求甦。公下車，首扃廚傳，節浮費，一意救荒。乞米於朝，勸分於鄉，靡不力，民賴以活。去郡時，民遮道以酒餞公，公爲舉一杯釂之。公字元敬，金華人。

淳祐十二年夏六月辛酉，大水被九州，闤闠爲壑，五日乃縮，壞公私廬舍亡數。民苦溺且飢，天子遣使歷九州存撫，命奏院季公鏞出守拯是邦。公下車，虚己問俗，首觸秋苗十六，力控廟朝，寬京府榷糴之令，發廩分賑民飽，實惠捐，抽解場木予被水者，戶有差。不幾時，頓復舊觀，民亦忘其爲昏墊也。秩滿，民借留，不許，遺愛藹然。公字伯韶，古括人。

景定二年秋七月戊寅，浙右大水，湖、秀爲甚，至於冬十月不退。嚴雖水駛不久溺，然航粟遂梗，民無所得糴，趨利者冒衢、婺禁，肩負斗斛，至價日翔踴。時東巖錢公可則司牧是邦〔二五〕，喟然曰：「民可一日無食乎？」亟發廩賑之，鏤榜諭俗〔二六〕，以儲粟運糴爲勸〔二七〕。略曰：本州環山爲郡，地非沃衍，家乏蓋藏，一年耕且不足以給一年之食，此公私所以俱匱也。今歲水潦之後，浙右諸郡莫不告歉，先其無備，糴運方艱，不早救圖，其將安仰？太守日夜念此至切，如折絹糴米，期革舊敝，申請省部，力抗鄰邦，爲軍食計，固毋或不盡其心。乃若民食之天，日不容闕，兢兢軫慮，由已飢之。本州它無公儲，止有義倉米斛，亦既申臺府行賑給，惟有通放摺運，招誘客商，近已控籲於朝，嚴戒屬邑矣。然來者有限，食者無涯，深山窮谷之氓，老弱疲癃之輩，莫能遠致，寧免嗸嗚，非富室大家隨地應糴，安得人人而濟之？嚴之所謂富室大家，積倉高廩，狼戾腐紅，視他處固不多見，苟存心於愛物於人，必有所濟，要自有佩服格言力行好事者，敢以二事勸，曰儲積、曰運糶是也。夫一鄉一里之內，豈無十數大家？伏臘輸官之餘，豈無窖囷寬剩？或三二百石，或七五十石，下而至於一二十石，家計之不足，鄉計之有餘。鄉計之不足，邑計之有餘。謹其閉藏，時其發糶，皆足以濟人也。官司方幸飢者，有告糴之地，必不強以賑濟，必不加以科率，必不指無爲有、證少爲多，使之有官吏搔擾之費，如此何憚而不儲積？土狹人稠之境，固無穀粟寬餘、産畜財豐之家，要必事力控實，或取之客販，或取之鄰境，或取之産米之鄉，移其他經營之資，爲此時懋遷之舉，雖所以利人，亦所以利己。定時而斂，及時而發，是獨不可爲歟？官司何幸富者有好義之心，必不裁其價直，必不限其數目，必不驅東就西，強此從彼，使之有州縣奔走之撓。如此，又何憚而不運糴？又況官民有相因之勢，貧富有相依之情，貨財穀粟有相通之理。凡所以爲是委曲者，不過欲轉貴糴而爲平糶，回飢歲而爲豐年。一邑一鄉俱得一飽，隱然有安富恤貧之道，皆因所利而利之耳，有人心者，詎肯坐視〔一八〕？雖然，官司亦不以虛談而致實利，有能爭先倡率，悉意奉行，爛然惠及於民〔一九〕，自當第其輕重，隨其多寡，厚加旌賞，以示表厲。如士庶之借補蠲役，寓官之減價升秩〔二〇〕，申之臺閫，請之朝廷，有勞必酬，的非文具。若夫閉糴增價，泄糶出境，有司之法昭昭，太守亦不得而私也。力控廟朝，弛旁郡糴禁，捐帑分糴，列四局平糴，市價隨減。又稅家運糶，應勸急公〔二一〕，民以全活，棠陰蔽芾，環召有日，邦人有借恂之願焉。公字正己，五王之胄，相國之孫，今爲天台人。

稅賦

郡處萬山中，土最瘠，民最貧。均賦任役，不可一日無仁政。紹興界多歷年所，圖籍淪散，豪民猾吏相爲姦欺，貧民下戶俯首受困，至舉其所謂仁政者而彷彿之，反曰不仁，人情之難齊久矣，不均不平，不澄不清。寶祐乙卯，行手實，不及境。戊午，知州謝奕中奏請修明經界之舊，有旨諭之，於時屬縣奉行，有虔有不虔，故民瘼有甦有不甦，仁政之行果難矣哉！諸縣稅額悉前志之舊，今不復書，姑摭建德縣修明之略於左方。它縣雖以成籍來上，然未足以傳信，不敢書。

建德縣民產

官產之不均稅者在外。

坊郭基地以丈計得三萬三千八百六十四，田以畝計得十三萬一千六百三十五。山若桑牧之地以畝計得五十四萬五千二百九十七。石巖、雲霧地之不均稅者在外。

物力

坊郭基地，以三等均數，計物力三萬一千一百七十二貫有奇。

田山桑牧之地，爲等不一，計物力七十七萬四百四十八貫有奇。

總計八十萬一千六百二十貫有奇。

民戶入納有産税，有和預買，悉輸絹。蓋産税之外，别敷和預買，名色淆紊，起敷碎煩，小民至不能曉。又於内各有分數，俾之以錢代絹，謂之折帛錢，是致小民重爲吏攬所愚，每年起敷之數，吏得以高下其手。今合産税、和買之絹爲一，每物力四十一貫二百，均敷絹一疋，即一貫三十文敷一尺，坦然明甚，合而計之，正足元額一萬九千一十疋之數。外折帛錢徑以物力一百貫敷納三貫，其物力十五貫以下人戶免敷，合而計之，用足元額一萬九千九百八十貫之數。他如茶錢、役錢、税綿、上供絲之類大率倣此，官無虧賦，民無重征，真百幸事也。籍成，邑宰潛説友爲序。紹興經界，距淳熙末，圖籍以多散失，且嘗詔漕臣督州縣補葺之，則自淳熙至今日其弊又可知已。豪右詭名規避，姦胥舞文變易，賦額銷蝕，豈惟嚴陵哉？寳祐戊午，版曹始用舊額，徵諸郡太守，告院謝公諗於衆曰：有土，此有財，固也。泛以舊額責之縣，則産去税存者其奚堪毋已？則按經界之舊而修明之乎？亟聞於上，玉音俞之。説友學製附庸，奉行唯謹。遂詢僉謀，賓鄉望，嚴選任。曾不期月，而九鄉二十一都各以其籍來上，迺視鄉分廣狹，計物力多寡，裁其溢而覈其虧，因其輕而革其重，不底於均，不止於是，舊額無損，新征頓輕，義役成規，藉以息民詞；科買均配，藉以應上命。宿奸老蠹，既爲之風灑雪滌，而數十年之苦於白輸者脱然如沈疴去體，聖君賢太守之賜不其大哉！既成，父老請以等則鋟諸梓，俾勿壞，用略敘其梗概。朱文公曰：三十年一番經界方好，至哉言乎！潤澤而推廣之，尚有望於來者。開慶己未良月既望〔一一二〕，宣教郎、特差知嚴州建德縣、主管勸農公事、兼軍正潛説友序。

軍餉

郡以絹三萬六千疋代婺輸上供，易婺米一萬五千碩以供郡餉，此皇祐指揮所以便兩郡也。今代婺之絹戶部直重於嚴，而婺米每每負償，雖朝旨督之，輒不報，嚴以之困。前守屢申廟朝，欲令嚴自糴米，婺自輸絹，未俞也。景定庚申，今侯錢可則力控得請。景定元年八月空日，都省劄子指揮節文：照得嚴州每歲爲婺州代納上供絹三萬六千疋，婺州卻撥米一萬五千石準還嚴州應副支遣。自皇祐間有此指揮，其來已久。嚴州之絹起解版曹，不至有欠，惟婺州之米多是占吝，遂至拖壓。蓋以嚴爲鄰郡，莫可誰何，未免忽視。今據嚴州申積欠米計二萬八千三百餘石，今年合撥之米又不在此數。嚴州雖屢常申述，朝廷亦屢行催督，婺州官吏視爲故常，更不遵奉。今若不與區處變通，則婺以抵拒爲得計，而嚴之瀆撓卒未已。合議指揮，聖旨令嚴州於歲額代婺絹内截留一半一萬八千疋自市米充軍食，仍以一半絹解赴戶部，婺州亦令解絹一萬八千疋補足戶部元額，卻與免撥米還嚴州，並自景定元年分爲始，仍下戶部照應施行，其婺州所欠米數照元行下運司嚴催撥還。審如朝旨〔二三〕，猶是嚴代婺輸絹一萬八千疋，而婺乃盡免餉，嚴、婺兩郡得失較然明甚，而婺猶拒命不聽。明年，戶部以兩郡申請，不以白於朝，復如皇祐指揮，但俾婺米先入於嚴，然後趣嚴絹入部。景定元年十月空日，省劄戶部申：照得嚴州代婺州解絹以充上供，婺州撥米還嚴州充軍糧，其來非一日矣。邇年兩郡互有申請，施詳案牘〔二四〕，其曲不在嚴，而在婺。蓋嚴代婺解絹，迺承戶部拘催，不可稽違。婺還嚴之米，既無統攝，率是違欠，甚至開慶年間尚欠二萬餘石，宜乎嚴之有請於朝，欲將代解之絹從本州折價糴米，徑令婺自解絹。准省劄行下，許令嚴州於代解絹内截留一半，計一萬八千疋，自市米以充軍食，仍以一半絹解赴戶部，亦令婺州解絹一萬八千疋補足戶部元額，卻與免撥米還嚴州，自景定元年始。續婺州乞解絹米，各仍舊貫。本部又已節次備申，續准行不若婺州欲仍舊貫，今項預辦一年之米一萬五千碩發還嚴州〔二五〕，方可從申續。又據婺州申，已椿到米一萬石，即還嚴州。今嚴州又申每歲差撥人船取米〔二六〕，每被坐困，乞照近降指揮監婺州解絹，容本州自措辦軍糧。及謂婺州所報見有米一萬石，以待本州取發者，平時率是虚給，以脱本州先次解絹本部。今與酌可行之説，爲悠久之計，嚴州解本部之絹不患其不足，婺州還嚴州之米深慮其失信，欲催嚴州之絹，當先催婺州之米，州郡一也，體統一也，豈可謂本部可催嚴州之絹，而不爲嚴州催婺州之米乎？況嚴州申請不已者，止以婺州之米不還。米苟還矣，其將何辭？所有景定元年互撥米絹，嚴州已將合解一半之絹折價糴米以充軍糧訖，況隔一載，難於再理，當令婺州將合還嚴州景定元年米一萬八千石，每石照農寺司折價解部買絹，補還元額，專官前往，守待起發。所有景定二年以後年分，其婺州還米一萬五千石，嚴州解絹一萬八千疋，各分作三綱，須管婺州先自起登本色米斛至嚴州交管〔二七〕，同嚴州絹綱申發赴部。第一綱十一月下旬，第二綱十二月下旬，第三綱次年正月下旬。婺米之交管，嚴絹之起綱，定在如期同時到部，仍委各州僉判任責提督。申自今後各郡僉判批考及離任〔二八〕，須管具本年本任内各處發米發絹數目月日申本部點對，如無欠闕，候行下方許批書，欲乞劄下嚴、婺兩郡遵守，併乞劄下吏部遵守施行。候指揮照得嚴、婺州兩易絹米事，昨降指揮已自平允，今戶部以兩郡析申不已，區畫悠久之説來上，理亦不行，須議指揮。十月二十二日，奉有聖旨〔二九〕，依戶部所申事理，令各處遵守施行，仍令各郡正任通判任責催發，不許違戾。婺果守信，嚴亦何不利之有？第婺爲反覆，終不如行兩易之爲愈也。

【校勘記】

〔一〕酒務：文瀾閣鈔本作「稅務」。

〔二〕八月：四庫本作「六月」。

〔三〕采：四庫本作「菜」。

〔四〕試：原作「詩」，據四庫本改。

〔五〕祀：四庫本作「記」。

〔六〕陳叔遠：四庫本作「陳叔達」。

〔七〕趙時豪：四庫本作「趙時掌」，文瀾閣鈔本作「趙時亭」。

〔八〕十六日：文瀾閣鈔本作「十七日」。

〔九〕字明仲：四庫本作「字明志」。按《三朝北盟會編》卷一三二、《宋名臣言行錄》別集上卷八皆作「字明仲」。

〔一〇〕學：四庫本作「廟」。

〔一一〕和議成：四庫本作「和戎公」，「公」字屬下讀。

〔一二〕京：文瀾閣鈔本作「守」。
〔一三〕天時：四庫本作「太守」。
〔一四〕按「來者」下四庫本有「善政在題名下」六字。
〔一五〕東巖：原作「東嚴」，據四庫本改。
〔一六〕榜：原本無，據四庫本、文瀾閣鈔本補。
〔一七〕粟：原作「蓄」，據四庫本改。又「糴」字，原作「糶」，據文瀾閣鈔本改。下同。
〔一八〕詎：四庫本作「安」。
〔一九〕爝：四庫本作「灼」。
〔二〇〕價：原作「剡」，據四庫本改。
〔二一〕急公：四庫本作「分全」。
〔二二〕良：原本無，據四庫本、文瀾閣鈔本及雍正《浙江通志》卷二六三補。
〔二三〕審：原本脱，據四庫本補。
〔二四〕牘：原作「櫝」，據四庫本改。
〔二五〕項：四庫本作「須」。

〔二六〕又：原作「人」，據四庫本、文瀾閣鈔本及雍正《浙江通志》卷一〇六改。

〔二七〕起登本色：四庫本作「起發本邑」，雍正《浙江通志》卷一〇六作「起發本色」。

〔二八〕郡：文瀾閣鈔本作「部」。

〔二九〕有聖：四庫本無。

景定嚴州續志卷三

學校

州學在城西北隅。始學門屈折東出，乾道五年，張宣公知州，始闢南向，直北爲欞星門，又北爲泮水，爲大成殿門。殿於一學爲中殿，廡爲從祀，爲前廊位，兩廡有夾廊。錢糧庫在其東。由殿門而東爲肅儀位，爲魁星樓，西爲公廚。大成殿之北爲明倫堂，堂之東爲名侯祠，宋廣平、田諫議、范文正、趙清獻、張宣公、胡致堂、潘養空。西爲先賢祠。嚴先生、方元英、皇甫吏部、李都官、江諫議、詹光祿、喻玉泉、趙復齋、錢融堂。即堂廡爲四齋，東曰時習，曰近思，西曰克己，曰篤志。明倫堂之北爲敕書樓，下爲南軒、東萊二先生祠。東爲世美祠，以祠郡侯之世守者。西爲直舍學，計病不給，每有弊壞，必州郡捐帑葺治。初，雍熙二年卜今址，更田諫議、范文正、趙清獻三大賢，然後棟宇之制、教養之具悉備。自雍熙至大觀一新之，自大觀至紹興又一新之。蓋百五十年間，三改作矣。

自紹興至今百二十年，補苴支吾，僅免頹壓，撤故就新，未易議也。今侯錢可則廉知學有樵山一段，宦家以薄租專其利滋久，命奪以還學，專以地利給修造費，美意爲作繼云，諸生立石於學。

魁星樓爲一學偉觀，前知州吳槩既勤樸斲，今侯錢可則始丹堊其上，以奉魁星，郡人方逢辰書其扁。其下爲會食之所，始名育英，眉山楊棟爲記，今改爲登雲。

釣臺書院

釣臺距城五十里，范文正公始創祠宇。紹興四年，知州顔爲嘗加葺治，名其閣曰客星，軒曰羊裘。八年，知州董弅作招隱堂於祠之左，前志列於桐廬縣古蹟下。淳熙五年，知州蕭燧重修，吕成公爲記。紹定戊子，知州陸子遹始創書院。淳祐辛丑，知州王佖始延堂長訓嚴氏子孫，月計所廩給之。又十一年辛亥，知州趙汝歷鑿石累土，以廣其地，益以棟宇，爲門三間，榜曰釣臺書院，歷級而陞爲官廳，左仍先生祠也，羊裘軒、客星閣悉仍其舊。以招隱堂廢址爲燕居堂，下爲門廡，榜曰燕居之門。由官廳而右爲講堂，榜曰清風堂。堂之北爲複屋，榜曰遂高堂。堂之南臨流爲閣，榜曰雲峰、煙水。爲四齋：曰明善，在清風堂之左〔一〕；希賢，在其右；曰尚志，在雲峰、煙水之左；修己，在其右。爲爐亭，曰會友。山長、堂長有位，祭器有庫，儲蓄有倉，庖湢有所，於是延致衿佩，教養其間，綸釣之地，有絃誦聲矣。改登臺路於書院之右，山腰有亭，以待憩息。東臺舊有亭，更爲亭，西臺對立相望。第董事者識凡芟夷古木，路取逕直，無復盤旋之舊，識者非之。郡捐帑五萬緡，就城爲抵質庫，月收其息以助養士。明年，知州季鏞聞於朝，以州學教授兼山長。循故實，以四仲月，守致祠，遣山長率職事致祭，守亦時往，書院之制蓋略備矣。然枕高憑虚以爲基。經壬子巨浸，溝湮土頽，不十年，廩廩欲壓。景定辛酉，今侯錢可則亟修治之，視舊益勝。客星閣舊淪於僧舍，頽圮滋甚，命僧撤其故爲法堂，更卜爽塏，於佛廬之左建焉，此山草木自是益精神矣。書院有田，今六十四畝有奇，以嚴氏孫掌之，而山長稽其出納，養士錢仍給於州〔二〕。山之陰有平疇山，先生故所耕也。

州學教授題名

學惟教授一員，宣、靖兵興，至乃闕官。紹興二年，始復置。乾道五年，呂成公以太學博士需次，來爲員外教授，後未有繼者。淳祐十二年〔三〕，省併京局官爲在外添差官〔四〕，乃復員外置，以監封樁庫，江一鶚爲之，然非常員，前志例無題名，今補其闕，自紹興二年始。

石嗣慶。紹興二年八月初三日到任。
朱良弼。紹興五年十一月初四日到任。
沈　傃。紹興八年十二月初五日到任。
鄭　範。紹興十一年十二月初五日到任。
繆若虚。紹興十四年十二月初五日到任。
王大治。紹興十八年十二月二十五日到任。

葛　騏。紹興二十一年閏四月十三日到任。
陳祖言。紹興二十三年十月初六日到任。
嚴　抗。紹興二十六年五月初三日到任。
鄭　南。紹興二十八年四月二十六日到任。
徐　存。紹興三十一年五月初二日到任。
沈必豫。隆興二年六月初三日到任。
鄭　庶。乾道三年六月初十日到任。
呂祖謙。乾道五年九月十五日到任。
曹　嶧。乾道六年七月初七日到任〔五〕。
蔡　霖。乾道六年十一月十九日到任。
程弘圖。乾道八年九月初七日到任。
袁　樞。乾道九年二月二十四日到任。
顧　強。淳熙三年二月二十六日到任。
祝　華。淳熙六年二月初三日到任。

楊　寅。淳熙八年八月初二日到任。
劉文富。淳熙十年六月二十四日到任。
蔡沖飛。淳熙十三年八月初一日到任。
鄭　昉。淳熙十六年十月二十七日到任。
練　文。紹熙三年十二月初三日到任。
黄　楫。慶元元年十二月十七日到任，五年二月十三日滿。
俞　森。慶元五年二月十三日到任。
何　剡。慶元五年六月二十四日到任，嘉泰二年八月召除學官。
林式之。嘉泰二年八月二十日到任，開禧二年二月十八日滿。
侯　允。開禧二年二月十八日到任，嘉定二年三月二十一日滿。
葉　洪。嘉定二年三月二十一日到任，五年三月二十一日滿。
徐有孚。嘉定五年三月二十一日到任，八年四月十七日滿。
陳　潮。嘉定八年四月十八日到任。
元伯濳。嘉定十年十一月二十六日到任。

施　琮。嘉定十二年六月二十九日到任，於十五年八月替滿赴班。
陳　震。嘉定十五年九月初一日到任，寶慶二年正月初八日滿。
李大同。寶慶二年正月初九日到任，三年十月十五日准省劄兩易慶元府教授。
卜夢符。慶元三年十二月初七日兩易到任。
林　石。紹定二年四月初五日到任，五年五月初三日滿替赴班。
戚達先。紹定五年五月初四日到任，當年十二月去赴班。
陳　鑄。紹定六年八月二十四日到任，端平元年六月初六日兩易行在省倉上界門。
葉　英。端平元年七月十五日到任，嘉熙元年十月十四日滿。
周　琮。嘉熙元年十二月二十五日到任，淳祐元年三月二十四日任滿。
陸　叡。淳祐元年三月二十四日到任，當年五月二十日去任。
桂錫孫。淳祐元年十月初二日到任，四年十月十六日滿。
章士元。淳祐四年十月十六日到任。
王得一。元闕。
趙良維。淳祐八年四月二十九日到任，十一年六月十六日滿。

沈應丑。淳祐十一年六月到任，寶祐二年八月内滿替。

方𢭆。寶祐二年八月十三日到任，四年十月初二日去任。

林申。寶祐四年十二月二十七日到任〔六〕，開慶元年二月七日滿。

江一鶚。寶祐六年特旨添差，十一月初三日到任，至景定元年十一月得旨特差提領戸部犒賞所准遣。

鄭瑤。景定元年正月二十五日到任，四年二月十三日滿替。

陳夢虎。景定四年二月十三日到任，咸淳二年二月二十六日滿。

聞有大。景定三年指揮：增差詩賦教官。咸淳改元，以釋褐被旨，特與堂除填見闕。是年二月十六日到任，四年七月二十日滿替。

翁淳甫咸淳二年二月二十六日到任，五年三月二十一日滿替。

方用。咸淳四年七月二十日到任〔七〕。

趙希埊。咸淳五年三月二十一日到任，八年六月初八日滿替。唐則天后，以「地」字從「也」，非誼，别製「埊」字。老子云：「居善地。」趙希埊即用天后所製之「地」字。「地」，《漢書》作「墬」。

貢舉

貢院在州學之西，賓興就試者逾七千人〔八〕，解額僅十八人。淳祐己酉，知州趙孟傳增創西廊八間。寶祐乙卯，知州吳槩采巨木造試卓，分置廊廡，以革納案雜遝之患。初，端平甲午，詔增天下解額，視辛卯舉終場人數爲差。辛卯，衢寇猖獗，郡與衢隣，士以保護鄉井，多不暇試，終場人數比他舉不逮，故增額亦不及之。今以書學專門者餘二千五百人，而貢者四人，艱亦甚矣。淳祐丁未，舉人黄蜕大對爲天下第二。庚戌，舉人方逢辰大對爲天下第一。知州趙孟傳、吳槩、今侯錢可則迭援近比，以增解額爲請。天高聽遠，尚仍其舊云。

登科題名

郡山川奇勝，士生其間，清高相尚，科第餘事耳。趙清獻公知州，始刻碑州學，紀登科者名，後來者續刻之。洎淳熙丁未刻石殆遍，更爲第二碑，今又將遍矣。蓋郡之士風日盛，射策君門者比舉益衆，碑之屢續也固宜。乃若黄蜕爲丁未第二人，方逢辰爲庚戌第一人，又皆以氣節自貴重，無忝大名，非但鄉閭之榮也。今續題名自寶慶二年始。唐文泉子劉蜕復愚一説長沙人，一説係桐廬人。黄蜕即用「文泉子」舊名，景慕鄉先輩而起，信乎復愚之爲桐産也。

寶慶二年王會龍榜

洪夢炎。

余　肆。

葉　微。

馬登龍。

葉端平。

趙孟修。

趙師緝。

趙𤓰大。

趙汝綰。
趙汝溤。
趙彦岳。
紹定二年黄樸榜
方應旗。
汪自強。
洪　牧。
胡伯驥。
紹定五年徐元傑榜
江時舉。
洪揚祖〔九〕。
姚夢角。
李　濬。

端平二年吳叔告榜

江應發。

趙由迪。

嘉熙二年周坦榜

邵應豹。

林旂。上舍。

方若。

吳季子。

王鈜。

何應旂。

方洪。

趙綵夫。

淳祐元年徐儼夫榜

邵甲。

翁應弼。

黃宗仁。

洪松樚。

淳祐四年留夢炎榜

余夢洪。

胡夢魁。

舒文龍〔一〇〕。

淳祐七年張淵微榜

黃　蜕。榜眼。

葉　曇。甲科。

趙與檣。

洪元忠。國學。

方元善。國學。

趙儼夫〔一一〕。上舍。

翁文龍。

翁旂。

李鴻翼。

淳祐九年方逢辰榜

方逢辰。元名夢魁，御賜今名。

方登。甲科。

方吉。

馬季麟。

吳洪德〔一二〕。

洪蘭。

胡夢麟。

寶祐元年姚勉榜

黄應棪。國學。

葉閎祖。

任桂發。
洪承祖。
方　續。
寶祐四年文天祥榜
洪文伯。上舍。
趙與東〔一三〕。
黄　嘉。
洪伏龍。
盧萬里〔一四〕。
時　賽。
鄭　滛。
開慶元年周震炎榜
洪　榕。
何應斗。

翁蒙正。
鄭 琚。
景定三年方山京榜
方炎午。上舍。
方 槐。
吳雄飛。上舍。
胡順昌。上舍。
余義端。省試前名。
濮桂發。
胡夢高。內舍。
方龍榮。
周 濂。

鄉飲

古者黨庠術序，鄉飲有常。後乃視爲曠典，雖名都大藩，或百載不一舉，況於嚴乎？亦越名侯相望，思美教化，用能酌時之宜，爲之損益，以無忘古意焉，故特書之。

紹興間，知州蘇簡行鄉飲禮成，有詩示諸生，刻於學。

嘉定戊寅，知州鄭之悌行鄉飲於貢院，會者千餘人，郡人詹良爲賓〔一五〕。

淳祐壬寅夏四月癸丑朔，知州王佖行鄉飲於貢院，會者千餘人，郡人錢時爲賓。明日，時詣學講書，有《紀事》一卷，校官桂錫孫爲之序。

寶祐甲寅，知州季鏞修學告成，秋七月辛丑朔，舍菜於先聖先師。祀畢，升堂講書，因酌諸生，會者百餘人。

景定辛酉，今侯錢可則以正月甲午舍菜於先聖先師。祀畢，序拜齒飲，會者五百有十人〔一六〕。郡人黃巖爲賓〔一七〕，推高年者爲老。飲畢，饋賓老以幣。有《紀事》

一卷，校官鄭瑤爲之序。學所以明人倫也。古者黨有庠，術有序，鄉有學，鄉飲之儀歲一行於黨，再歲行於州，三年一行於鄉，人倫之化無時而不明也，世降而下，至迺視爲曠典。今嚴爲輔郡，土儉俗貧〔一八〕，縮使符者率支補不給〔一九〕，蒐墜舉逸尤弗暇。蓋自壬寅之後，寥寥至今。景定初元，東巖先生來宣天子德意〔二〇〕，政教並行，人士胥悅，游刃之下，不見肯綮。先立春數日，戒學宮，飭舊典，其以改歲之二日釋菜於先聖先師，爰命邦人序拜齒飲，庶昭學校明倫之意。瑤稟承未幾，先生即以成式示，居敬行簡，井然有條。即事之日，先生率郡僚〔二一〕，延三老，賓明咸集，登降有度，獻酬有文，尊老有餽，仁義之氣藹如也。耆耇在右，怡怡愉愉，俊秀在列，肅肅雍雍，顧瞻敬歎，莫敢踰越。信哉學之所以明人倫也！矧是邦人士夙陶宣公、成公之化〔二二〕，二公有祠，與學同久。今儲君以歲上元奠謁於膠庠，首躋二公於從祀之列，而先生又以儲邸之戚、相門之英來修二公之化，以嘉惠儲君之治，道脈國脈，相爲無窮，先生致澤之規模，其殆昉於此矣，邦人士德先生之意甚厚。

鄉會

鄉會所以篤枌榆之誼。惟唱第畢，鄉之位於朝與仕於京者張宴湖山，爲新貴者慶，最爲盛集。嚴爲恭聖仁烈皇后毓慶之鄉，后兄楊惠節王次山字仲甫，后姪敏肅王谷字聲之，忠憲王石字介之，每集必爲統盟。其後節鉞蟬聯，纓紱輝映，率繼先志。今節使蕃孫之子鎮以尚帝姬，益貴斯集，益有光焉。每集，必有題名。今摭紹定龍飛所題於左：

紹定龍飛題名

主集

新安郡王。
永寧郡王。

與集

王臨應伯。
方俌士武。
鄭穎茂叔。
方萬里子萬。
王井深父。
趙時傒民望。
趙時恢洪道。
邵克勤宗禹。
王彝倫叔敘。
余煇文炳。
詹好德懿子。

洪擬祖季擬。
方若水善甫。
朱淮長源。
洪漶汝忠〔一二三〕。
方應旂正甫。
汪自強行之。
洪牧尊之。
胡伯驥德甫〔一二四〕。

人物

郡人物表表相望，大抵尚氣節而輕功名，有子陵一絲之風。南渡人物前志尚闕如也，今嗣書之。

詹　至。字及夫，郡人。父安，爲鄉先生，躬教四子，皆登進士第，公其次也。建炎初，通判鞏州。金兵將及境〔二五〕，郡守假它檄去，公合民兵七千人授甲登陴，入與家人訣，出約死守，敵力攻五日而遁。紹興初，詔有事於明堂，公奏與其崇孝饗之虚文，曷若厲復讐之大義。請移費佐軍，剋圖恢復。事雖不行，識者韙之。張忠獻公督師，辟公掌機事，以功除直秘閣。忠獻去國，公不復用，後爲永興等路提點刑獄。丐祠歸。歿，張宣公銘其墓。

詹儀之。字體仁，至猶子也。登紹興二十一年進士第。乾道間，張宣公守鄉郡，呂成公分教，公方占家食〔二六〕，日以問學爲事。淳熙二年，公知信州，時朱文公、呂成公俱在鵝湖，往復問辯無虚日。及帥廣東，首以濂溪舊治立祠曲江上，張宣公爲之記。後論廣鹽官鬻之弊，孝廟韙之。除公吏部侍郎、知静江府，因任六年，官鬻弊革。未幾，代者飛語中公，有袁州行。光皇登極，念公故宫僚，許自便。既歸而没，公論惜之。

胡國瑞。字嘉言，郡人。登崇寧二年進士第，以博學稱。大觀初，命修《九域志》，尋爲删修官，又除爲編修官。時奔競成風，公獨以在館中爲樂，不覬他官。宣和寇起，鄉郡命公爲鄉導勸之。後仕至吏部侍郎。

葉三省。字闕〔二七〕，郡人。以太學生釋褐，仕爲中書舍人〔二八〕。紹興二十二年，坐詆休兵爲非〔二九〕，下之理，責居筠州。

喻　樗。字子才。登建炎二年進士第。嘗受業龜山趙忠簡公，崇尚洛學。薦公除正字，告詞有曰「頃窮西洛之淵源，遂見古人之大體」，雖爲衆所嫉，而忠簡知之益信。有《中庸大學論語解》及《玉泉語錄》行於世〔三〇〕。寶祐甲寅，知州季鏞繪肖於學宮祠之。

葉義問。字審言，郡人。登建炎二年進士第。紹興二十九年，爲吏部侍郎。時相主和議，兵備寖弛。公奏有備無患，請防海道，守淮甸，遣戍卒嚴斥堠，揀軍牧馬，此六者，今日急務，卒行則不及，預備則有餘。尋除兼尚書。三十一年，以知樞密院視師江淮，遂有采石之捷。

馬大同。字會叔，郡人。登紹興二十四年進士第。自爲小官，即以剛介聞。改秩除國子監簿，對便殿，上與語，輒奏「不然」。明日謂宰執曰：「夜來馬大同奏對，朕與之辨論，凡不然朕説者三，氣節可喜。」由是簡知，孝廟有大用意。後每對上，輒陳恢復大計。歷中外要官，必求盡職，以洗冤澤物爲己任，所至雖遐僻，童孺無不知公名。仕至户部侍郎。

趙彦肅。字子欽，郡人，號復齋先生。天資孝友，留意聖賢之學，窮理盡性，弗深造自得弗措也。登乾道二年進士第。會高皇遺劍，輟三年不仕，宰臣周必大薦之孝廟甚力，先生益以近名爲嫌〔三二〕，仕止寧海軍節度推官。有《易説》及《廣學雜辨》、《士冠士昏饋食圖》行於世。朱文公觀其書，嘆曰：「近世未有如此看文字者。」嘉定己卯，知州鄭之悌即祥符寺遺址建堂祠之，命學官春秋詣祀。寶祐甲寅，知州季鏞復繪肖於學宫之先賢祠。

鄭　穎。字茂叔，郡人。游太學有聲，登嘉定十年進士第。宦轍所至，輒以最聞。守嘉禾，以理卿召，言者沮之，且逮吏，稽在任出納，擿其疵，無所得，私嘆服之。後其子璹爲大理評事，會時相以意嫉邊守，下之理，必死之，公謂璹曰：「殺人以苟容，如天理何？」璹奉法如公教，竟以忤歸，公笑曰：「是足爲吾子矣！」公自嘉禾歸十五年，竟不復仕。

錢　時。字子是，郡人，號融堂。少力學，自貴重。後著書立言，以鄉先生稱。

嘗以《易》領漕舉，試南宮，輒不利，絕意仕進。嘉熙二年，宰臣喬行簡奏上，補迪功郎、祕閣校勘，兩入史館，終不蘄顯仕。有《周易釋傳》、《尚書演義》、《學詩管見》、《春秋大旨》、《四書管見》、《兩漢筆記》、《國史宏綱》、《蜀阜前後續稿》、《冠昏記》等書行於世。寶祐甲寅，知州季鏞繪肖於學宮之先賢祠。

【校勘記】

〔一〕左：四庫本作「南」。
〔二〕「錢」字下四庫本有「米」字。
〔三〕十二年：四庫本作「十三年」。按淳祐十三年改元寶祐。
〔四〕添差官：四庫本無「官」字。
〔五〕七日：四庫本作「三日」。
〔六〕十二月：胡氏刻本作「十一月」。
〔七〕二十日：胡氏刻本作「二十一日」。
〔八〕逾：原作「餘」，據四庫本改。
〔九〕按此條下四庫本注「上舍」二字。
〔一〇〕「舒文龍」條下四庫本注「國學」二字。
〔一一〕趙儆夫：四庫本及雍正《浙江通志》卷一二八作「趙徽夫」。
〔一二〕吴洪德：四庫本作「吴洪悳」，雍正《浙江通志》卷一二八作「吴洪意」。

〔一三〕「趙與東」條下四庫本注「上舍」二字。

〔一四〕「盧萬里」條下四庫本注「上舍」二字。

〔一五〕詹良：文瀾閣鈔本作「詹艮」。

〔一六〕有十：四庫本作「餘」。

〔一七〕黃巖：四庫本作「王巖」。

〔一八〕土：胡氏刻本作「士」。

〔一九〕使符：文瀾閣鈔本作「莬符」。

〔二〇〕東巖：四庫本作「東萊」。按呂祖謙，學者尊稱爲東萊先生，乾道五年來嚴州。而錢可則，字東巖，景定二年知嚴州。此處當以「東巖」爲是。

〔二一〕郡：原作「作」，據四庫本改。

〔二二〕夙：四庫本作「風」。

〔二三〕洪滮：四庫本作「洪淲」。

〔二四〕胡伯驥：原作「朝伯驥」，據四庫本、文瀾閣鈔本改。

〔二五〕金兵：四庫本作「敵騎」。

〔二六〕占：四庫本、文瀾閣鈔本無此字。
〔二七〕字闕：四庫本作「本」字。
〔二八〕仕：四庫本作「後人」。
〔二九〕詆：原本空闕，據四庫本、胡氏刻本補。
〔三〇〕玉泉：原作「土泉」，據四庫本及《明一統志》卷四一、《萬姓統譜》卷九四、《大清一統志》卷二三四、雍正《浙江通志》卷一七七改。
〔三一〕嫌：四庫本、文瀾閣鈔本作「謙」。

景定嚴州續志卷四

山

郡之鎮山曰仁安，支脈蜿蜒，下走平曠，其繚入郡城者各有名，前志不書，乃今書之。

錦砂岡。元字犯光廟嫌諱。在城内北。正脈融結，萃爲郡治。

東　山。在郡治東。

秀　山。以秀亭得名。西連東山。

建安山。在百順門内。

樊家山。在雄節營北。

西　山。在城内西北。舊有孤高亭，今廢。

道場山。以陳尊宿得名。西連西山。

水

新安江。東陽江合流於城東南。前志列於建德縣下，今不再書，摭湖井之宜書者書之。

西　湖。在城西南，祝聖、放生在焉。景定二年秋七月暴雨，仁安山洪流迸出，決湖趨江，湖涸遂蕪。今侯錢可則亟以冬隙堤之。明年正月，祝堯之日〔一〕，放生於湖，如常年，碧波溶溶，鱗介咸遂，邦人樂其有愛君之心焉。添倅東陽樓晏爲之記。

郡城岸江枕山，泉味甘冽，舊爲井者九：曰桂泉，在雙桂坊。曰清泉，在子城外西北。曰華泉，在兜率寺西百步。曰甘泉，在軍門内西。曰釀泉，在郡圃。今連筒入公庫，資歲釀。曰秀泉，在添差通判衙東。曰海底泉，在和平門内西。曰白龍泉，在安泰門外。曰碧波泉，在嘉熙門外〔二〕。或謂甘泉、秀泉不列於九井，然皆未有考焉。其他綆汲之所尚多，如雙井在善教坊南小巷中，蟹黄泉在樊家山下，舍人井在舍人橋東，丁家井在濠堘𡑞下路北，龍泉在錦砂岡西。今連筒入三務，資歲釀。是皆宜書。

寺觀

寺觀比前志無大更革，摭其關於郡典者書之。

郡官之祝聖滿散〔三〕，詣天慶觀、兜率寺。

郡官之行國忌香〔四〕，詣能仁院。

郡官之追崇徽廟，詣南山光孝禪寺。

郡官之勸農，詣近郊寺院，無常所。

法善禪寺。舊在州城内東，今城西九峰庵請具額。

甘泉道院。在軍門内西。井於闤闠中，民居偪仄，易穢。紹定戊子，知州陸子遹買民地，爲亭覆之。近道院，以奉佑聖，郡以羽士主之。

東山道院。在子城外東。景定庚申，知州謝奕中建，以羽士主之，亦奉佑聖。

祠廟

郡爲吳俗，昔多祠宇。自張宣公知州，斥淫祠之不在祀典者，故今所奉皆名神〔五〕，摭其更革者志之。

城隍靈應廟。在子城内西。神以建安王爲稱，然莫知封號之始。景定辛酉，今侯錢可則薦請於朝，始賜額靈應，更闢廟門，以侈新渥。

祠山行宫。舊在兜率寺東廡間。淳祐辛丑，知州王佖闢寺東廢址遷焉，南臨通衢，廟貌斯稱。郡博士桂錫孫爲記。

梓潼真君行祠。舊在天慶觀廡間。景定庚申，今侯錢可則拓地於觀之右，大飭祠宫，南臨通衢，面勢軒豁。明年大比，士之領薦者拱前後，率有吉讖。今吏書葉夢鼎爲之記。景定二年，大比興賢，太府寺丞、知嚴陵錢侯即郡之桂華坊作梓潼真君祠。世言帝命司桂籍，主人間科第者也〔六〕。介教授鄭君瑤以書來徵記曰：惟嚴陵山水秀天下，鍾奇産英，魁儒相繼出，志道義，崇氣節，不但以詞藻名世也。聲光蕩摩，達於疃畊瀨釣之區，家誦書，人業儒，交勉爲士君子之行，又不但以名第相眩慕也。侯始至，諗其國俗而喜尚之〔七〕，凡學宮俎豆之事，庖廩之供，必敬必飭。迺復經始斯役，揭虔妥靈，蘄以相斯文，福多士。藝闈設棘，而祠宮適成。犂六邑之彥雷動霧滃，顧瞻奐輪，興起風烈，至有感吉夢而占上游者，斯亦異哉！余惟上以德藝賓士，士知自修而不蘄上之，知古之道也。自科目興，應書自衒，而古意日以薄〔八〕，顧復使大魁修劍者流〔九〕，盻盻焉乞靈於神〔一〇〕，以志一得，余始惑焉。既乃訪之蜀珍，稽諸志牒，則知神之生也，世以忠孝顯。夫忠孝，百行之魁冕，其剛大浩然之氣，精純不二之心，耿耿宇宙間，殆日月並揭，河漢同流，風霆烈而山岳峙也。眉山蘇公所謂不依形而立，不恃力而行，不待生而存，不隨死而亡者，其是物歟！是以神之廟食被四蜀，人士嚴奉，如錦官夫子石室、諸葛忠武祠，歷千百載若一日，中更西事，拂擾黠酋〔一一〕，暴客過，輒投戈羅拜，是何威靈氣焱動悟人物如此，秉彝好德，無間哲愚，是必有以觸其天矣。國家籲俊尚賢，三歲有詔，與郊見神示之典同〔一二〕，萬乘臨軒，與冊拜公孤之儀等，甚重事也。士繇此選，蓋將致其爲臣爲子之大節，明綱常以準世，弘德業以庇民，顧豈使之弄鉛槧徼祿利而已？今賢侯身勸爲駕，爾嚴之士方袞袞上春官，奉大對，當思天高地厚，中立此身，君親之報難窮，忠孝之節易撓，惟無負於君親，即無愧於天地，而亦不爲爾神羞。此侯作祠之初意，所以望爾士者厚，而垂教思者遠也。抑神九十四化之說，祝夫傅會〔一三〕，侮聖瀆靈，世未有明辨之者，而神陰翼世教之意泯焉。夫化者謂能神其道以化俗，非如釋氏以幻爲化也。故神之福善也，惡者化而爲善；神之祐順也，逆者化而爲順；神之好是正直也，邪者諂者化而爲正直，皆忠孝之感也。洋乎在上，必有監於斯言。侯名可則，吳越五王後，丞相魏國忠靖公嫡孫，蓋世載忠孝云。

大中大夫、權兵部尚書、兼權吏部尚書、兼同修國史實錄院同修撰、兼太子詹事、寧海縣開國男、食邑三百戶天台葉夢鼎記，朝奉郎、主管成都府玉局觀方逢辰書〔一四〕，朝奉大夫、新除宗正少卿、兼太子侍讀留夢炎題。

靈順行祠。爲樓跨龍津橋。嘉泰元年建。

招商神祠。在輯睦坊北。祠廢已久，地爲民居。淳祐火，延數十百家，自居祠地者始。郡以民請，復建祠。然舊以「招商」爲名，豈非土儉俗貧、假懋遷之利以粒斯民故汲汲然耶？

崔府君廟。在子城西巷内。

天王堂。在子城西北隅。

古蹟

郡相傳有三阜、元字犯光廟嫌諱。九井。若九井既志之矣，三阜俗傳爲郭璞窨。一在通判廳治前，一在建德縣廳治前，一在水南。

大悲殿北有古井焉，陶土爲欄，識歲月其上，蓋開寶三年三月也。且識是年米斗二十錢。

碑碣

《集古錄》載：此郡唐時石刻頗不一，今往往不存。其所存者，前志已輯之矣。茲志其後來者焉。

《御製戒石銘》。守臣顔爲立石。

《御書籍田詔》。守臣羅汝楫立石。

《錫宴戒州縣御筆》。守臣趙孟傳立石。

《戒貪並録勳裔御札》。守臣李介叔立石。

《訓廉御札》。守臣錢可則立石。

《司馬溫公訓儉文》。知州盧憲立石。

《申用全會入納回降本末》。知州顔頤仲立石。碑陰舊爲篆書《大風歌》〔一五〕，知州盧憲模立。

《申免嚴婺兩易米絹始末》。知州王佖立石。碑陰舊爲《減免丁錢鹽絹本末》，知州詹亢宗述。

右在設廳

《知州題名》二。琴川冷世光撰。碑陰　其一張魏公《釣臺》詩，其一《重修軍門樓記》。

《范文正高風堂記》。碑陰刻「泰山壽」字。

《范文正公桐廬郡十詠》。碑陰《建千手千眼觀音記》。

《張宣公祀仁安山祝文》〔一六〕。

《重修浮梁記》三：其一三省架閣黄灝爲知州鄭之悌撰，碑陰舊爲蠲減諸縣賦斂省劄，知州宋鈞述。其一朝奉大夫徐邦憲爲知州，謝德輿撰，其一郡人方逢辰，爲知州李介叔撰。
《修譙樓記》。校官鄭瑶爲知州謝奕中撰。
《經總制錢始末》。知州許興裔立石。
《申用全會納坊場錢本末》。知州章大醇立石。
《瑞麥宣付史館省劄並圖頌》。今侯錢可則立石。
《平糴倉記》。郡人黄蜕爲知州李介叔撰。
《撥代解婺州絹糴米餉軍省劄》。知州錢可則立石。碑陰同上。
《四公帖》韓魏公、富鄭公、文潞公、范文正公〔一七〕。
《詛楚亞駝文》。
《孤高亭記》〔一八〕。《知州鄭之悌立石》。
《明道東坡二先生訓語》。
右在高風堂庭廡間。
《通判題名》二。
《西園記》。建德尉嚴康朝撰。

右在通判廳

《御製至聖文宣王贊及加號詔》。碑陰刻贍學産段細數。

《御書八刑八行詔》。

《皇帝賜辟雍詔》。

《御書孝經》。

《御書賜學官詔》。

右並立石大成殿

《教授題名》。

《進士登科記》。趙清獻公知州日始立石，後知州鄭滋易石增廣。

《續登科記》。知州謝德輿立。

《趙清獻公勸學詩》〔一九〕。

《增置學田記》。郡人詹炎撰。

《育英堂記》。今禮書楊棟撰。

《重建學門記》。校官江一鶚撰。

《蘇公簡鄉飲詩》。
《陸放翁詩帖》。
右在州學
《重建軍門樓記》。參政徐清叟爲知州吳槃撰。
《重修西湖放生記》。添倅樓晏爲今侯錢可則撰。
《梓潼廟記》。今吏書葉夢鼎爲今侯錢可則撰。
《城隍靈應廟記》。校官鄭瑤爲今侯錢可則撰。
《濟川橋記》。校官鄭瑤爲今侯錢可則撰。
《溪山偉觀記》。校官鄭瑤爲今侯錢可則撰。
《吕成公作重修嚴先生祠堂記》。虞佀良書，世稱一美。舊石毁於火，僅存斷闕，過者歎息。今侯錢可則礱石臨鑱之。
《重修釣臺書院記》。郡人方登爲今侯錢可則撰。

書籍

郡有經史詩文，方書，凡八十種，今志其目。

六經正文。

《語》《孟》正文。

櫟齋《禮記集說》。

《玉藻講義》。

《通鑑紀事本末》。

《南史》。

《唐鑑》。

《周子太極通書》。

《胡氏春秋傳》。

《胡氏春秋通書》。

《春秋後傳》。
《春秋後傳補遺》。
《尚書說命講義》。
《尚書無逸講義》。
《謝先生論語》。
《爾雅義》。
《近思録》。知郡華文錢寺丞任内刊。
《近思續録》。知郡華文錢寺丞任内刊。
《横渠集》。
《朱文公家禮》。
《朱文公小學書》。
《南軒先生文集》。
《融堂四書管見》。知郡華文錢寺丞任内刊。
《師友問答》。

《鶡冠子》。
《鬻子》。
《程氏遺書》。
《己易》。
《世説》。
《新定志》。
《新定續志》。知郡華文錢寺丞任内刊。
《嚴陵集》。
《嚴陵別集》。
《釣臺詩》。
《釣臺續集》。
《釣臺別集》。
《皇甫集》。
《大字劉賓客集》。

《咸平集》。
《陶山集》。
《徂徠集》。
《定肅顔公文集》。
《劍南詩》。
《劍南續藁》。
《江諫議奏議》。
《閫範》。
《關化書》。
《洛陽名園集》。
《開元天寶遺事》。
《聖政草》
《老學庵筆記》。
《鄉飲酒紀事》。

《竇氏聯珠》。
《省事老人集》。
《陳宋集》。
《西崑酬唱集》。
《唐御覽詩》。
《鉅鹿東觀集》。
《潘逍遙詩》。
《東里詩》。
《千巖集》。
《七里先生自然庵詩》。
《清真集》。
《順庵集》。
《史氏指南方》。
《史載之方》。

《衛濟方》。
《本事方》。
《二典義》。
《産寶方》。
《癰疽方》。
《清真詩餘》。

【校勘記】

〔一〕祝：胡氏刻本作「祀」。
〔二〕嘉貺門：四庫本作「嘉化門」。
〔三〕祝：胡氏刻本作「祀」。
〔四〕行：四庫本作「祝」。
〔五〕名：四庫本作「稱」。
〔六〕第：原作「級」，據四庫本改。
〔七〕喜：四庫本作「嘉」。
〔八〕以：文瀾閣鈔本無此字。
〔九〕魁：四庫本、文瀾閣鈔本作「冠」。下同。
〔一〇〕「盼盼」之上四庫本有「咸」字。
〔一一〕拂：原作「沸」，據四庫本、文瀾閣鈔本改。
〔一二〕示：文瀾閣鈔本作「祇」。

〔一三〕祝夫：四庫本作「祝史」。

〔一四〕成都府：原作「城都府」，據四庫本改。

〔一五〕大：原作「人」，據四庫本改。

〔一六〕祝：胡氏刻本作「祀」。

〔一七〕公：原本無，據四庫本、文瀾閣鈔本補。

〔一八〕孤高亭：原作「狐鳥亭」，據四庫本及雍正《浙江通志》卷二五八改。

〔一九〕勸：原作「初」，據四庫本改。

景定嚴州續志卷五

建德縣

縣爲附庸，凡賦斂率輸於州縣，無羸貲，亦無逋責。土儉俗醇，治貴簡靜，知縣事率京官爲之，佐官有丞、簿、尉、主學，兵官有管界寨巡檢。

學校

縣有宣聖廟，圮於水。嘉定戊寅，宰陳德一始即縣門内東建廟。淳祐庚戌，宰惠德夫建門廡堂序，名講堂曰明倫，即堂廡爲達德、尊德、明德、進德四齋〔一〕，堂北爲直舍，曰忠恕。潛齋王埜作記。

鄉里

縣管鄉九，其爲里者四十，詳載前志，獨新亭鄉之孝悌里，淳祐丁未，太守高斯得書里名表之。

官廨

縣治在子城外東公廳之左，爲近民堂，右爲清白堂，中有遺愛堂〔二〕。

知縣題名

緑車青節，胙土苴茅。紅旆碧油，建旐授鉞。嚴陵其三聖之始基乎！面受二江，背負一龍，弦歌滿城，密依治鎮，建德其六邑之冠冕乎！然則綰銅章紆，墨綬爲邑，長於斯者，是不可以無紀也。植學製此來，竊謂當今天下每歎無可爲之邑，正以賦輸不均，催驅良難，幸而粗可展布，人不當忘其所自來〔三〕。遂由寶祐令君京尹〔四〕、戶侍潛公而下，迺爲一碑。蓋公之爲是邦也，約供上之所出，均田賦之所入，一毫不求多於民，民至今利賴之，而宰亦藉是多滿去，庸冠首刻，敬詔方來，使後之縣大夫無忘公意，相與守之，則是名也流芳垂榮，何千百年。

庚午長至，擬承議郎、知建德府、建德縣主管勸農公事、兼弓手寨兵軍正、賜緋魚袋余植記，朝請大夫、試尚書戶部侍郎、兼同詳定敕令官、兼知臨安府、浙西安撫使潛說友題蓋。

潛說友。從政郎，侍班改。寶祐五年十二月到任，次年正月改宣教郎。開慶元年十月，改添差行在點檢贍軍激賞酒庫所主管文字。

孫桂發。宣教郎。開慶元年十二月十一日到任，景定二年正月二十七日除主管官告院。

呂寶之。宣教郎。景定二年二月十五日到任，至四年四月二十八日離任〔五〕。

游　鏞。宣教郎。景定四年六月二十八日到任，景定五年十一月離任。

趙與稽。奉議郎。咸淳元年八月十一日到任。當年九月內，准告轉承議郎。咸淳二年三月內，准敕賜緋魚袋。咸淳三年七月内，准尚書省劄子，奉聖旨差通判建德府，填見闕。先是，宰邑之次年，民以旱澇告，遂請於朝，得粟一萬斛以濟〔六〕。曁解任，以積下俸錢併通判廳辦備堂從物錢預爲本邑人戶代輸咸淳四年茶租錢一全年於府。

余　植。通直郎。咸淳三年十月二十一日到任，四年五月轉奉議郎〔七〕，咸淳七年正月二十二日滿替。

山

邑境皆山也，摭其著名者以補前志之闕。

高峰山。去縣東五里許。仁安山之支也。圓通院居之，累甓爲浮圖，在其巔。舊傳有讖云：「卯巽二峰重建塔，狀元從此魁羣英。」此正卯位。

南　山。與城對峙。馬目山之支也。光孝禪寺居之，有浮圖七層。

屯軍山。去縣西一里許。

屏風山。去縣西二里許。自舊封禁。

橘　山。在東陽江之東，去縣十里許。巔不可登，上有羅浮。橘一本，橘熟，風飄墜地，得者詫爲仙人橘。

萬歲山、明山、巖山。在新亭鄉。巒秀環聳，爲佳山水處。

五寶山。在建德鄉。並新安江西泝八十里，五山共一源，曰金山。相傳石上有金牛足蹟，因以爲名。曰銀山、銅山、綠山、鐵山，皆以地所産得名。宋惟鐵山尚資冶課，餘皆礦竭坑存。

楊溪峰。在慈順鄉。峰如卓筆。

尖山。在宣政鄉。峰亦峭拔。

水

前志不及溪澗，今志其達於江者。

楊　溪。隸慈順鄉。

下達溪。隸慈順鄉。
馬目溪。隸建德鄉。
緒塘溪。隸龍山鄉。
黛潭溪。隸龍山鄉。
右在邑之西境，入於新安江。
吳家溪。隸白鳩鄉。
洋潰溪〔八〕。隸白鳩鄉。
大洋溪。隸宣政鄉。
小洋溪。隸宣政鄉。
右在邑之南境，入於東陽江。
苔　溪〔九〕新亭兩源之水出焉。隸新亭鄉。
胥口溪。隸芝川鄉。
坌柏溪。隸芝川鄉。
右在邑之東境，入於浙江。

橋梁

道城北，度仁安嶺，與驛道合。阻溪而爲橋者四：在龍山鄉者曰大興橋，在芝川鄉者曰朱紫橋〔一〇〕、治平橋、杜息橋，惟治平橋有田百畝給修造費，里人董天任所捐也〔一一〕。今命釣臺九隴寺主之。餘橋非驛道者不書。

寺觀

寺觀在郊闕者已於郡志志之，今志其餘，以補前志之闕。

報恩光孝禪寺。前志名廣孝寺。寺有瀟灑亭，爲一郡勝處。景定改元，東巖錢公可則由上饒入覲，登亭，有詩云：「有緣結得南山境，瀟灑亭高最可人。此景古今吟不盡，熙熙客裏且行春。」明年六月，開藩於此，豈非有行春之讖歟？

九峰法善寺。前志爲九峰庵，後請州城廢寺易其額。

圖通院。即前志高峰院。

普證院。在仁行鄉。嘉熙間，僧維政請處州廢額建。

萬壽寺。在芝川鄉。淳祐間，邑民請南山舊額建。

多福院。在龍山鄉。嘉熙間，邑民請仁安山廢額建。

普濟院。在建德鄉。建炎間，邑民請桐廬縣廢額建。

善濟庵。在仁行鄉。寶祐間，僧文行請額建。

思濟庵。在芝川鄉。淳祐間，邑民請桐廬縣廢額建。

永隆宮。在龍山鄉。距城七里，曰青山。淳祐間，道士許守正請遂安縣廢額建。

鳳翔觀。在慈順鄉之朱池。寶慶間，邑民請分水縣廢額建。

西真宮。在建德鄉之銅山。道士邵含光請遂安縣廢額建。

龍興觀。舊在仁安山之巔。觀廢，爲仁行鄉澤山新觀請額云。淳祐壬子，仁安山復自爲觀。

祠廟

廣濟廟。蓋紹興甲子所賜額也。前志止云仁安靈應王廟，紀神號曰忠顯仁安靈應昭惠王。嘉熙丁酉，改昭惠爲廣澤。淳祐壬子申，錫嘉號曰忠顯靈應廣澤孚惠王。

順濟廟。前志止云兩港龍王廟。淳熙己酉，始賜廟額。慶元庚申，封新安江之神曰靈濟侯。開禧改元，封東陽江之神曰廣潤侯。

峴山羊太傅廟。在新亭鄉之和村。神名祜。鄉有游襄峴者，夜夢神告之曰：「吾與汝俱游，而鄉幸歸而祠我。」夢者槖香火以歸，即叢居中隙地爲廟，後大水漂去。廟有石香爐，高五尺，逆流里許，止溪次，殆類人徙，因即地建祠，水旱禱之率應。

徐偃王廟。在慈順鄉。昔徐姓自太末徙是鄉，因建行祠。

蔣山神祠。在龍山鄉。舊傳即金陵蔣山人也。

翊忠侯廟。在龍山鄉。姓潘氏，名世雄，蓋里人也。宣和間，以力勇禦寇有功，死，故廟食。嘉熙丁酉，始賜侯爵。校書郎楊幼度爲之記。

古蹟

石船。在胥口西半里。瀕江叢石中，長一丈半，宛然小舟也。春水退，鄉民視舟中沙石多寡占一歲糴事，沙淤糴賤。蓋民食仰汎舟，惟恐糴梗，故嗜識酷至此〔一二〕。

石澳塍。在慈順鄉徐村。有曠地數千頃〔一三〕，無水，不可耕。徐氏叟穴山三十丈〔一四〕，注水南下，遂爲良田，刻石識崖上。蓋天聖二年也。

碑碣

《紹興恤刑詔》。知縣楊彦立石〔一五〕。

《紹興御筆藉田手詔》。知縣張華立石。

《嘉定蠲減版賦始末》。知縣潘檜立石。

《集義莊記》。郡人方萬里撰，知縣孫自中立石。

《縣學記》二。其一嘉定戊寅諸葛安節撰，其一寶祐甲寅潛齋王埜撰。

救荒記

士大夫有民有社，得常相安於豐年樂歲間，非至幸歟！天運靡常，凶饑代有，載考史籍，賑之者亦多術矣，大略不過發公廩，致販商，分私積，皆因其有爾。苟無焉，計安出哉？山多田少，吾郡爲甚，建邑爲尤甚。歲登，甲戶無餘粟，中產不足伏臘，農可知已。仰於鄰邑，仰於鄰郡，樵蘇亦仰於京師，小歉則直倍他土，勢也。然射利者趨之，民猶免於殍。咸淳四年，水易陵谷。未幾而旱，方數千里，凡建民所仰之地率自救弗贍，顆粒無從至。明年春，乃擣鳥昧，採蕪菁，至人屑山木之膚以爲食，形鵠載塗。今尹信安趙公與稽戚戚不遑寧〔二六〕，曰：「民饑乃爾，發廩乎！」曰：「無。」「招商乎！」曰：「無。」「勸分乎！」曰：「無。」幾束手矣。幸先是朝廷科糴豐儲倉米於郡，乃捐俸回糴二百斛，率鄉都裒助以濟疾苦矜獨之不聊生者。又曰濟有限也，則貸楮爲之，祈哀請命，乞糴於朝，忱辭感動。廟堂惻然興憫，仍撥豐儲米壹萬斛，優其直以賑之。暨至，曲防諄戒，無勺合不粒饑民之腹。迄事而麥已秋，田里翕然，舉手加額曰：「恩哉尹之生我民也，異乎彼之因其有者矣。」鄉之任事者有黄君炳文〔一七〕，謀於衆，時同被委者徐夢得、李子奇、喻於勳、何權、何自敬、何一之、蔣開、張大明、唐景龍、許汝弼、方蘭、孫許、萬鐘、洪榮祖、洪友龍〔一八〕、劉光祖、倪在鈞、邵大中、徐安國、馮應得、錢東、陳大林、周文中、陳化龍、葉英發〔一九〕、洪奎英，凡二十有六人，曰：「尹其無負新天子撫字之寄者，其事視古人爲尤難，將紀，以示民之不能忘。」忽郡卒騷動，火民居，復灌城，城且澒洞，尹一言，帖然以居。未幾，特旨就擢貳郡〔二〇〕，衆益歎服曰：「此豈聲音笑貌能爲哉？」乃敘其顛末，屬於余。余昨守尹之鄉，聞其先君靜齋德祿偕崇倣文正范公遺意〔二一〕，創義田以賙族之貧、冠、昏、喪葬，給有差。里或饑，賑無靳色，尹善繼有加焉，感而服者衆矣。故其鄉民兩弄兵，皆相戒不忍犯，宜政行斯邑若是卓卓也。積而大之，豈止一鄉一邑蒙其澤哉？於是乎書。

朝奉大夫、主管建昌軍仙都觀黄宗仁記並書，朝請郎、新除司農寺少卿、兼敕令所删修官、知臨安府、浙西安撫使、兼點檢行在贍軍激賞酒庫所潛説友題蓋，奉議郎、知建德縣、主管勸農公事、兼弓手寨兵軍正、賜緋魚袋余植立石。

咸淳御製字民銘

涖事必公，拊民必惠。邇者有訓，亦既切至。咨爾令長，守以勿墜。宣朕實意，斯爲愷悌。

臣恭惟皇帝陛下嗣登寶位，七年於兹，朝廷清明，條貫快活，普天率土，涵泳至仁，誕保受民，益培邦本。迺者親灑宸翰，申錫嘉銘，飭於撫字之臣，俾行公惠之政，其與太宗皇帝戒石御製同一忠厚之心也，猗歟盛哉！臣叨恩學製，寔在龍潛之附庸，對揚王休，尤先諸邑，敬拜手稽首颺言曰：公則律己無私，而毫髮之不欺，惠則撫民以寬，而繭絲之不急。惟公惟惠，愷悌之政也，敢不恭命。謹以聖訓，托之堅珉，耀當今而詔方來，垂無窮而施罔極，庶可以上副聖天子保民無疆之實意云。

咸淳六年九月十六日，奉議郎、知建德府建德縣、主管勸農公事、兼弓箭手寨兵軍正、賜緋魚袋臣余植百拜謹立。

建德縣進士登科記

國朝以人文化天下，進士得人最盛。新定郡自咸平三年繇鄉貢擢進士第首於建邑，得王君冕，自是舉不絕書，名踵相望，惟斯邑爲盛，豈非千峰聳翠，雙湍瀉玉，瑰奇特傑之觀，瀟灑清絕之氣獨萃斯邑乎？又得非由范、張、呂、陸泓涵演迤之學，仁義道德之化首覃及斯邑乎？至如抗直節於東都圮極之餘，倡洛學於火德再炎之始〔三〕，又皆斯邑之景星鳳凰，光絢宇宙，咸繇科目進者也。今天子即位之元年，詔陞藩府，遂以邑名其郡。粤四年，上御集英，親策方内之士，植適以墨綬學製斯邑，未唱第，先默有感焉。已而邑人首以恩貢掇第，應益彰也。是年，斯邑合得四人，其三皆比居於城，視他時尤盛。顧瞻邑黌，自咸平迄今，獨未有題名，以揭斯邑之偉觀，殆非所以表列前修、興起斯文者也。植兹幸書滿，輒采舊聞，攻石而書之〔二三〕。斯邑士氣夙醇，文風寖盛，方來者尚源源也。且闕以竢續書，俾後之觀者自其登名，以要其遠業之所到，知斯邑有人如此，則是記豈徒然哉？

咸淳庚午長至，擬承議郎、知建德府建德縣、主管勸農公事兼弓手寨兵軍正、賜緋魚袋余植記。

王　冕。咸平。

許　墀。大中。

許　湜。天禧。

倪天秩〔二四〕。慶曆。

倪天鎮。

喻　房。嘉祐。

江公著。治平。

江公望。熙寧。

江公佐。元豐。

倪直侯。元豐。
倪直儒。
方行可。元祐。
方鼎。元祐。
江公明。
江公亮。元符。
王昇。崇寧。
詹至。崇寧。
朱彪。崇寧。
詹公著。大觀。
詹大聲。
姜師仲。
詹大方。政和。
喻彦先。

詹大和。政和。

喻樗。建炎戊申。

王郊。紹興壬子。

喻仲達。紹興戊午。

汪處中。紹興辛未。

馬大同。紹興甲戌。

鄧樸。紹興丁丑。

趙彦逾。紹興庚辰。

王恬。隆興癸未。

趙彦肅。乾道丙戌〔二五〕。

鄧先。

姜大中。乾道己丑。

趙仲友。淳熙壬辰。

朱承孫。

趙彦迴。

趙不祿〔二六〕。

詹　炎。紹興癸丑。

朱仲河〔二七〕。慶元丙辰。

鄭　誨。慶元己未。

滕承孫。嘉泰壬戌。

許大聲。

趙師誠〔二八〕。開禧乙丑。

趙汝端。

方　祕〔二九〕。

趙彦巘。

趙僵夫。

馬　高。嘉定戊辰。

胡誠一。

方　脩。

柴　銳。嘉定辛未。

方萬里。

趙璲夫。

林　炎。嘉定甲戌。

詹仁澤。

趙棨夫。

趙師綷。嘉定甲申〔三〇〕。

馬登龍。寶慶丙戌。

趙孟修。

趙師緝。

趙爔夫。

趙汝綰。

趙汝溽〔三一〕。

趙彦岳。

方應旂〔三二〕。紹興己丑。

洪牧。

姚夢角。紹定壬戌。

趙由迪。端平己未。

方洪。嘉熙戊戌。

趙綵夫。

邵甲。淳祐辛丑。

趙與樒。

馬季麟。淳祐庚戌。

黄應棪。寶祐癸丑。

趙與東。寶祐丙辰〔三三〕。

趙檝夫。咸淳乙丑。

趙必佃〔三四〕。

趙由暹。
趙必灉。
趙神夫。
趙希漱〔三五〕。
趙襸夫。
趙希瀰。
趙時礽。
周　雄。咸淳戊辰。
朱文龍。
趙必范。
趙希淓〔三六〕。

孝行記

天地之性人爲貴。人之所以異於物者，以其有綱常之道也。則夫事親以孝，乃人子當爲之事。五致未備，不可以爲人〔三七〕。然自世降俗微，知之者鮮。有能卓然盡其難能之孝，而出於天性之自然者，是尤可嘉尚也已〔三八〕。植學製此來，實在聖天子潛藩附庸之邑，去天咫尺，故斯民之濡染孝治者最深。邇年其民以孝行聞者凡五人焉〔三九〕，舉善而勸不能，長民之職也。用刻姓名，以勸來者。

咸淳七年歲次辛未元日，擬承議郎、知建德府建德縣、主管勸農公事、兼弓手寨兵軍正、賜緋魚袋余植記。

何崇源。居買犢鄉右廂列字井安泰坊。母蔣氏，年八十四歲，昨於景定四年七月抱患沈重，其何崇源於右股割肉煮粥飼母，即愈。又於咸淳五年七月，其母再疾，何崇源復行割股，母病隨愈。本縣審實，躬親存問，申府支給，仍永免戶役。

陳師清。居仁行鄉十九都謝田。母王氏，年八十六歲，於咸淳五年六月抱患危篤，其陳師清就右脅取肝，煮粥餧母，即安。本縣審實，申府支給，仍免戶役。

蔣德定。居買犢鄉左廂寒字井醋坊巷。母吳氏，年七十歲，於咸淳六年九月抱患沈重，蔣德定就右股割肉煮粥飼母，即愈，本縣躬親存問。審實，申府支給，仍免戶役。

徐大發。居慈順鄉十三都朱池。母劉氏，年七十歲，於咸淳六年七月抱患危重，其徐大發、同姊徐五娘各就左股割肉煮粥飼母〔四〇〕，即愈。本縣審實，申府支給，仍免戶役。

徐五娘。大發之姊也。與其弟割肉療母，不約而同，尤閨房女子之所難，蓋出於天性云。

【校勘記】

〔一〕進德：原作「建德」，據文瀾閣鈔本改。

〔二〕遺愛堂：原作「道愛道」，據四庫本改。

〔三〕人：四庫本作「又」。

〔四〕京：四庫本無。

〔五〕「四年」上四庫本有「景定」二字。

〔六〕「濟」字下四庫本有「備」字。

〔七〕「四年」上文瀾閣鈔本有「咸淳」二字。

〔八〕洋潰溪：四庫本作「洋濆溪」。

〔九〕荅溪：文瀾閣鈔本作「苕溪」。

〔一〇〕朱紫橋：四庫本作「朱芝橋」。

〔一一〕董天任：原作「童天任」，據四庫本改。

〔一二〕識：原作「識」，據四庫本改。又「嗜」字，文瀾閣鈔本作「豫」。

〔一三〕千：四庫本作「十」。

〔一四〕徐氏：四庫本作「徐民」。

〔一五〕知縣：四庫本作「知州」。

〔一六〕戚戚：原但作「戚」，據四庫本補。

〔一七〕「黄君炳文」下至「李子奇」：原本無，據四庫本補。

〔一八〕洪友龍：原作「洪仄友」，據四庫本改。

〔一九〕葉英發：文瀾閣鈔本作「葉應發」。

〔二〇〕特：原作「時」，據四庫本改。

〔二一〕祿：原作「椽」，據四庫本改。

〔二二〕火德：四庫本作「斯邑」。

〔二三〕攻石：文瀾閣鈔本作「攷名」。

〔二四〕倪天秩：四庫本作「倪天植」。

〔二五〕按四庫本此下有「復齋」二字。

〔二六〕趙不祿：四庫本作「趙不揉」，雍正《浙江通志》卷一二六作「趙不媃」。

〔二七〕朱仲河：原作「朱仲泙」，據四庫本及雍正《浙江通志》卷一二六改。
〔二八〕趙師誠：四庫本作「趙師諴」。
〔二九〕方袐：四庫本作「方佖」。
〔三〇〕甲申：原作「甲未」，四庫本作「甲癸」，此據文瀾閣鈔本改。按嘉定無甲未、甲癸年，有甲戌、甲申年。
〔三一〕趙汝淂：原作「趙汝得」，據四庫本及雍正《浙江通志》卷一二七改。
〔三二〕方應旂：四庫本作「方應旗」。
〔三三〕丙辰：原作「丙戌」，據四庫本改。按寶祐無丙戌年。
〔三四〕趙必佡：原作「趙必猶」，據四庫本及雍正《浙江通志》卷一二九改。
〔三五〕趙希漵：四庫本及雍正《浙江通志》卷一二九作「趙希微」。
〔三六〕趙希浵：文瀾閣鈔本作「趙希汧」。
〔三七〕可：四庫本作「足」。
〔三八〕嘉：原作「加」，據文瀾閣鈔本改。又「尤」字，四庫本作「忱」，文瀾閣鈔本作「誠」。
〔三九〕五人焉：四庫本作「五十人」，誤。
〔四〇〕飼：文瀾閣鈔本作「餧」。

景定嚴州續志卷六

淳安縣

縣視他邑爲壯，民物粗蕃庶。昔病版籍漫漶，縣計倚鑿空。比更修明，病亦仍昔。知縣事率京官爲之，其佐官有丞、簿、尉各一員。舊有酒官、税官各一員，酒官廢已久，今侯錢可則聞於朝，併省税官。寨二：曰威平，去縣西八十里，其官爲徽、嚴二州都巡檢使。曰港口，去縣東二十里，其官爲淳安、遂安、壽昌三縣巡檢。縣之東鄉曰長樂，距縣最遠，期限率不應。嘉定初，議置東尉，不果。

學校

縣即宣聖廟爲學。其講堂曰化成，爲齋四所，東、西、南、北，位置得宜，堂皇深邃。其直舍曰兑軒，歲久，滋弗治。淳祐甲寅，知縣石孝聞屬邑寓洪如雲董修造事，邑人士叶力裨助，不日輪奂。蛟峰方逢辰爲之記。

鄉里

縣管鄉十四，爲里者一百一十有二。

前志開化鄉有西郭里、富皇里。據縣志，富皇里隸梓桐鄉，而開化不屬西境，不應有西郭里，蓋風潭、賚爵二里是也。

前志仁壽鄉有飛龍里、風潭里、賚爵里。據縣志，風潭、賚爵合隸開化，其在仁壽者蓋崇貴、桐橋二里是也。飛龍里，今改曰雲程里〔一〕。

安福鄉。先是，上一字犯光宗廟諱，改今名。

和義鄉。舊名青溪。淳熙己亥，知縣陳煜以鄉民首應義役白郡，改今名。

永平鄉。管里十。嘉定戊寅，知州鄭之悌以其里人方彝事父母孝，名其里曰孝養。又詹時澤兄弟友愛終身，名其里曰友恭。

招賢里。舊名富材。融堂先生錢時所居。郡侯錢可則以先生膺天朝特起之招，易以今名，併書其扁，又建坊於郡縣以表之。先生講學著書之所爲齋者四：曰冬窩、安素、高齊、蜀阜，爲堂者三：曰此山、敬止、慶光。登臨吟詠之所爲亭者五：曰巋然、歲寒、詠歸、野翁吟、光風霽月。其歸自史館也，乃創經史閣以貯所著書籍云。

雙生里〔二〕。舊名賫爵，以里人盧一珏居産雙竹〔三〕，知州李介叔易今名表之。珏能詩〔四〕，瀕江爲樓〔五〕，曰天邊風露。

官廨

縣治在縣城正北。其公退有學愛堂、製錦堂、讀書林、正己軒。縣圃有亭曰秋風，曰凭遠。

丞廳有亭曰見山，曰勝最。

尉司有軒曰梅隱，曰拄笏〔六〕。

萬壽亭。在縣西，瀕溪。爲祝聖、放生之所。

知縣題名

縣志題名自至道三年孫讜始。今自寶慶以後併紀其次。

戴師聖。

趙希曜〔七〕。

楊宗元〔八〕。

祝孝穎。

莊夢說。

蔣衡。

王昱。

黎祖昭。

王垍。

謝挺之。
錢難老。
趙崇嶓。
虞　𥳑。
馮如愚。
吳　楹。
石孝聞。
趙與渥。
史琦卿。
張　壎。
葉漢老。
葉瀾孫。

山

南山。在溪南，爲縣治對山。巖石層繚，林木陰翳。有亭曰物外，一邑奇觀也。

聖姥山。在龍山鄉山巔。有平地餘一頃，洞泉冬夏不竭，祈禱輒應。

紫蓋峰。在安福鄉。山腰微瘦，上乃旁拓，形如擁蓋，因以爲名。

並桃山。跨常樂、永平兩鄉，高出衆山上，一登絕頂，杭、歙、衢、婺之山依約在目。山下望之，如二桃，因以得名。

水

放生池。在縣西轉教寺前，即溪禁採捕，臨流爲亭，曰萬壽。面對雉山，亦禁翦伐。

古渠。在縣城内。引西山泉，經縣市東注，歲久淤塞，雨潦無所決洩，居民病之。淳熙己亥，知縣陳煜庀夫浚治，力復其舊，民以爲便。

清心泉。在縣門内東〔九〕。

西井。在縣西。護以鐵欄圍一丈五尺，政和七年鑄。

坊市

縣市爲坊者一十有二：曰宣化，曰佐理，曰登雲，曰擢桂，曰叢桂，以胡氏世科名。曰延桂，以鄭氏世科名。曰還淳，曰阜民，曰惠安，曰時雍，曰固業，曰熙春。

狀元坊二：

一在縣學前。以淳祐丁未邑人黄蜕爲大對第二〔一〇〕，知縣虞兟建〔一一〕。

一在邑東新橋。以淳祐庚戌邑人方逢辰爲大對第一，權縣趙汝瀍即逢辰所居建〔一二〕。

橋梁

縣市瀨溪，即税務之南跨溪爲浮梁。舊名百丈橋，淳祐丙午知縣虞兟改曰青溪橋。

縣市石橋四：東曰新橋、社橋，西曰白塔橋、西硎橋。

惠人橋。在龍山鄉。跨合陽溪三十丈，累石爲趾，架屋其上。後經水毀，未復。

馬巖橋。在安福鄉。製如合陽橋，而其長過之。

蜀溪橋。在威平寨西北五里。

寺觀

上善觀。在溪南二里。嘉定甲戌，道士唐師直請龍山鄉廢額建。今龍山亦自有觀。

神景宮。即舊真應廟。開禧乙丑，道士聞若訥請縣西廢額名之。

建興寺。在永平鄉。

神景寺。在永平鄉。乾道間，請縣東尼寺廢額建。

桐山院。在長樂鄉。後唐長興三年建。

龍嚴寺。在和義鄉。紹興甲子，僧善慶請尼寺廢額建。

法華院。在永平鄉。嘉定乙亥，僧道沖請在城兜率寺子院廢額名之。

祠廟

東嶽廟。在縣東南。

五靈王廟。在城隍廟左。

戈府君廟。在縣西五里。舊傳神事吳越，提兵禦敵，不利，敵斷其頭，併棄之。神右手持劍，左手自提其頭，行至今祠所仆焉。既而風雨晦冥，雷電震耀，鄉人駭其神異，即地爲廟祀之，水旱禱焉。

弘仁廣信王廟。在永平寨西。

賀太守祠堂。在永平鄉。邑人以其始分葉鄉爲郡，目爲葉鄉土神。吳賀齊。

王押衙廟。在安樂鄉。舊傳神事吳越，以勇力聞，禦盜有功。押衙，藩鎮時官稱也。

忠烈侯廟。即都督廟。前志遺其侯爵，嘉定丙子，縣尉何元壽訪得之，始以爵名。

靈佑廟。在長樂鄉。神姓范氏，名稔。宣和中，以陰功助辛興宗討賊有功，興宗表聞於朝，詔賜今額，邑人邵拱記。

忠助廟。在縣西。神封忠濟侯，姓汪氏，即歙郡英濟王子。紹興己未，賜今額。

廣惠行祠。在縣治南。嘉定乙亥，知縣應與權建〔一三〕。

英烈廟。在永平鄉。神歙人，姓錢氏，長名嵒，季名嶨。生有別業，在永平。宣、靖間，團民兵衛鄉井，有方略，衆服其令。建炎己酉，烏珠大舉深入〔一四〕，駕幸海道，敵至臨安〔一五〕，泝浙江而西，二侯與邑人方庚率民兵三千人東赴，至桐廬縣西，視牛頭山迫險可得志，布置迎敵，大敗敵衆，敵遽北去〔一六〕，後以功各補承信郎。紹定庚寅，江東部使者列其功，請立祠於嚴，賜廟英烈。紹定癸巳，歙民復請賜爵，乃封嵒爲惠顯侯，嶨爲惠濟侯。

古蹟

仙居洞。在龍山鄉漸山之麓。洞有石龍水，從龍口流注盆池中，常滿不溢，人不知所從泄。遇旱迎水禱之，隨應。

太子城。在梓桐鄉普慈山之巔。相傳晉太子避地築城其上，今迹猶存。

碑碣

《重修放生池記》。奉議郎羅頌撰，知縣陳煜書。

《社壇記》。承議郎陳愿撰。

《縣廳題名記》。知縣俞彥與撰。

《重修縣學記》四：

一係邑人朝奉大夫方聞撰。

一係邑人方有開撰。

一係從政郎鄭煜撰。

一係邑人方逢辰撰。

《進士登科題名記》。知縣呂南夫撰。

《元祐黨籍碑》。縣尉司馬逑刊於縣學，與紹興承賢碑對立。

《紹興御書藉田手詔碑》。丞相曾懷立〔一七〕。

《蠲減經總制錢記》。奉議郎應鏞撰。

《韓昌黎遺像碑》。知縣陳煜立並贊。

《重修譙樓記》。寶章待制程公許撰。

【校勘記】

〔一〕里：原本無，據四庫本補。

〔二〕雙生：四庫本作「雙玉」。

〔三〕「珏」字原本空闕，據四庫本補。文瀾閣鈔本作「斑」。下同。

〔四〕詩：原作「請」，據四庫本改。

〔五〕樓：原作「棲」，據四庫本、文瀾閣鈔本改。

〔六〕拄笏：四庫本作「桂笏」。

〔七〕趙希瓙：四庫本作「趙希瓘」。

〔八〕楊宗元：四庫本作「楊希瓘」。

〔九〕內：四庫本作「治」。

〔一〇〕第二：原作「第一」，據四庫本及雍正《浙江通志》卷一八二改。

〔一一〕虞銑：文瀾閣鈔本作「虞炕」，誤。

〔一二〕「權縣」句原本無，據四庫本補。

〔一三〕應與權：原作「應與建」，據四庫本及雍正《浙江通志》卷四九改。

〔一四〕深入：四庫本作「侵」。

〔一五〕至：四庫本作「犯」。

〔一六〕去：四庫本作「遁」。

〔一七〕曾懷：原作「魯懷」，據四庫本及《咸淳臨安志》卷一三、《宋史全文》卷二六上改。

景定嚴州續志卷七

桐廬縣

縣瀕浙江上流，以舟車所會〔一〕，素號佳邑。今雖不逮於昔，而俗醇事簡，不害爲易治。知縣事率京官爲之。其佐官有丞、簿、尉，各一員。酒稅務舊有官，今郡倅錢可則始奏省之。由合江而東，有寨，爲嚴、衢、婺三州巡檢。

學校

縣舊有學，在縣治東北。其講堂曰明倫。四齋曰進德，曰育英，曰上達，曰尚志。嘉定間，始建櫺星門。寶慶間，乃建御書閣。

鄉里

縣管鄉十八。前志爲里者四十有二，今凡四十有四。桐廬鄉有衣冠里，長樂鄉有守直里，孝仁鄉有孝義里，水濱鄉有桃嶺里，而前志俱不載。

孝泉鄉。前志管里三，今爲里者二：曰仁孝，曰邑瑞。

金牛鄉。前志管里二，今爲里者三：曰通溪，曰孝泉，曰侯渚。

定安鄉。前志管里五，今爲里者四：曰懷仁，曰横山，曰桐洲，曰新興。

至德鄉。前志管里九，今爲里者八：曰如曾，曰下村，曰潮逆，曰厚倫〔二〕，曰移風，曰普賢，曰白石，曰涷洲。

坊市

縣爲坊者一十有九。

依德、贊治、近民、熙和、閱武、育英、慈孝、閱禮、富仁〔三〕、宣化、旌義、雙桂、甘泉、興賢、仁榮、攀桂、朝京、曲阜、壽域。

官廨

縣衙。在縣市西。其公廳之左爲讀書林，右爲虚舟齋。縣圃有樓曰雙清，亭曰更清，曰西麓，曰山亭。

丞簿尉廨。皆在縣東。淳祐壬子，水毀後，惟簿廨尚可居，丞占桐江驛爲廨，而尉乃下僦民屋。

慶豐樓。在縣衙外東。酒壚寄焉。

税亭。在縣市，瀕江。其街北爲酒務。

皇華亭。在縣東北三里。

拱翠亭。在縣西二里。

馬驛。在圓通寺西。

合江亭。在縣市東。知縣楊瑱重建。潛齋王埜書其扁，天台吳子良爲之記。

惠民倉。在常平倉後山下。爲小樓，以居掌鍵者。知縣趙汝滢建〔四〕，糴米有餘，賑不足，邑人便之。今惟倉存。

知縣題名

趙汝憚。奉議郎。嘉定十七年三月二十九日到任，在任轉承議郎，又轉朝奉郎，寶慶三年正月特差臨安府城北廂。

章　栱。承議郎。寶慶三年二月十七日到任，在任轉朝奉郎，紹定元年三月通理滿。

莊夢說。通直郎。紹定元年三月十七日到任。

劉揚祖。通直郎。紹定二年六月十四日到任，在任四年轉奉議郎，又轉承議郎，五年十一月替。

趙汝驤。奉議郎。紹定五年十一月十六日到任，在任轉承議郎，端平二年十二月十一日替。

洪　薿。宣教郎。端平二年十二月十二日到任，在任轉通直郎。

趙汝滢。

季著。奉議郎。嘉熙四年閏十二月初十日到任，在任轉承議郎，淳祐四年二月十一日替。

潘大雅。奉議郎。淳祐四年二月十二日到任，在任轉承議郎，淳祐七年四月十一日滿替。

何處任〔五〕。宣教郎。淳祐七年四月十二日到任。

楊瑱。宣教郎。淳祐八年六月初八日到任，在任轉奉議郎，淳祐十一年六月二十九日滿替。

葉揆。

徐鏄。承事郎。寶祐元年三月十五日到任，在任轉宣義郎，寶祐四年四月初四日滿替。

吳衍。奉議郎。寶祐四年四月初四日到任，當年七月二十一日除奏院。

蓋澄。奉議郎。寶祐四年十月初十日到任，開慶元年十月初三日去任。

蔣之瑞。宣教郎。開慶元年十月初三日到任，景定三年十二月十一日去任。

胡太古。通直郎。景定三年正月十六日到任。

山

金紫巖。在桐廬鄉，距縣十五里。相傳巖有異光若金紫，因以爲名。

白霧巖。在桐廬鄉。山最高。將雨，先霧。

龍洞山。在常樂鄉。行羊腸半舍許，有石曰洞門，中乃夷曠，廣法寺居之。山巔有龍門池，流水溉田，足以供僧。

獨高峰。在常樂鄉。嘉定間，徑山僧妙機爲浮圖其上，郡人楊纘書其扁。

牛山。在孝泉鄉，去縣西十五里，並浙江而北。南渡時，鄉兵敗金人於此〔六〕。前志有金牛山，在縣東南十五里，蓋非此牛山也。

金雞山。在孝泉鄉，去縣西十三里。

鳳凰山。在縣東北。

水

浙江。自縣而東，至錢塘，凡六合，縣境諸溪入於江者有五。

蘆茨溪。隸金牛鄉，出白雲源。

清渚港。隸孝泉鄉。

穰　溪。一名翦溪，隸金牛鄉，出歌舞山下。溪水舊不通溉，里人諸宋鑿巖引水，溉田數百畝。

東　溪。即桐江。在縣東，源出天目山。

窄　溪。隸水濱鄉，與新城港口相對。

橋梁

縣市有橋曰寶慶，有浮梁跨東溪。距縣五里曰政惠。諸鄉石橋十：在安樂者曰龍伏；在常樂者曰通濟；在孝泉者曰黃蔣〔七〕，曰香山；在金牛者曰柳浦，曰登雲，曰龍津；在安定者曰小潘，曰月梁，曰馬浦。

寺觀

白塔院。在縣西一里半。

禪定院。在桐廬鄉，距縣四里。昔黃裳讀書於此，自號紫元翁。今院有紫元祠堂。紹興中，張魏公憩此，經宿隨有芝草生所憩處，僧爲作瑞芝軒。

靜林院。在縣北五十里〔八〕。

靜居院。在桐廬鄉，距縣二十五里。晉高僧曇翼誦經之所。

勝因院。在安樂鄉，距縣四十里。嘉定間，僧梵迪請廢額建。

新會院。在孝仁鄉，距縣十里。居萬山間，地乏水。紹興間，有羣蜂屯佛殿側，僧鑿之，得甘泉。

石佛院。在孝仁鄉，距縣十里。宣和間，僧法真建。

長樂院。在定安鄉，距縣三十五里。唐乾符間建，地名吳村，吳琠捨水竹園爲院基。今吳姓有家存焉。

棲霞院。在定安鄉，距縣四十里。乾德間建。

建平院。在定安鄉，距縣四十里。吳越時建。

吉祥院。在定安鄉，距縣四十里〔九〕。晉天福間建。

建興院。在賀素鄉，距縣三十里。周顯德間建。前志並不載。

洞明宮。在定安鄉，距縣三十五里。嘉定間，道士張守廉請遂安廢額建。今遂安亦有宮。

雪水庵。在水濱鄉，距縣七十里。

漏澤庵。距縣西三里餘。

祠廟

祠山行祠。在縣西一里。邑令程準感夢立〔一○〕。

鎮寧侯廟。在桐廬鄉，距縣五里。即州東之行祠也。

靈祐廟二：一在金牛鄉，一在至德鄉。即柳山弘仁廣信王也。

珠山龍王廟。在水濱鄉，距縣二十五里。山有乳泉，溉田甚多。紹興間，乃立祠。端平丙申，文林郎陳一中因重修爲記。

嘉應侯廟。在水濱鄉晦崗，距縣二十五里。神即張巡也。

徐偃王廟，在水濱鄉。

古蹟

龍潭。在金牛鄉，距縣十五里。潭在山谷間，相傳有龍宅焉。淳熙壬寅，邑令邵普迎水禱旱有應，因作《送龍詞》。其一曰：「四山回環兮古龍湫，山木陰翳兮枝相樛。轟雷掣電兮耀靈虬，膏澤雱霈兮歲有秋。」其二曰：「奠桂酒兮椒漿，雜肴蔬兮薦堂皇。願龍垂休兮時厥雨暘，豐年之報兮不敢忘。」山下有洞泉，溉田數百畝。

碑碣

《重修釣臺書院記》二：一係淳祐辛丑郡守王泌撰，一係淳祐辛亥敷文吳子良撰。

《閬仙洞記》。政和壬辰，尚書黃裳撰。

《乳泉龍王廟記》。嘉熙丁酉，浙西倉幹陳一中撰。

【校勘記】

〔一〕會：四庫本作「至」。
〔二〕厚倫：四庫本作「原倫」。
〔三〕富仁：四庫本作「富民」。
〔四〕趙汝瑩：文瀾閣鈔本作「趙汝堂」。
〔五〕何處任：四庫本作「何處仕」。
〔六〕金人：四庫本作「烏珠」。
〔七〕黄蔣：文瀾閣鈔本作「黄將」。
〔八〕北：四庫本作「西」。
〔九〕四十：胡氏刻本作「五十」。
〔一〇〕程準：四庫本作「陳準」。

景定嚴州續志卷八

遂安縣

縣與淳爲鄰邑，而版籍之弊亦如之。修明至再，公私尚俱困也。知縣事無問京選。其佐官舊有丞，而尉乃兼領簿事。宣和以後，丞爲省員，而嘉定間析置簿、尉各一員。税官雖有員，屑至者鮮。其兵官鳳林寨有巡檢。

學校

縣即宣聖廟爲學。前志在縣南二十步。紹熙癸丑，邑民徐嘉師弗戒於火，延燬廟學，因獻地鳩工，於縣西改建焉。學有田百八十畝，與他産俱列於石，前此延師廪士皆取給焉。三山林垌、東陽陳大猷皆嘗就聘主學，後乃虚席。

官廨

縣治在縣城内北。公廳之左爲至善堂，依山爲巖姿亭。縣衙舊頗宏麗，有堂曰製錦，閣曰戴星，亭曰清心，曰登雲，曰飽山，曰紡橋〔二〕，曰貯清。紹定己丑，燬於火，因不復建。簿自創員後，即縣西廢驛爲廨，尋燬於火，僦民屋居之。尉舊兼簿，有廨，在縣治南。今悉頽圮，惟古木與石刻尚存。尉亦僦居。

稅　務。燬，不復建。

淳祐平糴倉。淳祐甲辰，知縣傅兗以酒務廢基改建，郡博士桂錫孫爲之記。

知縣題名

縣有壁記，刻知縣姓名，自宣和三年知縣徐鎮始，今例自寶慶以來序其次。

王　深。承直郎。

朱　澳。文林郎。
吳　澄。從事郎。
趙時伸。文林郎。
莫　俁。儒林郎。
張思兼。承直郎。
葉明道。從事郎。
樓大年。從事郎。
趙時柔。儒林郎。
傅　兗。儒林郎。
趙汝迴。文林郎。
趙遞夫。從政郎。
魏端介。承直郎。
徐商霖。宣義郎。
高德一。奉議郎。

趙必袗。奉議郎。

趙正卿。宣教郎。

門關

縣郭之爲門者三：東曰熙春，西曰龍津，南曰鳳林。

坊市

縣市之爲坊者六：曰招賢，曰潯陽，曰積慶，曰宣仁，曰育英，曰里仁。縣之正南闢縣學舊址爲頒春、宣詔二亭，中直縣衙爲新街。

山

霧山。在縣東南二里許。孤峰峭立，爲一邑望。紹興中，有避地者李季精天文，謂二浙上當牛、女之分。今婺州與徽之婺源縣皆以女宿得名。此邑介其中，宜曰婺山，作「霧」非也。

水

縣有溪曰武強，以山得名。今摭溪澗之入於武強者書之。

雙　溪。自歙山發源，東至三渡，與邑境諸小澗合，又東至於縣，又東入於武強溪。

罟網溪。自衢境發源，與邑境諸小澗合流，至於東亭，與雙溪諸水合，是爲武強溪。

龍　溪。自淳安縣境發源〔二〕，至縣東五里與雙溪諸水合，東入於武強溪。

橋梁

縣南跨溪爲浮梁。舊有圯，不時治。邑士王總得捐田五十畝，命永濟庵僧掌其入，隨圯即修，往來者德之。

東自界首至縣其爲橋者五：曰解林，曰東亭，曰余村，曰烈橋，曰龍渡。

西自界首至縣其爲橋者四：曰豹石，曰豐祈，曰西鮑，曰嚴橋，其自新安橫出有黄村橋。

寺觀

前志有寺無觀，今補其闕。

洞神宫。舊在縣西四十里。額存宫廢。縣嶽祠東偏舊有道院。紹興間，縣白郡，以宫額隸焉，因爲祝聖之地。

洞明宫。舊在縣東。今在富汪村中。

毓真庵。在嶽廟東。道士詹師慧即其祖故居建之。

白馬乳洞庵。在鳳林鄉。紹興間，官兵禽繆羅於此，其鄉人建屋居僧，兼奉孔釋，意以化暴戾云。

鼇山白佛庵。寶祐間，知縣高德一建。

花果庵。在新安鄉。

永濟庵。邑士王總得捐田，居僧主浮梁修造。

祠廟

魁星祠。在縣南。淳祐辛亥，知縣魏端介建。

三聖廟。在縣南。據王象之《輿地紀勝》：紹興府三聖廟即普州三景兄弟，以死國列祀典。神名思忠、思立、思誼，張魏公奏立廟和尚原。今行都旌忠觀亦有廟焉。此又其別廟云。

祠山行祠。在縣西。

翊應侯廟〔三〕。在三渡，神周姓。

英濟王廟三：一在歙嶺，一在佛嶺，一在柏山。神汪姓，歙之土神也。縣與歙鄰，故多奉之。

三井龍王廟二：一在靈巖，一在新安。

古蹟

乳　洞。在鳳林鄉，距縣八十里。洞門容三丈許，仰視五六十丈。青石如蜥，中有泉，極旱不涸，溉田六百餘畝。

獅子洞。在鳳林鄉。洞門僅一丈許，中有白石蹲踞，狀類獅子。

雙龍洞。在龍津鄉。洞門餘五六丈。仰視碧石，如覆釜。中有兩石龍，附壁而起。洞泉極旱不涸，祈禱輒應。

百丈漈。在龍津鄉霞源山。臨崖有三石，池瀉作瀑布百餘丈。下有叢石激水，聲震巖谷。

墳墓

唐交州都督李壽墓。在鎮基山中。壽封遂安縣公。太平興國中，郡守田錫以壽名聞奏。真宗東封，詔褒贈前代忠臣，於是封壽爲忠勇侯，賜廟英烈。今廟廢，惟碑趺尚存。

碑碣

《縣廳題名記》。知縣錢建撰。

《山亭記》。知縣孫應時撰。

《清暉閣記》。郡人姜師仲撰。

《重修宣聖廟碑陰記》。琅山楊戶撰〔四〕。

《雲宅亭記》。吏部員外郎朱異撰。

《縣學教導碑》。朱異撰。

《毓真庵詹中大墓誌銘》。張宣公撰，朱文公書。

【校勘記】

〔一〕紡橋：四庫本作「舫橋」。
〔二〕境：四庫本作「界」。
〔三〕翊：四庫本作「許」。
〔四〕琅山：四庫本作「垠山」。

景定嚴州續志卷九

分水縣

縣在前志爲中縣，領以選人，其佐官惟尉兼簿。嘉定壬午，始創簿員。地拱行都，民俗日蕃阜。淳祐壬子，陞上縣，以京官知縣事。開慶己未冬，省稅官，置巡檢，創寨曰定安。

鄉里

管鄉六，爲里者十八。

生仙裏鄉嘉德里，前志訛謂家德。

生仙外鄉普樂里，前志訛謂普落。

招延鄉真素里，前志訛謂真表。畢山里今改延德。

學校

縣舊有宣聖廟，在縣治西。治平間，縣令蘇轂遷之縣治東。經宣和兵火，廟巋然獨存。紹興間，知縣李端民始置門廡。後知縣章涓始創講堂，攻媿樓鑰書其扁曰振文。爲齋二：曰明德，曰昇俊。直舍之後有亭曰高青，樗寮張即之書。

官廨

縣衙。在縣市中。前揖巖山，後帶雙峰。公廳之東爲近民堂，東北爲琴齋，縣圃名昇平，亭館久廢。

主簿自創員後，以東昭德驛爲廨。

尉廨。在縣衙西。相傳謂唐時建。政和間，簷瓦墜，有「唐會昌四年八月」字。

定安寨。在縣東二十里吳村。開慶己未冬，椮塢民張翳十三哨聚〔一〕，寇畢浦民何氏，縣不能戢，州若帥府遣兵致討。事平，奏即其地建寨。

玉華樓。在縣衙東。酒坊在焉。

咸若亭。在縣東二里。爲祝聖、放生之所。

濯纓亭。在甘泉寺東五十步。

望江亭。在縣東五里。

窪泉亭。在縣東南五里白沙嶺。

知縣題名

羅　閶。寶慶二年十二月到任，紹定二年十二月滿。

盧　岳。紹定二年十二月到任，三年六月替。

黃仁楙。紹定三年十二月到任，五年十一月滿。

趙師岩。紹定六年到任，端平三年六月滿。

孫次山。端平三年七月到任，嘉熙二年五月滿。
趙汝楷。嘉熙二年八月到任，三年八月替。
毛　肇。嘉熙三年十月到任，淳祐二年十月滿。
趙汝僖。淳祐二年十月到任，五年八月滿。
何處寬。淳祐五年八月到任，七年九月滿。
沈　柬。淳祐七年十月到任，九年二月滿。
柴士表。淳祐九年三月到任，十一年滿。
趙希琛。淳祐十一年到任。
江　鉷〔二〕。寶祐元年到任。
何宗璃〔三〕。寶祐四年到任。
楊仲方。寶祐五年到任。
錢廙之。開慶元年七月到任。
蔣　曉。開慶元年十二月到任。

坊市

縣市爲坊者十有二。

觀政、宣化、景泰、慶雲、阜民、朝京、靈巖、社壇、雙桂、延鴻、聯魁、行原。景定庚申，知縣蔣曉爲分水鄉民陳氏三子同日刲股療父疾，立坊表之〔四〕。

橋梁

縣舊有浮梁，在縣東天目溪咸若亭之下。今廢。

縣治西有橋曰雙桂。諸鄉橋而屋者四，在分水者曰邵舍，在柳柏者曰廣濟，在生仙者曰陳村、曰寶定。

山

雙峰山。在縣之北。縣治依爲主山。

紫龍山。在縣南二十里分水鄉。上有龍池。前志云在縣西南三百九十步，非也。

湧泉巖。在縣南四里。下有唐令公廟，廟前有湧泉池〔五〕。

雲峰巖。在縣西北二十五里生仙外鄉。四面如削，一峰宛在雲中。

百聖巖。在縣東十五里定安鄉。其高爲最。相傳神鞭其峰，墮洛口，爲梁明山。梁明山止一小峰〔六〕，立平地中，梁明府君廟在焉。

水

天目溪。源出天目山，繞縣境〔七〕，而南達於浙江，可勝百斛舟。若於潛、若昌化舊航粟浙江胥此焉入，故客艘輻湊於縣。後京府嚴糴，禁航粟，遂梗，縣市亦蕭條矣。

前溪。在縣南。源出柳柏鄉，經分水鄉入定安，會於天目溪。

廣陵溪。在縣東六十里招延鄉。源出新城縣。

滄父溪。在縣東五里。

寺觀

靈巖宫。在縣衙西北百步。紹興間，縣人王司諫白縣，即禪定院廢址創爲祝聖朝拜之所，請淳安廢額名之。

塔　院。在五雲山北。

安寧尼院。在生仙外鄉，去縣二十里。前志不曰尼院。

孝明尼院。在分水鄉大雛源，去縣二十里。錢王時，鄉民駱鄴以親病祈福，獨緣建。其開山尼曰善通。寺有都元帥判押執狀。

祠廟

東嶽行宫。在甘泉寺東。建炎間建。後邑民有羅其姓者，親走泰山，奉泰山香火以歸，靈貺響答。

五顯行祠。在縣圃後。

柳山靈祐廟。在柳柏鄉，去縣三十里。廟有柳侯墓。據廟記，神姓柳，本河東人。東晉爲新安内史，卒，柩經此山，馬駭人愕，百夫莫能舉，因葬焉，民廟而祠之。梁貞明四年，贈尚書左僕射、廣信侯。後唐清泰三年，封鴻仁廣信王，告命在州西别廟中。今縣西仍有行祠，以便祈禱。

靈休廟。在縣東一十五里定安鄉。洛口有墓存焉。神姓張，國朝賜今額。

廣惠行祠。在縣東南百步瑞雲山之巔。

英烈王廟。在縣西南四十五里分水鄉歌舞嶺。相傳謂子胥避難至此，喜而歌舞，後人因以名嶺。廟左有小池，舊云與錢塘潮候相應。

唐令公廟。在縣南湧泉巖之麓〔八〕。其神爲邑令，有惠政，民祠之。歲旱禱之，必應。

靈應廟。在湧泉巖〔九〕。神姓方，自後晉即有祠，嘉泰中賜今額。

紫龍王廟。在縣西南十五里。乃紫龍山之神。山有三池，歲旱請水祈禱，以水中得生物爲雨讖。端平乙未，知縣趙師岩新其廟以答神賜。

麻姑廟。在生仙裹鄉，去縣四十里。

葛仙翁廟。在招延鄉橫塘源，去縣四十里。

古蹟

石佛。在玉瑞寺。長不盈尺，刻石爲之。舊傳陳時所造。寺於鄧源別爲石佛庵〔一〇〕，併貌陳主奉之。

仙人蹟。在月溪寺外小澗中。相傳嘗有仙人濯足於此，其蹟猶存〔一一〕。

鐘潭。在生仙外鄉，去縣二十五里。相傳有古鐘沒潭中，其紐猶見，漁人撼之，莫能動。

擔石。去縣三十五里，在招延鄉。舊傳有郎將軍者，以勇力稱。肩石至此，層纍成臺。今其上有偃松十數本，方春和時，野花泉竹四面環合，遊賞留題者甚衆。邑令奚君所謂「松懸雙石上」者即此石也〔一二〕。

柱石。在擔石之東。石紋層疊，過者輒以木梗支之，云可健步。

錢王拄杖孔。在縣東北三里。圓徑一尺。中有泉一泓，清洌可愛，冬夏不竭，相傳爲錢王經行植杖之地。

碑碣

《修學記》三：其一紹興二年知縣李端民撰，其一紹熙二年知縣奚士達撰，其一淳祐六年前學長何雷撰。

《放生池記》。知縣李端民撰。

施肩吾《寄徐凝》詩。熙寧間，知縣齊諶刻。建中靖國諶爲轉運使，再刻肩吾及第告於石陰。

王司諫書鞠大夫事。紹興間，知縣奚士達立石。鞠名嗣復，錢塘人。宣和中，以正郎權縣。會寇至，無援，爲賊所執，輒罵賊不屈，賊不敢害，寓慶雲寺中。尋除知睦州，不及上。

郭祥正題名。郭與東坡爲詩友。熙寧中，因訪邑宰，題識歲月，後乃刻石。

右並在縣學。

《放生亭記》。紹興癸丑，史彌忠撰。

《柳山廟記》〔一三〕。紹興間，知縣王瑋撰，寓公大理寺丞俞公明重立石。

《創建主簿廳記》。嘉定間，吳興祖撰。

《創定安寨記》。景定庚申，通判曹元發撰。

【校勘記】

〔一〕糝塢：原作「糝爲」，據四庫本改。

〔二〕江鉠：胡氏刻本作「江瑛」。

〔三〕何宗瑀：四庫本作「何宗禹」。

〔四〕「立」字上四庫本有「爲」字。

〔五〕池：原作「也」，據四庫本改。

〔六〕梁：原作「景」，據四庫本改。

〔七〕繞：四庫本、文瀾閣鈔本作「繚」。

〔八〕巖之麓：四庫本作「鄉之左」。

〔九〕巖：四庫本作「鄉」。

〔一〇〕鄧源：四庫本作「鄧原」。

〔一一〕猶：四庫本作「尚」。

〔一二〕懸：原作「縣」，據四庫本改。

〔一三〕山：原作「上」，據四庫本及雍正《浙江通志》卷二五八改。

景定嚴州續志卷十

壽昌縣

縣爲孔道，應酬日不給。而土地狹隘，犬牙衢、婺之鄉，至無所責賦，難亦甚矣。知縣事率選人爲之。其佐官惟縣尉一員，兼領簿事。若港口三縣巡檢置寨於淳安縣，符移得加焉。

學校

縣即宣聖廟爲學。嘉定己巳，知縣鞏嶠鳩田二百畝以資養士，刻石寘於學。今存者百五十一畝。

官廨

縣衙。在縣市正北。舊枕山爲思遜堂、極目亭，與縣南燕喜樓相望，山川之勝，映帶左右，後乃鞠爲棄壤。景定庚申，知縣黎舉德即燕喜故地爲坊曰化龍，即思遜堂故地之側爲亭曰南昌勝景〔一〕。亭之南植木爲表，榜曰屏山第一峰。又南倣舟爲亭，曰涵碧，庶幾續舊觀云。

知縣題名

縣舊無題名。嘉定甲申，知縣黃桊始考舊聞，刻石寘縣治。今自黃桊以後序其次。

黃桊。嘉定十五年正月到任，寶慶元年三月二十一日滿替。

趙縣夫。寶慶元年三月二十一日到任，紹定元年六月十二日滿替。

沈紹遠。紹定元年六月十三日到任。

趙崇魯。紹定三年十一月十五日到任。衢寇猖獗，被檄節制官兵督捕。五年五月二十六日，改差江東提幹。

楊　華。

高不倨。端平二年三月初二日到任。

黄　愷。端平三年〔二〕。

趙希棨。嘉熙元年。

劉師皋。嘉熙三年。

劉常明。淳祐二年。

趙必常。淳祐四年。

陳應先。淳祐五年十二月到任，七年十一月考舉及格離任。

陳　宗。

趙汝玨。

朱　渙。

趙與鏬。

劉　廉。

黄士慶。

程直翁。

黎舉德。

山

青龍山。在縣東一里。由縣治來崗，分繚通衢，出臨艾溪上，勢若昂首。景定庚申，知縣黎舉德、邑人徐南一等築亭其上，命之曰龍首。

梅　峰。在縣西南三十里。

硯　山。在縣東南三十里。

水

艾　溪。發源自縣西境，曰雞籠山。過縣東七里，爲於堨渡，又東爲湖神溪，實一源也。至茭塘，入建德縣界，達於新安江。

戶部泉。元祐間，知縣陳澤民鑿山得泉，味甘冽，甚愛之。後去邑，未幾爲戶部郎。邑人思之，故以戶部名其泉。

橋梁

縣爲驛道要衝，由梅嶺而東，凡爲橋者五。

大同橋。在縣東二十里。邑人葉三省建，鄭穎重葺。

顏公橋。在縣西十里，曰航頭。長四十二丈，累石釃水爲十道。郡守顏頤仲捐郡帑倡建，因以爲名。

宋公橋。在縣西二里。長一十五丈。郡守宋鈞捐郡帑倡建，因以爲名。

會通橋。在縣西市中。跨湖表爲之。

朝京橋。在縣南。長五十四丈，壘石釃水爲十二道。每遇溪水暴漲，行旅前阻於堨渡，不得進。景定辛酉，知縣黎舉德率邑人徐南一等經始斯橋，以便行者。

寺觀

接待院。在壽昌鄉下梅。嘉定初元，徑山僧祖隆建。

崇恩院。在永平鄉。

靈耀宫。在壽昌鄉南山。

祠廟

東獄行祠。在縣東。

古蹟

朱佛庵。在縣西六十里崇恩院側〔三〕。庵有塑於龕者，曰朱佛，歲旱祈禱輒應。相傳昔有農，朱姓，耕山誦佛於此，遇亢陽〔四〕，常有雲覆之，諸人以雨，輒驗〔五〕，邑人指爲活佛。後趺坐示化，人爲立庵。寶祐間，知縣劉廉狀其靈異，請賜號，未報。

龍　潭。在縣西。相傳嘗有龍見。每歲旱，縣官於此祈禱。

碑碣

《重修縣學記》。嘉定己巳，朝奉大夫徐邦憲撰，郡守謝德輿立石。

《學田記》。知縣鞏嶠撰。

《蠲減官錢始末》。嘉定癸酉，吏侍俞烈撰。

《縣廳題名記》。知縣黃桀撰。

【校勘記】

〔一〕南昌勝景：雍正《浙江通志》卷四九同，四庫本作「南昌勝境」。

〔二〕「端平三年」下四庫本有「到任」二字。以下四條同。

〔三〕院：四庫本作「寺」。

〔四〕亢陽：四庫本作「亢旱」。

〔五〕驗：四庫本作「應」。

跋

景定嚴州續志題跋一

爽秋六兄屬從文瀾閣鈔《景定嚴州續志》十卷，以寄京邸。閣本即從宋刊《新定續志》而出。《四庫總目》「續志」條下載有「紹興舊志，今佚」之語。按之士禮居題跋記，《新定續志》夾注「《嚴州圖經》，爲嚴姓物。嚴於數年前得於崑山，價止青蚨三兩二錢，藏金紙面，裝四册，止存三卷一百二十八葉」云，是太倉金元功家物。及檢葉文莊《菉竹堂書目》載，有「《嚴州圖經》，無卷數、册數，當是葉傳之金，而金又散出者也。先是，書友攜是書來索直百千，余未及還價，而即取去。後嚴持示錢竹汀先生，先生以爲世無二本，當寶愛之，故近日欲請觀，每託言爲友借去，不能再見。然屬書友及與嚴素識者往探消息，總以議價定妥，然後索歸。惜余買書金盡，未能如數與之，致書不能復合」云云。亂後，此書爲陸存齋所得，今借而影鈔。卷端有嚴豹人小印，的爲嚴氏舊藏，惟首卷葉數爲書估改填，以順次第，其實尚闕十數葉。其後五卷，更不可攷矣。既鈔藏於八千卷樓，復鈔寄爽秋，以冠《景定》之續。爽秋方僉理各國事務，重洋絕域，山川風土，商貨互市，罔不歸之譯治。近年日本、高麗舊刊古籍日出不窮，禮失求野，安知後闕五卷不更爲爽秋搜得，而合延津之劍，以慰桑梓之思乎？

光緒壬辰閏六月三日，錢塘弟丁丙識。

景定嚴州續志題跋二

歲丙申、丁酉間，吾新輯邑志成，以余辱從士大夫之後，例得與觀，乃授而讀之。既竟，竊訝其例謬辭繁，勿之善也，頗欲匡謬刪繁，別構一草，苦於舊志久佚，文獻無徵，重訂善本，卒業綦艱。且拘於成事不說之義，遂有何必改作之思。遲之又久，稿未足而中輟，殊欲然矣。戊戌之春，爽秋太常以近刊宋代殘本《嚴州圖經》三卷郵示，方自幸片羽一斑，足爲異時從事之助。未幾，丁修甫丙翰復以所藏仿文瀾閣鈔本《景定嚴州續志》十卷見假，尋繹數過，覺其體例謹嚴，辭義簡樸，上續紹興、淳熙之書，下開朝邑、武功之派，而首尾完善，較之圖經，尤可寶貴。爰壽梨棗於良工，以光枌榆之故事，抱遺待後，奢願償焉，不寧惟是余志，在邑乘歷有年所，今得據斯編以爲圭臬，而輔之以圖經，益喜成書之有日也。

光緒二十六年仲夏，郡後學胡念修右階謹跋。

參考書目

《宋史全文》　不著撰人　影印文淵閣四庫全書本
《三朝北盟會編》（宋）徐夢莘撰　上海古籍出版社一九八七年影印本
《宋名臣言行錄》（宋）李幼武編　影印文淵閣四庫全書本
《明一統志》（明）李賢等撰　影印文淵閣四庫全書本
《大清一統志》（清）乾隆時官修　影印文淵閣四庫全書本
雍正《浙江通志》（清）曾筠監修　影印文淵閣四庫全書本
《咸淳臨安志》（宋）潛說友纂　錢塘汪氏振綺堂刊本　影印文淵閣四庫全書本
《萬姓統譜》（明）凌迪知撰　影印文淵閣四庫全書本
《蛟峰文集》（宋）方逢辰撰　影印文淵閣四庫全書本